JURISTISCHE
FALL-LÖSUNGEN

Stoffels/Reiter/Bieder
Fälle zum kollektiven Arbeitsrecht

Fälle zum kollektiven Arbeitsrecht

von

Dr. Markus Stoffels
o. Professor an der Universität Osnabrück

Dr. Christian Reiter
Rechtsanwalt, Daimler AG, Stuttgart
Lehrbeauftragter an der Universität Osnabrück

Dr. Marcus Bieder
Wissenschaftlicher Mitarbeiter an der Universität Osnabrück

Verlag C. H. Beck München 2009

Verlag C. H. Beck im Internet:
beck.de

ISBN 978 3 406 59179 2

© 2009 Verlag C. H. Beck oHG
Wilhelmstraße 9, 80801 München
Druck und Bindung: Nomos Verlagsgesellschaft
In den Lissen 12, 76547 Sinzheim

Satz: Reemers Publishing Services GmbH, Krefeld

Gedruckt auf säurefreiem, alterungsbeständigem Papier
(hergestellt aus chlorfrei gebleichtem Zellstoff)

Vorwort

Die vorliegende Fallsammlung richtet sich an Studierende mit einem arbeitsrechtlichen Schwerpunkt. Sie versteht sich als Pendant zu dem ebenfalls in der Reihe „Juristische Fall-Lösungen" erschienenen Band von *Abbo Junker* „Fälle zum Arbeitsrecht", 2005, für das kollektive Arbeitsrecht. Dort findet sich auch eine instruktive Einführung in die Besonderheiten der arbeitsrechtlichen Fallbearbeitung. Auch für das kollektive Arbeitsrecht gilt, dass in Prüfungen regelmäßig konkrete Fälle zur Bearbeitung gestellt werden. Vor diesem Hintergrund empfiehlt es sich, neben der Aneignung des arbeitsrechtlichen Grundlagenwissens anhand geeigneter Lehrbücher auch die Fallbearbeitung einzuüben. Hierzu will diese Sammlung ausgewählter Klausuren eine Handreichung bieten. Die Fälle sind im Wesentlichen wichtigen BAG-Entscheidungen der letzten Jahre entnommen, so dass dieser Band zugleich einen Überblick über die aktuelle Rechtsprechung zum kollektiven Arbeitsrecht bietet. Der Lösungsweg folgt im Allgemeinen den einschlägigen Entscheidungen der höchstrichterlichen Judikatur, an der sich auch die arbeitsrechtliche (Prüfungs-)Praxis ausrichtet. Der Schwierigkeitsgrad sämtlicher Aufgabenstellungen ist auf Examensniveau angesiedelt. Die Lösungshinweise sind zu Lernzwecken bewusst umfangreich gehalten und sollen den Leser zum Weiterdenken anregen; selbst für eine überdurchschnittliche Bewertung kann nicht erwartet werden, dass sämtliche Problemstellungen im Rahmen einer fünfstündigen klausurmäßigen Bearbeitung in derartiger Breite behandelt werden. Da die anwaltliche Tätigkeit nach den Vorgaben der einschlägigen Prüfungsordnungen auch für die universitäre Ausbildung immer mehr Gewicht erhält, sind einige Aufgabenstellungen bewusst aus der Perspektive des gutachterlich tätigen Rechtsanwalts gewählt worden.

Die Verfasser danken den Mitarbeitern des Osnabrücker Lehrstuhls, namentlich Herrn *Michael Berkemeyer*, Frau *Florentine Füg*, Herrn *Martin Gerigk*, Herrn *Markus Gralla* und Frau *Anastasia Hohenberger*, für die vielfältige Unterstützung.

Gesetzgebung, Literatur und Rechtsprechung wurden bis März 2009 berücksichtigt. Anregungen und Kritik aus dem Kreise der Leser sind stets willkommen (E-Mail: ls-stoffels@uos.de).

Osnabrück und Stuttgart, im Juni 2009
Markus Stoffels
Christian Reiter
Marcus Bieder

Inhaltsverzeichnis

Abkürzungsverzeichnis IX
Literaturverzeichnis XIII

Fall 1. Druckerei unter Druck
Betriebsverfassungs- und Tarifvertragsrecht:
Arbeitsgerichtliches Urteils- und Beschlussverfahren – Zulässigkeit betrieblicher Bündnisse für Arbeit – Bedeutung des Günstigkeitsprinzips – Zuständigkeit und Regelungskompetenzen des Gesamtbetriebsrats – ablösende Betriebsvereinbarung – Relevanz betriebsvereinbarungsoffener Arbeitsverträge – Unterlassungsansprüche der Gewerkschaften nach § 23 III BetrVG sowie analog §§ 1004, 823 I BGB i. V. m. Art. 9 III GG gegen Unterschreitung tariflicher Standards ... 1

Fall 2. Licht im Tarifdschungel
Tarifvertragsrecht:
Auslegung arbeitsvertraglicher Verweisungsklauseln auf Tarifverträge – Rechtmäßigkeit rückwirkender Tarifänderungen – Tarifkonkurrenz – Grundsätze der Tarifeinheit und Tarifpluralität – Besonderheiten bei allgemeinverbindlich erklärten Tarifverträgen – Gewerkschafts- und Koalitionsbegriff – Anforderungen an die Tariffähigkeit 20

Fall 3. Der Tarifvertrag – eine unendliche Geschichte?
Betriebsverfassungs- und Tarifvertragsrecht:
Tariffähigkeit von Handwerksinnungen – Verhältnis des § 77 III BetrVG zu § 87 I BetrVG – Konsequenzen eines Verbandsaustritts des Arbeitgebers – Nachwirkung und Nachbindung eines Tarifvertrages – Anwendung des § 4 V TVG nach Verbandsaustritt – Einigungsstellenverfahren nach §§ 76 f. BetrVG – Mitbestimmungsrechte des Betriebsrats bei der betrieblichen Lohngestaltung 37

Fall 4. Überlegungen des Vorstands
Betriebsverfassungs- und Tarifvertragsrecht:
Weitergeltung und Ablösung von Kollektivvereinbarungen nach Betriebsübergang – arbeitsvertragliche Verweisung auf Tarifverträge – Gleichstellungsabrede – europarechtliche Garantie der Koalitionsfreiheit – Mitbestimmung in wirtschaftlichen Angelegenheiten – Betriebsänderung, Sozialplan 50

Fall 5. Go West
Arbeitskampf- und Koalitionsrecht:
Rechtmäßigkeit von Arbeitskampfmaßnahmen – Friedenspflicht – Schadensersatzansprüche des Arbeitgebers bei rechtswidrigen Kampfmaßnahmen – Erstreikbarkeit eines Sozialtarifvertrags – firmenbezogener Verbandstarifvertrag – Beteiligungsrechte des Betriebsrats bei arbeitskampfbedingten personellen Maßnahmen – Klage gegen arbeitskampfbedingte Kündigung 78

Fall 6. Fernbeziehung
Arbeitskampf- und Koalitionsrecht:
Fernwirkungen von Arbeitskämpfen – Verteilung des Arbeitskampfrisikos – Entgeltansprüche der Arbeitnehmer bei streikbedingtem Arbeitsausfall – Betriebsstilllegung im unmittelbar und mittelbar streikbetroffenen Betrieb – Beteiligung des Betriebsrats – Warnstreik – Rechtmäßigkeit von Unterstützungsstreiks 93

Fall 7. Den Arbeitnehmern auf die Finger geschaut
Betriebsverfassungsrecht:
Betriebsratswahl im vereinfachten Wahlverfahren – Wahlmängel und Wahlanfechtung – Mitbestimmungsrechte des Betriebsrats bei der Einführung eines Zugangskontrollsystems im Kundenbetrieb – Unterlassungsanspruch des Betriebsrats nach § 23 III BetrVG – allgemeiner Unterlassungsanspruch des Betriebsrats 110

Fall 8. Leiharbeitnehmer – weniger flexibel als gedacht?
Betriebsverfassungsrecht:
Arbeitsgerichtliches Beschlussverfahren – Mitbestimmungsrechte des Betriebsrats bei personellen Einzelmaßnahmen (Einstellung von Leiharbeitnehmern, Bildung eines Stellenpools) – analoge Anwendung des § 99 BetrVG auf Gemeinschaftsbetriebe – Fiktion der Zustimmungserteilung des Betriebsrats nach § 99 III 2 BetrVG – Aufhebungsantrag nach § 101 BetrVG 127

Stichwortverzeichnis 141

Abkürzungsverzeichnis

a. A.	anderer Ansicht
ABl.	Amtsblatt
abl.	ablehnend(er)
Abs.	Absatz
abw.	abweichend
a. E.	am Ende
a. F.	alte(r) Fassung
AG	Aktiengesellschaft
AGB	Allgemeine Geschäftsbedingungen
AiB	Arbeitsrecht im Betrieb
Anm.	Anmerkung
AP	Arbeitsrechtliche Praxis
ArbG	Arbeitsgericht
ArbGG	Arbeitsgerichtsgesetz
ArbR	Arbeitsrecht
ArbuR, AuR	Arbeit und Recht
Art.	Artikel
AÜG	Arbeitnehmerüberlassungsgesetz
Aufl.	Auflage
BAG	Bundesarbeitsgericht
BAGE	Entscheidungen des Bundesarbeitsgerichts
BB	Betriebsberater
Bd.	Band
Beil.	Beilage
Begr.	Begründer
BetrVG	Betriebsverfassungsgesetz
BetrVR	Betriebsverfassungsrecht
BGB	Bürgerliches Gesetzbuch
BGH	Bundesgerichtshof
BGHZ	Entscheidungen des Bundesgerichtshofs in Zivilsachen
Bl.	Blatt
BPersVG	Bundespersonalvertretungsgesetz
BT-Drs.	Drucksachen des Deutschen Bundestages
BVerfG	Bundesverfassungsgericht
BVerfGE	Entscheidungen des Bundesverfassungsgerichts
BVerwG	Bundesverwaltungsgericht
BVerwGE	Entscheidungen des Bundesverwaltungsgerichts
bzgl.	bezüglich
bzw.	beziehungsweise
ca.	zirka
CGM	Christliche Gewerkschaft Metall
DB	Der Betrieb
ders.	derselbe
dies.	dieselbe, dieselben
d. h.	das heißt
EDV	Elektronische Datenverarbeitung
EFZG	Entgeltfortzahlungsgesetz
EG	Europäische Gemeinschaft
Einl.	Einleitung

EMRK	Konvention zum Schutze der Menschenrechte und Grundfreiheiten („Europäische Menschenrechtskonvention")
ESC	Europäische Sozialcharta
etc.	et cetera
EU	Europäische Union, Vertrag über die Europäische Union
EuGH	Europäischer Gerichtshof
EuroArbR	Europäisches Arbeitsrecht
e.V.	eingetragener Verein
evtl.	eventuell
EWG	Europäische Wirtschaftsgemeinschaft
EzA	Entscheidungssammlung zum Arbeitsrecht
f., ff.	folgende(r)
Fn.	Fußnote
FS	Festschrift
FTV	Firmentarifvertrag
GesellschaftsR	Gesellschaftsrecht
GG	Grundgesetz
ggfs.	gegebenenfalls
GKG	Gerichtskostengesetz
GmbH	Gesellschaft mit beschränkter Haftung
GmbHG	Gesetz betreffend die Gesellschaften mit beschränkter Haftung
GS	Großer Senat, Gedächtnisschrift
GVG	Gerichtsverfassungsgesetz
GWB	Gesetz gegen Wettbewerbsbeschränkungen
HandwO	Handwerksordnung
HGB	Handelsgesetzbuch
h.M.	herrschende Meinung
Hrsg.	Herausgeber
i.d.R.	in der Regel
i.E.	im Ergebnis
i.e.S.	im engeren Sinn
IG	Industriegewerkschaft
i.H.v.	in Höhe von
insb.	insbesondere
i.S.d.	im Sinne des/der
i.S.e.	im Sinne eines/einer
i.Ü.	im Übrigen
i.V.m.	in Verbindung mit
jew.	jeweils
KG	Kommanditgesellschaft
KSchG	Kündigungsschutzgesetz
LAG	Landesarbeitsgericht
LAGE	Entscheidungen der Landesarbeitsgerichte
lit.	littera (Buchstabe)
m.	mit
m.a.W.	mit anderen Worten
max.	maximal
MTV	Manteltarifvertrag
m.w.N.	mit weiteren Nachweisen
NGG	Gewerkschaft Nahrung-Genuss-Gaststätten
NJW	Neue Juristische Wochenschrift
NJW-RR	NJW-Rechtsprechungs-Report

Abkürzungsverzeichnis

Nr.	Nummer
Nrn.	Nummern
n. v.	nicht veröffentlicht
NZA	Neue Zeitschrift für Arbeitsrecht
NZA-RR	NZA-Rechtsprechungsreport
RdA	Recht der Arbeit
Red.	Redaktion, Redakteur
RG	Reichsgericht
RGZ	Entscheidungen des Reichsgerichts in Zivilsachen
RL	Richtlinie
Rn.	Randnummer
S.	Seite
SAE	Sammlung Arbeitsrechtlicher Entscheidungen
SchuldR	Schuldrecht
SGB	Sozialgesetzbuch
Slg.	Sammlung der Entscheidungen des Europäischen Gerichtshofs
sog.	sogenannt
StGB	Strafgesetzbuch
TV	Tarifvertrag
TVG	Tarifvertragsgesetz
TVR	Tarifvertragsrecht
u. a.	unter anderem
UmwG	Umwandlungsgesetz
u. U.	unter Umständen
Var.	Variante
ver.di	Vereinigte Dienstleistungsgewerkschaft
vgl.	vergleiche
WO	Wahlordnung
ZAAR	Zentrum für Arbeitsbeziehungen und Arbeitsrecht
z. B.	zum Beispiel
ZfA	Zeitschrift für Arbeitsrecht
ZIP	Zeitschrift für Wirtschaftsrecht
ZPO	Zivilprozessordnung
ZTR	Zeitschrift für Tarifrecht
zust.	zustimmend(er)
zutr.	zutreffend

Literaturverzeichnis

APS/*Bearbeiter*	*Ascheid/Preis/Schmidt*, Kündigungsrecht – Großkommentar, 3. Aufl., 2007
Brox/Rüthers	*Brox/Rüthers*, Arbeitskampfrecht, 2. Aufl., 1982
Däubler/*Bearbeiter*, AKR	*Däubler*, Arbeitskampfrecht, 2. Aufl., 1987
Däubler/*Bearbeiter*, TVG	*Däubler*, Kommentar zum Tarifvertragsgesetz, 2. Aufl., 2006
Däubler/Kittner/Klebe/ *Bearbeiter*	*Däubler/Kittner/Klebe*, Betriebsverfassungsgesetz, Kommentar, 10. Aufl., 2006
ErfKomm/*Bearbeiter*	Erfurter Kommentar zum Arbeitsrecht, 9. Aufl., 2009
Fitting	*Fitting*, Betriebsverfassungsgesetz mit Wahlordnung, Handkommentar, 24. Aufl., 2008
Galperin/Löwisch/*Bearbeiter*	*Galperin/Löwisch*, Kommentar zum Betriebsverfassungsgesetz, 6. Aufl., 1982
Gamillscheg	*Gamillscheg*, Kollektives Arbeitsrecht, Bd: 1: Grundlagen/Koalitionsfreiheit/Tarifvertrag/Arbeitskampf und Schlichtung, 1997
Germelmann/Matthes/Prütting/ Müller-Glöge/*Bearbeiter*	*Germelmann/Matthes/Prütting/Müller-Glöge*, Arbeitsgerichtsgesetz, Kommentar, 6. Aufl., 2008
GK-BetrVG/*Bearbeiter*	Gemeinschaftskommentar zum Betriebsverfassungsgesetz, 8. Aufl., 2005
Hanau/Adomeit	*Hanau/Adomeit*, Arbeitsrecht, 13. Aufl., 2005
H/S/W/G/N/*Bearbeiter*	*Hess/Schlochauer/Worzalla/Glock/Nicolai*, Kommentar zum Betriebsverfassungsgesetz, 7. Aufl., 2008
v. Hoyningen-Huene	*von Hoyningen-Huene*, Betriebsverfassungsrecht, 6. Aufl., 2007
HWK/*Bearbeiter*	*Henssler/Willemsen/Kalb*, Arbeitsrecht Kommentar, 3. Aufl., 2008
Jacobs/Krause/Oetker/ *Bearbeiter*	*Jacobs/Krause/Oetker*, Tarifvertragsrecht, 2007
Kempen/Zachert/ *Bearbeiter*	*Kempen/Zachert*, Tarifvertragsgesetz, Kommentar, 4. Aufl., 2005
Kissel	*Kissel*, Arbeitskampfrecht, 2003
Kittner	*Kittner*, Arbeitskampf: Geschichte, Recht, Gegenwart, 2005
Kramer	*Kramer*, Juristische Methodenlehre, 2. Aufl., 2005
Larenz	*Larenz*, Methodenlehre der Rechtswissenschaft, 6. Aufl., 1991
Löwisch/Kaiser, BetrVG	*Löwisch/Kaiser*, Betriebsverfassungsgesetz, Kommentar, 5. Aufl., 2002
Löwisch/Rieble, TVG	*Löwisch/Rieble*, Tarifvertragsgesetz, 2. Aufl., 2004
v. Mangoldt/Klein/ Starck/*Bearbeiter*	*von Mangoldt/Klein/Starck*, Kommentar zum Grundgesetz, 5. Aufl., 2005
Maunz/Dürig/*Bearbeiter*	*Maunz/Dürig*, Grundgesetz, Kommentar (Loseblatt), 52. Lieferung: Mai 2008
Medicus/Lorenz	*Medicus/Lorenz*, Schuldrecht I, Allgemeiner Teil, 18. Aufl., 2008
MünchKomm-BGB/*Bearbeiter*	Münchener Kommentar zum Bürgerlichen Gesetzbuch, 5. Aufl., 2006 ff.; Bd 5: 4. Aufl., 2004
MünchArbR/*Bearbeiter*	*Richardi/Wlotzke*, Münchener Handbuch zum Arbeitsrecht, 2. Aufl., 2000
Otto	*Otto*, Arbeitskampf- und Schlichtungsrecht, 2006
Palandt/*Bearbeiter*	*Palandt*, Bürgerliches Gesetzbuch, 68. Aufl., 2009
Preis	*Preis*, Praxis-Lehrbuch zum Kollektivarbeitsrecht, 2003
Preis, Arbeitsvertrag	*Preis*, Der Arbeitsvertrag, 3. Aufl., 2009
Richardi/*Bearbeiter*	*Richardi*, Betriebsverfassungsgesetz mit Wahlordnung, Kommentar, 11. Aufl., 2008
K. Schmidt	*K. Schmidt*, Gesellschaftsrecht, 4. Aufl., 2002
Schüren/Hamann/*Bearbeiter*	*Schüren*, Arbeitnehmerüberlassungsgesetz, Kommentar, 3. Aufl., 2007

Schwab/Weth/*Bearbeiter*	*Schwab/Weth*, Arbeitsgerichtsgesetz, Kommentar, 2. Aufl., 2008
Semler/Stengel/ *Bearbeiter*	*Semler/Stengel*, Umwandlungsgesetz mit Spruchverfahrensgesetz, Kommentar, 2. Aufl., 2007
Staudinger/*Bearbeiter*	*Staudinger*, Kommentar zum Bürgerlichen Gesetzbuch mit Einführungsgesetz und Nebengesetzen, Neubearbeitung 2005
Stege/Weinspach/Schiefer	*Stege/Weinspach/Schiefer*, Betriebsverfassungsgesetz, Handkommentar für die betriebliche Praxis, 9. Aufl., 2002
Thüsing	*Thüsing*, Europäisches Arbeitsrecht, 2008
Wiedemann/*Bearbeiter*	*Wiedemann*, Tarifvertragsgesetz, Kommentar, 7. Aufl., 2007
Wlotzke/Preis/*Bearbeiter*	*Wlotzke/Preis*, Betriebsverfassungsgesetz, Kommentar, 3. Aufl., 2006
Zöller/*Bearbeiter*	*Zöller*, Zivilprozessordnung, Kommentar, 27. Aufl., 2009
Zöllner/Loritz/Hergenröder	*Zöllner/Loritz/Hergenröder*, Arbeitsrecht, 6. Aufl., 2008

Fall 1. Druckerei unter Druck

Nach BAG vom 20. 4. 1999, NZA 1999, 887 ff. sowie BAG (GS) vom 16. 9. 1986, NZA 1987, 168 ff.

Sachverhalt

Die D-GmbH (D), ein Druckerei-Unternehmen, unterhält in Baden-Württemberg fünf Betriebe, in denen Druckerzeugnisse hergestellt werden.

Da die Lage auf dem Markt immer schwieriger wird, bemüht sich die Unternehmensführung um verschiedene Sanierungsmaßnahmen. Als erstes tritt D mit Wirkung zum 31. 12. 2007 aus dem „Arbeitgeberverband Druck" aus, in dem sie jahrelang Mitglied war. Der als drückende Belastung empfundene unbefristete Manteltarifvertrag, der im Jahre 2003 zwischen dem „Arbeitgeberverband Druck" und der Gewerkschaft ver.di (e. V.) geschlossenen worden ist, sieht in § 5 hohe Zuschläge für anfallende Mehrarbeit vor. Insbesondere im Betrieb Unterhausen ist die Lage aufgrund der besonders ungünstigen Kostenstrukturen dramatisch. Es drohen betriebsbedingte Kündigungen. Daher treffen die örtliche Geschäftsleitung und der Betriebsrat einen Beschluss, jeden einzelnen Mitarbeiter auf entsprechenden Vordrucken unterschreiben zu lassen, dass er einer Kürzung der Mehrarbeitszuschläge um 50 % zustimme. Im Gegenzug sichert die Geschäftsleitung den Arbeitnehmern in dem Vordruck zu, zwei Jahre lang keine betriebsbedingten Kündigungen im Betrieb Unterhausen auszusprechen. A – Mitglied der Gewerkschaft ver.di und seit zehn Jahren als Drucker bei D beschäftigt – unterschreibt, wie die meisten seiner Kollegen, den Revers. Zwei Monate nach geleisteter Unterschrift reut ihn jedoch seine Entscheidung und er verlangt den ungekürzten Mehrarbeitszuschlag.

Sodann leitet die Unternehmensführung Verhandlungen mit dem Gesamtbetriebsrat über das Urlaubsgeld ein. Dieses ist bislang in den Arbeitsverträgen aller Mitarbeiter gleichlautend wie folgt geregelt (tarifliche Regelungen dazu bestehen nicht):

„§ 13. Urlaubsgeld

Der in einem ungekündigten Arbeitsverhältnis stehende Mitarbeiter hat nach drei Jahren Betriebszugehörigkeit einen Anspruch auf ein Urlaubsgeld i. H. v. 20 % eines Bruttomonatsentgelts. Dieses gelangt im Juni eines jeden Jahres zur Auszahlung. Diese Sonderzuwendung kann ganz oder teilweise aus triftigen wirtschaftlichen Gründen, insbesondere bei schlechtem Verlauf des Geschäftsjahres, widerrufen werden."

Der Gesamtbetriebsrat erklärt sich nach längeren Verhandlungen im Februar 2008 bereit, eine Gesamtbetriebsvereinbarung zu unterzeichnen, derzufolge das Urlaubsgeld nicht länger gewährt werden soll, und zwar mit Wirkung schon für 2008. Den Arbeitnehmern wurde die Gesamtvereinbarung per E-Mail zur Kenntnis gebracht. A ist mit der Streichung nicht einverstanden. Seine arbeitsvertraglichen Ansprüche stünden nicht zur Disposition und wenn überhaupt, so sei hierfür der örtliche Betriebsrat zuständig.

1. Kann A den ungekürzten Mehrarbeitszuschlag verlangen?
2. Prüfen Sie den Anspruch des A auf das Urlaubsgeld.
3. Wie beurteilen Sie die Erfolgsaussichten möglicher Rechtsbehelfe der Gewerkschaft ver.di gegen D wegen der Unterschreitung tariflicher Standards bei den Mehrarbeitszuschlägen?

Gliederung

	Rn.
Frage 1: Anspruch des A auf Zahlung des ungekürzten Mehrarbeitszuschlags	
I. Arbeitsverhältnis zwischen D und A	2
II. Bestehen eines wirksamen Tarifvertrages	3
III. Tarifbindung der Arbeitsvertragsparteien	4
IV. Geltungsbereich des Tarifvertrages	5
V. Voraussetzungen des § 5 MTV	6
VI. Abweichende Regelungen in den Vordrucken	7
1. Verstoß gegen die zwingende Wirkung des Manteltarifvertrags	8
2. Rechtfertigung durch das Günstigkeitsprinzip	9
a) Maßgebliche Sichtweise für den Günstigkeitsvergleich	10
b) Bestimmung der Vergleichsgegenstände	11
c) Durchführung des Sachgruppenvergleichs: Arbeitsplatzsicherheit gegen Kürzung des tariflichen Mehrarbeitszuschlags?	15
VII. Geltendmachung des Anspruchs als unzulässige Rechtsausübung?	18
VIII. Ergebnis	19
Frage 2: Anspruch des A auf Zahlung des Urlaubsgeldes	
I. Anspruch entstanden	21
1. Arbeitsverhältnis zwischen D und A	22
2. Voraussetzungen des § 13 des Arbeitsvertrages	23
II. Erlöschen des Anspruchs durch Abschluss einer Gesamtbetriebsvereinbarung	24
1. Allgemeine Voraussetzungen für das Zustandekommen einer wirksamen Gesamtbetriebsvereinbarung	25
2. Zuständigkeit zum Abschluss der Gesamtbetriebsvereinbarung	26
3. Zulässigkeit einer ablösenden Betriebsvereinbarung	28
a) Günstigkeitsprinzip auch gegenüber Betriebsvereinbarungen	29
b) Kollektiver Günstigkeitsvergleich	30
c) Arbeitsvertragliche Regelung betriebsvereinbarungsoffen?	33
4. Zwischenergebnis	37
III. Ergebnis	38
Frage 3: Erfolgsaussichten möglicher Rechtsbehelfe der Gewerkschaft ver.di	
I. Zulässigkeit des Antrags	40
1. Rechtsweg zu den Arbeitsgerichten und richtige Verfahrensart	40
2. Örtliche Zuständigkeit	43
3. Beteiligtenfähigkeit	44
4. Antragsbefugnis	45

5. Bestimmtheit des Antrags 47
6. Zwischenergebnis 48
II. Begründetheit 49
   1. Unterlassungsanspruch wegen groben Verstoßes gegen Verpflichtungen aus dem Betriebsverfassungsgesetz (§ 23 III BetrVG) 50
      a) § 77 III BetrVG als Grundnorm der betriebsverfassungsrechtlichen Ordnung? 51
      b) Sperrwirkung des § 77 III BetrVG auch für Regelungsabreden? 52
      c) Zwischenergebnis 53
   2. Unterlassungsanspruch aus §§ 1004 I 2 BGB analog, 823 I BGB i. V. m. Art. 9 III GG 54
      a) Schutz der Koalitionsfreiheit durch quasinegatorischen Unterlassungsanspruch 55
      b) Vorrang anderer Rechtsschutzmöglichkeiten? 57
         aa) Verfahren nach § 23 III BetrVG 58
         bb) Möglichkeit einer Einwirkungsklage 59
      c) Verletzung der Koalitionsfreiheit 60
         aa) Schutzumfang der kollektiven Koalitionsbetätigungsfreiheit 61
         bb) Verdrängung der Tarifnorm als kollektive Ordnung 62
      d) Wiederholungsgefahr 65
      e) Zwischenergebnis 66
III. Ergebnis 67

Lösung

Frage 1: Anspruch des A auf Zahlung des ungekürzten Mehrarbeitszuschlags

A könnte ein Anspruch auf Zahlung des ungekürzten Zuschlags für Mehrarbeit aus § 611 I BGB i. V. m. dem Arbeitsvertrag i. V. m. § 5 des Manteltarifvertrages zustehen.

I. Arbeitsverhältnis zwischen D und A

Voraussetzung für einen solchen Anspruch ist, dass zwischen D und A ein Arbeitsverhältnis (§ 611 BGB) besteht. A ist laut Sachverhalt bei D als Drucker und damit als Arbeitnehmer beschäftigt. Ein Arbeitsverhältnis zwischen den Parteien ist somit gegeben.

II. Bestehen eines wirksamen Tarifvertrages

Die Geltendmachung tarifvertraglicher Ansprüche setzt sodann einen wirksamen Tarifvertrag voraus. Vorliegend ist davon auszugehen, dass der „Arbeitgeberverband Druck" und ver.di, beides tariffähige Parteien i. S. d. § 2 I TVG, im Jahre 2003 im Rahmen ihrer satzungsmäßig festgelegten Tarifzuständigkeit in der dafür vorgesehenen schriftlichen Form (§ 1 II TVG) eine Einigung über die Inhalte des Manteltarifvertrages erzielt haben. Der unbefristete Manteltarifvertrag entfaltet auch heute noch seine Wirkungen, da er bislang nicht gekündigt worden ist.

III. Tarifbindung der Arbeitsvertragsparteien

4   Um Ansprüche aus dem Tarifvertrag ableiten zu können, müssten sowohl A als auch seine Arbeitgeberin D tarifgebunden i. S. d. § 3 I TVG sein. A ist Mitglied der Gewerkschaft ver.di, die den Manteltarifvertrag abgeschlossen hat. Fraglich ist die Tarifbindung der D, da sie im Juni 2005 aus dem Arbeitgeberverband ausgetreten ist. Die Tarifgebundenheit der D könnte jedoch kraft der Fiktion in § 3 III TVG über das Austrittsdatum hinaus fortbestehen. Nach dieser Vorschrift bleibt die zuvor kraft Mitgliedschaft begründete Tarifgebundenheit bestehen, bis der Tarifvertrag endet. Allein durch den Austritt aus dem Arbeitgeberverband konnte sich D folglich nicht der Tarifbindung entziehen. Die durch § 3 III TVG angeordnete Nachbindung ist auch in der Folgezeit nicht entfallen. Der Tarifvertrag ist weder beendet noch inhaltlich geändert worden.[1]

IV. Geltungsbereich des Tarifvertrages

5   Für den Eintritt der Tarifwirkung müsste das Arbeitsverhältnis zwischen D und A vom räumlichen, branchenmäßig-betrieblichen und persönlichen Geltungsbereich des Manteltarifvertrags erfasst werden (§ 4 I 1 TVG). Davon ist mangels entgegenstehender Anhaltspunkte hier auszugehen.

V. Voraussetzungen des § 5 MTV

6   Ferner ist davon auszugehen, dass die tatbestandlichen Voraussetzungen des § 5 MTV für die Zuerkennung von Mehrarbeitszuschlägen im Falle des A erfüllt sind.

VI. Abweichende Regelung in den Vordrucken

7   Allerdings könnte die tarifvertragliche Regelung hier durch den dem A vorgelegten und von ihm unterzeichneten Vordruck modifiziert worden sein. Denn aus dem von A unterschriebenen Schriftstück ergibt sich, dass der Mehrarbeitszuschlag künftig nur noch 50 % der tarifvertraglich vorgesehenen Höhe betragen soll. Dabei handelt es sich um eine Regelung, die der arbeitsvertraglichen Ebene zuzuordnen ist. Dass sie auf einem von den Betriebsparteien abgestimmten Plan beruht, ist für die rechtliche Einordnung insoweit unbeachtlich.

1. Verstoß gegen die zwingende Wirkung des Manteltarifvertrags

8   Die Abweichungen von dem Tarifvertrag könnten gegen die zwingende Wirkung des Tarifvertrages nach § 4 III TVG verstoßen. Da der Manteltarifvertrag keine Öffnungsklausel enthält, kann die abweichende arbeitsvertragliche Regelung nur auf der Grundlage des Günstigkeitsprinzips Bestand haben.

2. Rechtfertigung durch das Günstigkeitsprinzip

9   Zu untersuchen ist somit, ob die Kürzung der Mehrarbeitszuschläge um 50 % eine günstigere Regelung gegenüber dem Tarifvertrag darstellt. Für sich genommen stellt die Halbierung des Mehrarbeitszuschlages selbstverständlich eine ungünstigere Regelung dar. Fraglich ist jedoch, ob in den Günstigkeitsvergleich nicht auch die den Arbeitnehmern im Gegenzug garantierte Arbeitsplatzsicherheit einzubeziehen ist.

---

[1] Zur Beendigung der Nachbindung bei Änderung des Tarifvertrages vgl. *BAG* vom 7. 11. 2001, NZA 2002, 748, 749 f.

Nach welchen Kriterien ein Günstigkeitsvergleich zwischen tariflichen und einzelvertraglichen Regelungen zu erfolgen hat, ist in Schrifttum und Literatur lebhaft umstritten.

a) Maßgebliche Sichtweise für den Günstigkeitsvergleich

Klärungsbedürftig ist zunächst, aus welcher Sichtweise der Günstigkeitsvergleich 10 angestellt werden muss. Eine subjektive Sichtweise,[2] nach der die Präferenzen des individuellen Arbeitnehmers den Ausschlag geben, so wie sie in der abweichenden Vereinbarung ihren Niederschlag gefunden haben, verkennt, dass das geltende Tarifvertragsrecht (vgl. insbesondere § 4 IV TVG) den Arbeitnehmer auch vor sich selbst und seiner möglichen Nachgiebigkeit gegenüber dem Arbeitgeber schützt. Von daher ist mit der h. M.[3] von einem objektiven Maßstab auszugehen, der auf die Sicht eines verständigen Arbeitnehmers, nicht aber auf das Wohl der Belegschaft, abstellt (individueller Günstigkeitsvergleich auf der Grundlage eines objektiven Maßstabs).[4]

b) Bestimmung der Vergleichsgegenstände

Sodann ist zu klären, welche Bestimmungen des Tarifwerks und der arbeits- 11 vertraglichen Regelung einander gegenüberzustellen sind. Hier sind verschiedene Ansätze denkbar.

So könnte man beispielsweise einen Einzelvergleich durchführen mit dem Ergeb- 12 nis, dass sich immer die jeweils für den Arbeitnehmer günstigere Rechtsfolge durchsetzt.[5] Hiernach hätte A Anspruch auf den ungekürzten Mehrarbeitszuschlag und könnte sich auf die zweijährige Arbeitsplatzgarantie berufen. Eine solche „Rosinentheorie" kann jedoch nicht überzeugen.[6] Tarifverträge sind regelmäßig das Ergebnis eines längeren Verhandlungsprozesses; die einzelnen Regelungen stehen infolgedessen nicht unverbunden nebeneinander, sondern bilden einen Gesamtkompromiss. Derart miteinander verknüpfte Regelungszusammenhänge dürfen nicht auseinander gerissen werden. Ein isolierter Einzelvergleich trägt somit dem Willen der Tarifvertragsparteien nicht hinreichend Rechnung und ist abzulehnen.

Als Gegenstück zur Einzelbetrachtung könnte man sich eine Gegenüberstellung 13 der beiden gesamten Regelungswerke vorstellen,[7] hier also des gesamten Manteltarifvertrages und des Vordrucks mit seinen beiden Bestandteilen, der Kürzung des Mehrarbeitszuschlages und der Arbeitsplatzgarantie. Wie dieser Vergleich allerdings konkret zu bewerkstelligen sein soll, ist angesichts der Verschiedenheit der Materien nicht klar. In der Tat spricht gerade die schwierige praktische Durchführung des zudem von vielen Wertungen abhängigen Gesamtvergleichs gegen diese Vorgehensweise,[8] die zudem auch im Wortlaut des § 4 III TVG („Regelungen") keinen Niederschlag gefunden hat.

---

[2] Hierfür z. B. *Heinze*, NZA 1991, 329, 333.
[3] *BAG* vom 20. 7. 1961, NJW 1961, 2229; Jacobs/Krause/Oetker/*Jacobs*, § 7 Rn. 43; *Löwisch/ Rieble*, TVG, § 4 Rn. 310. Nach *Käppler*, NZA 1991, 745 ff. definieren die Tarifvertragsparteien mit ihren Normen das Interesse des Arbeitnehmers; dagegen zu Recht Wiedemann/*Wank*, § 4 Rn. 450.
[4] So auch *Zöllner/Loritz/Hergenröder*, S. 374 („objektiv-individueller Beurteilungsmaßstab").
[5] Däubler/*Deinert*, TVG, § 4 Rn. 663.
[6] Abl. wie hier Jacobs/Krause/Oetker/*Jacobs*, § 7 Rn. 35; *Preis*, S. 121; *Zöllner/Loritz/Hergenröder*, S. 375.
[7] Für einen solchen Gesamtvergleich *Heinze*, NZA 1991, 329, 335; *Mäckler*, FS Arbeitsgerichtsbarkeit Rheinland-Pfalz, 1999, S. 381, 389 ff.
[8] *Preis*, S. 121; *Zöllner/Loritz/Hergenröder*, S. 375 m. Fn. 19.

14 Die h. M. spricht sich daher für einen Sachgruppenvergleich aus.[9] Es werden also nur diejenigen Regelungen des Tarifvertrages und der abweichenden Abmachung miteinander verglichen, die zueinander in einem sachlichen Zusammenhang stehen. Diese Ansicht verdient in der Tat den Vorzug, da sie die Bedenken, die gegen die beiden vorgenannten Ansätze vorgebracht werden, ausräumt und mit dem Wortlaut des § 4 III TVG im Einklang steht.

c) Durchführung des Sachgruppenvergleichs: Arbeitsplatzsicherheit gegen Kürzung des tariflichen Mehrarbeitszuschlags?

15 Fraglich ist hier, ob die tarifvertraglich festgelegten Mehrarbeitszuschläge und die den Arbeitnehmern arbeitsvertraglich garantierte Arbeitsplatzsicherheit überhaupt vergleichbar sind. Welche Bestimmungen in einem inneren Zusammenhang stehen, muss durch Auslegung des Tarifvertrages und des Arbeitsvertrages ermittelt werden.[10] Was die Einbeziehung einer Beschäftigungsgarantie anbelangt, so nehmen das BAG und ein Teil des Schrifttums einen zurückhaltenden Standpunkt ein.[11] Das BAG hat in der sog. „Burda-Entscheidung"[12] zu den betrieblichen Bündnissen für Arbeit ausgeführt, „ein ... Vergleich von Regelungen, deren Gegenstände sich thematisch nicht berühren, ist indessen methodisch unmöglich („Äpfel mit Birnen') und mit § 4 III TVG nicht vereinbar". Das BAG fährt sodann fort und betont: „Arbeitsentgelt einerseits und eine Beschäftigungsgarantie andererseits sind jedoch völlig unterschiedlich geartete Regelungsgegenstände, für deren Bewertung es keinen gemeinsamen Maßstab gibt. Sie können nicht miteinander verglichen werden. Eine Beschäftigungsgarantie ist nicht geeignet, Verschlechterungen beim Arbeitsentgelt ... zu rechtfertigen." Dieser Ansicht nach wäre die arbeitsvertraglich vereinbarte Halbierung des Mehrarbeitszuschlags vom Günstigkeitsprinzip nicht gedeckt und es läge damit eine unwirksame Unterschreitung des tariflichen Standards vor.

16 Dagegen wird vorgebracht, dass es sich um eine realitätsfremde Bewertung der Interessen zur ausschließlichen Aufrechterhaltung der Dogmatik handele.[13] Jedenfalls in Fällen, in denen eine echte Existenzgefahr für den fraglichen Betrieb bestehe, müsse es grundsätzlich den Arbeitsvertragsparteien nach dem Grundsatz der Privatautonomie überlassen bleiben, die Beschäftigungsgarantie zu einer für die Günstigkeitsbewertung maßgeblichen Vergleichsgröße zu machen.[14] Andere heben hervor, der Arbeitsplatz sei als solcher gerade die Grundvoraussetzung für alle Arbeitsbedingungen und könne somit auch jeder erdenklichen Sachgruppe zugeordnet und in den Vergleich einbezogen werden.[15]

17 Den Kritikern des BAG ist entgegenzuhalten, dass die wertende Entscheidung darüber, wie bei der Regelung der Arbeitsbedingungen das Interesse der Arbeitnehmer an möglichst hohen Entgelten mit dem unternehmerischen Interesse an geringen Arbeitskosten um der Wettbewerbsfähigkeit willen und damit auch zur Siche-

---

[9] *BAG* vom 20. 4. 1999, NZA 1999, 887, 893; ErfKomm/*Franzen*, § 4 TVG Rn. 38; Jacobs/Krause/Oetker/*Jacobs*, § 7 Rn. 37.
[10] *Löwisch/Rieble*, TVG, § 4 Rn. 302.
[11] *BAG* vom 20. 4. 1999, NZA 1999, 887, 893; Jacobs/Krause/Oetker/*Jacobs*, § 7 Rn. 65 ff.; Wiedemann/*Wank*, § 4 Rn. 432 ff.
[12] *BAG* vom 20. 4. 1999, NZA 1999, 887, 893.
[13] Für eine Neuinterpretation des Günstigkeitsprinzips insbesondere *Adomeit*, NJW 1984, 26 f.; vgl. auch *Buchner*, DB Beil. 12/1996, S. 1, 10 f.; *ders.*, NZA 1999, 897, 901 und *Schliemann*, NZA 2003, 122, 126.
[14] *Niebler/Schmiedl*, BB 2001, 1631, 1635; *Trappehl/Lambrich*, NJW 1999, 3117, 3221.
[15] *Trappehl/Lambrich*, NJW 1999, 3217, 3221; vgl. ferner *Niebler/Schmiedl*, BB 2001, 1631, 1635.

rung der Arbeitsplätze in Einklang gebracht werden kann, eine tarifpolitische Grundsatzfrage ist. Die im Tarifvertragsgesetz zum Ausdruck gelangte Grundvorstellung geht dahin, es den Tarifvertragsparteien zu überlassen, nach ihren gemeinsamen Zweckmäßigkeitsvorstellungen einerseits Kostenfaktoren für die unternehmerische Tätigkeit und andererseits Untergrenzen der Arbeitsbedingungen, insbesondere der Arbeitseinkommen, zu bestimmen.[16] Aber auch soweit im Schrifttum eine Neuinterpretation des Günstigkeitsprinzips für Grenzsituationen vorgeschlagen wird, in denen eine Existenzgefahr für den Betrieb besteht,[17] kann dieser Ansatz nicht überzeugen, lässt sich doch insgesamt nur äußerst schwer objektiv bestimmen, wann eine reale Existenzgefahr vorliegt und ob diese ausschließlich durch Einsparungen der Lohnkosten beseitigt werden kann. Zusammenfassend lässt sich festhalten, dass es Sache des Gesetzgebers und nicht der Gerichte oder des Rechtsanwenders ist, den Günstigkeitsvergleich neu zu definieren und damit auch eine rechtspolitisch eminent bedeutsame Grundentscheidung zu treffen, die im Tarifvertragsgesetz keinen hinreichenden Rückhalt findet. Alles in allem verstößt eine rein betrieblich-arbeitsvertragliche Lösung – wie hier – gegen § 4 III TVG und ist unzulässig.

VII. Geltendmachung des Anspruchs als unzulässige Rechtsausübung?

Schließlich könnte man noch erwägen, ob sich A mit der Geltendmachung des Anspruchs auf den ungekürzten Mehrarbeitszuschlag nicht in Widerspruch setzt zu seinem schriftlich auf dem Vordruck erklärten Einverständnis mit eben dieser Kürzung. Darin könnte eine unzulässige Rechtsausübung i. S. d. § 242 BGB, ein venire contra factum proprium, liegen. Dagegen spricht jedoch, dass es hier schlicht um den Vollzug des § 4 III TVG geht, der sich als zwingendes Arbeitnehmerschutzrecht darstellt und sich gerade auch dann bewähren muss, wenn der Arbeitnehmer einer Schmälerung seiner tarifvertraglichen Rechtsposition zustimmt. 18

VIII. Ergebnis

A kann von D die Zahlung der Mehrarbeitszuschläge sowohl für die Zukunft als auch die Vergangenheit verlangen. 19

Frage 2: Anspruch des A auf Zahlung des Urlaubsgeldes

A könnte ein Anspruch auf Zahlung des Urlaubsgeldes für das Jahr 2008 aus § 13 seines Arbeitsvertrages zustehen. 20

I. Anspruch entstanden

Dann müsste der Zahlungsanspruch zunächst wirksam entstanden sein. 21

1. Arbeitsverhältnis zwischen D und A

Voraussetzung ist zunächst, dass zwischen D und A ein Arbeitsverhältnis (§ 611 BGB) besteht. Das wurde bereits oben bejaht.[18] 22

---

[16] *BAG* vom 20. 4. 1999, NZA 1999, 887, 893.
[17] Vgl. dazu die Nachweise oben Fn. 13.
[18] Siehe oben Rn. 2.

2. Voraussetzungen des § 13 des Arbeitsvertrages

23 Sodann müssten die anspruchsbegründenden Tatbestandsvoraussetzungen des § 13 des Arbeitsvertrages erfüllt sein. § 13 verlangt, dass der Mitarbeiter in einem ungekündigten Arbeitsverhältnis steht und eine Betriebszugehörigkeit von mindestens drei Jahren aufweisen kann. Beides ist hier der Fall, da A seit 10 Jahren ungekündigt beschäftigt ist.

II. Erlöschen des Anspruchs durch Abschluss einer Gesamtbetriebsvereinbarung

24 Der Anspruch könnte hier durch die Gesamtbetriebsvereinbarung zum Erlöschen gebracht worden sein. Denn diese sieht die Abschaffung des zusätzlichen Urlaubsgeldes mit Wirkung bereits für das Jahr 2008 vor. Fraglich ist jedoch, ob durch dieses dem kollektiven Arbeitsrecht zuzurechnende Instrument in die individualvertraglich begründeten Rechtspositionen der Arbeitnehmer eingegriffen werden kann.

1. Allgemeine Voraussetzungen für das Zustandekommen einer wirksamen Gesamtbetriebsvereinbarung

25 Die grundsätzliche Zulässigkeit von Gesamtbetriebsvereinbarungen ergibt sich aus § 50 BetrVG. Auch Gesamtbetriebsvereinbarungen gelten nach § 77 IV 1 BetrVG unmittelbar und zwingend für die Arbeitsverhältnisse aller im Unternehmen beschäftigten Arbeitnehmer. Gesamtbetriebsvereinbarungen unterliegen den gleichen Anforderungen und Grenzen wie Betriebsvereinbarungen.[19] Vorliegend ist es zwischen der Geschäftsleitung des Unternehmens, also dem Arbeitgeber, und dem Gesamtbetriebsrat zu einer Einigung über betriebliche Fragen im Unternehmen gekommen. Von der Einhaltung der Schriftform des § 77 II 1 BetrVG ist auszugehen, zumal sich dem Sachverhalt entnehmen lässt, dass der Betriebsrat die Vereinbarung unterzeichnet hat. Mit der Übermittlung per Email hat der Arbeitgeber die Gesamtbetriebsvereinbarung in einer Weise bekannt gemacht, dass die Arbeitnehmer von ihrem Inhalt ohne Schwierigkeiten Kenntnis nehmen können.[20] Im Übrigen hätte ein Verstoß gegen § 77 II 3 BetrVG auf die Wirksamkeit der Gesamtbetriebsvereinbarung keinen Einfluss, da es sich nach allgemeiner Meinung hierbei um eine bloße Ordnungsvorschrift handelt.[21]

2. Zuständigkeit zum Abschluss der Gesamtbetriebsvereinbarung

26 Klärungsbedürftig ist sodann die Zuständigkeit des Gesamtbetriebsrats zum Abschluss der Betriebsvereinbarung. Denn eine unter Überschreitung der Zuständigkeit abgeschlossene Gesamtbetriebsvereinbarung wäre unwirksam.[22] Dabei gilt die Grundregel, dass für die Ausübung der Mitbestimmungsrechte nach dem Betriebsverfassungsgesetz grundsätzlich der von den Arbeitnehmern unmittelbar gewählte Betriebsrat zuständig ist. Dem Gesamtbetriebsrat ist nach § 50 I 1 BetrVG nur die Behandlung von Angelegenheiten zugewiesen, die das Gesamtunternehmen oder mehrere Betriebe betreffen und nicht durch die einzelnen Betriebsräte innerhalb ihrer Betriebe geregelt werden können. Erforderlich ist, dass es sich zum einen um eine

---

[19] Richardi/*Annuß*, § 50 Rn. 70.
[20] Wlotzke/Preis/*Preis*, § 77 Rn. 11.
[21] *Fitting*, § 77 Rn. 25; für die Parallelvorschrift des § 8 TVG ebenso *BAG* vom 27. 1. 2004, NZA 2004, 667, 670 sowie zur Vorgängervorschrift des § 7 TVG a. F. *BAG* vom 8. 1. 1970, AP Nr. 43 zu § 4 TVG – Ausschlussfristen.
[22] *BAG* vom 31. 1. 1989, NZA 1989, 606, 610; ErfKomm/*Eisemann/Koch*, § 50 BetrVG Rn. 8; für schwebende Unwirksamkeit Wlotzke/Preis/*Roloff*, § 50 Rn. 25.

mehrere Betriebe betreffende Angelegenheit handelt und zum andern objektiv ein zwingendes Erfordernis für eine unternehmenseinheitliche oder betriebsübergreifende Regelung besteht. Dieses Erfordernis kann sich aus technischen oder rechtlichen Gründen ergeben. Allein der Wunsch des Arbeitgebers nach einer unternehmenseinheitlichen oder betriebsübergreifenden Regelung, sein Kosten- und Koordinierungsinteresse sowie reine Zweckmäßigkeitsgesichtspunkte genügen nicht, um in Angelegenheiten der zwingenden Mitbestimmung die Zuständigkeit des Gesamtbetriebsrats zu begründen.[23] Der wirtschaftliche Zwang zur Unternehmenssanierung begründet als solcher keinen überbetrieblichen Regelungsbedarf.[24] Ausgehend von diesen Grundsätzen ließe sich eine Zuständigkeit des Gesamtbetriebsrats kaum begründen, denn die Einspareffekte sind wohl genauso gut auf der Betriebsebene zu erzielen, dies umso mehr, als die Betriebe durchaus unterschiedliche Kostenstrukturen aufweisen können, denen man dann gesondert Rechnung tragen könnte.

Allerdings beschränkt das BAG diese Abgrenzungslinie auf den Bereich der zwingenden Mitbestimmung. In Angelegenheiten, die der freiwilligen Mitbestimmung zuzuordnen sind, hat es der Arbeitgeber nach der Rechtsprechung in der Hand, die Zuständigkeit des Gesamtbetriebsrats herbeizuführen. Denn die Zuständigkeit des Gesamtbetriebsrats kann – so das BAG – auch auf der „subjektiven Unmöglichkeit" einzelbetrieblicher Regelungen beruhen. Davon sei auszugehen, wenn der Arbeitgeber im Bereich der freiwilligen Mitbestimmung zu einer Maßnahme, Regelung oder Leistung nur betriebsübergreifend bereit ist. Wenn der Arbeitgeber mitbestimmungsfrei darüber entscheiden könne, ob er eine Leistung überhaupt erbringe, so könne er sie von einer überbetrieblichen Regelung abhängig machen und so die Zuständigkeit des Gesamtbetriebsrats für den Abschluss einer entsprechenden Betriebsvereinbarung herbeiführen.[25] Die Angelegenheiten, in denen der Betriebsrat in sozialen Angelegenheiten ein erzwingbares Mitbestimmungsrecht hat, sind in § 87 I BetrVG geregelt. Mit der Vergütung befasst sich vor allem § 87 I Nr. 10 BetrVG. Allerdings betrifft dieser Tatbestand allein die Verteilung der Leistung, die innerbetriebliche Lohngerechtigkeit, nicht aber das „ob" der Leistung.[26] Auch aus § 87 I Nr. 11 BetrVG lässt sich kein weitergehendes Mitbestimmungsrecht ableiten. Zwar hat der Betriebsrat hiernach über die Bezugsgrößen des Lohnes einschließlich des Geldfaktors und damit auch über die Lohnhöhe mitzubestimmen. Beim Urlaubsgeld handelt es sich jedoch nicht um ein den Akkord- und Prämiensätzen vergleichbares leistungsbezogenes Entgelt. Das sind nur solche, bei denen die Leistung des Arbeitnehmers gemessen und mit einer Bezugsleistung verglichen wird. Die Regelung der vollständigen Streichung des Urlaubsgeldes erfolgte mithin im Wege der freiwilligen Mitbestimmung (§ 88 BetrVG). Daraus folgt, dass eine originäre Zuständigkeit des Gesamtbetriebsrats unter Zugrundelegung der Rechtsprechung des BAG nach § 50 I BetrVG zu bejahen ist.

3. Zulässigkeit einer ablösenden Betriebsvereinbarung

Zu untersuchen bleibt allerdings, ob die zuständigkeitsgemäß zustande gekommene Gesamtbetriebsvereinbarung die intendierte Wirkung, nämlich die Ablösung der arbeitsvertraglich begründeten Ansprüche der Arbeitnehmer, tatsächlich entfalten kann.

---

[23] *BAG* vom 14. 11. 2006, NZA 2007, 399, 401.
[24] *BAG* vom 15. 1. 2002, NZA 2002, 988, 991.
[25] *BAG* vom 10. 10. 2006, NZA 2007, 523, 524.
[26] *BAG* vom 28. 3. 2006, NZA 2006, 1367, 1368.

a) Günstigkeitsprinzip auch gegenüber Betriebsvereinbarungen

29 Ausgangspunkt für die Bestimmung des Verhältnisses von Arbeitsvertrag und Betriebsvereinbarung ist § 77 I 1 BetrVG. Hiernach hat die Betriebsvereinbarung zwingende Wirkung, d. h. sie verdrängt entgegenstehende Regelungen auf der rangniedrigeren arbeitsvertraglichen Stufe. Fraglich ist, ob die zwingende Wirkung im Falle günstigerer arbeitsvertraglicher Vereinbarungen nicht eine Durchbrechung erfährt. Das könnte auf den ersten Blick zweifelhaft sein, da das Gesetz in § 77 BetrVG – anderes als das Tarifrecht (§ 4 III TVG) – keine ausdrückliche Regelung des Günstigkeitsprinzips enthält. Hieraus kann aber nicht abgeleitet werden, dass der Gesetzgeber das Günstigkeitsprinzip habe ausschließen wollen. Aus den Gesetzesmaterialien ergibt sich kein Hinweis dafür, dass Betriebsvereinbarungen anders als Tarifverträgen ein zweiseitig zwingender Charakter zuerkannt werden sollte. Vielmehr kommt mit dem Günstigkeitsprinzip ein allgemeiner Grundsatz zur Anwendung; § 77 IV 1 BetrVG ist insoweit unvollständig.[27]

b) Kollektiver Günstigkeitsvergleich

30 Als nächstes gilt es zu klären, wie der Günstigkeitsvergleich in der vorliegenden Konstellation durchzuführen ist. Nimmt man die auch für § 4 III TVG weitgehend anerkannte Sichtweise[28] zum Ausgangspunkt der Betrachtung, so müsste hier ein Gruppenvergleich derjenigen Regelungen durchgeführt werden, die zueinander in einem sachlichen Zusammenhang stehen (sog. Sachgruppenvergleich).[29] Dabei wäre auf die Sicht eines objektiven, vernünftig abwägenden Arbeitnehmers abzustellen.[30] Das Ergebnis eines solchermaßen strukturierten Günstigkeitsvergleichs wäre im vorliegenden Fall eindeutig: der Individualanspruch auf das Urlaubsgeld wäre die für den Arbeitnehmer günstigere Regelung. Sie würde sich gegenüber der Betriebsvereinbarung behaupten.

31 Der Fall zeichnet sich aber dadurch aus, dass der Anspruch auf das Urlaubsgeld auf einer Formularklausel beruht, die sich in den Arbeitsverträgen aller Mitarbeiter findet, so dass hier unternehmensweit einheitlich eine Sozialleistung geregelt worden ist. Die einzelnen Ansprüche der Arbeitnehmer sind mithin in ein Gesamtsystem eingebunden. Es kann nur auf die Vor- oder Nachteile ankommen, die die Neuregelung für die Belegschaft insgesamt zur Folge hat (kollektiver Günstigkeitsvergleich).[31] Wenn die Leistungen des Arbeitgebers sich insgesamt nicht verringern oder sogar erweitert werden, steht das Günstigkeitsprinzip einer Ablösung nicht entgegen, auch wenn einzelne Arbeitnehmer dadurch schlechter gestellt werden sollten. Auf der anderen Seite darf sich der Arbeitgeber von der wirtschaftlichen Gesamtlast seiner Zusagen im Allgemeinen weder einseitig noch mit Hilfe des Betriebsrats ganz oder teilweise befreien.

32 Im vorliegenden Fall führt die ersatzlose Streichung des Urlaubsgeldes durch die Gesamtbetriebsvereinbarung zu einer Verringerung des wirtschaftlichen Werts

---

[27] *BAG (GS)* vom 16. 9. 1986, NZA 1987, 168, 172 f.; *BAG* vom 7. 11. 1989, NZA 1990, 816, 819; Richardi/*Richardi*, § 77 Rn. 141 ff.
[28] Siehe oben Rn. 15 ff.
[29] So grundsätzlich (vorbehaltlich der sogleich zu erörternden Sondersituation) im Rahmen des § 77 IV BetrVG *BAG* vom 27. 1. 2004, NZA 2004, 667, 669; für die Übertragung der Grundsätze, die im Rahmen des Tarifvertragsrechts entwickelt wurden, auch Richardi/*Richardi*, § 77 Rn. 145.
[30] Für einen objektiven Beurteilungsmaßstab auch *Fitting*, § 77 Rn. 200.
[31] Grundlegend *BAG (GS)* vom 16. 9. 1986, NZA 1987, 168, 177 ff.; sodann *BAG* vom 3. 11. 1987, NZA 1988, 509, 512; *BAG* vom 21. 9. 1989, NZA 1990, 351, 352 f.; *BAG* vom 28. 3. 2000, NZA 2001, 49, 51 f.; *BAG* vom 18. 3. 2003, NZA 2004, 1099, 1102; kritisch u. a. *Richardi*, NZA 1990, 331.

der Arbeitgeberleistungen. Sie ist daher durch das – hier kollekivrechtlich verstandene – Günstigkeitsprinzip nicht gedeckt.

c) Arbeitsvertragliche Regelung betriebsvereinbarungsoffen?

Allerdings könnte hier ein anderer Gedanke zur Rechtfertigung der verdrängenden Wirkung der Gesamtbetriebsvereinbarung herangezogen werden. Denn der vorliegende Fall zeichnet sich dadurch aus, dass die Zusage des Urlaubsgeldes unter einen sog. Widerrufsvorbehalt gestellt worden ist. Das bedeutet, dass der Arbeitgeber die durch die Gesamtbetriebsvereinbarung getroffene Regelung, nämlich die Streichung des Urlaubsgeldes, individualrechtlich durch Ausübung seines Widerrufsrechts hätte herbeiführen können. Dann muss es ihm auch unbenommen sein, diese Entscheidung nach Verhandlung mit dem Betriebsrat in Form einer Betriebsvereinbarung zu treffen. Zumindest könnte man sagen, dass die einheitlich mit Widerrufsvorbehalten versehenen Urlaubsgeldregelungen betriebsvereinbarungsoffen ausgestaltet worden sind, der Arbeitgeber sich damit stillschweigend auch das Recht einer abweichenden Regelung durch Betriebsvereinbarung vorbehalten hat.[32]

Voraussetzung ist allerdings die Wirksamkeit der in den Arbeitsverträgen implementierten Widerrufsvorbehalte. Da es sich um von D vorformulierte Vertragsbedingungen (§ 305 I BGB) handelt, müsste der Widerrufsvorbehalt mit den Vorgaben des AGB-Rechts übereinstimmen, das Arbeitsverträge von seinem Anwendungsbereich nicht (mehr) ausnimmt (vgl. § 310 IV BGB). Aus § 308 Nr. 4 BGB und den Wertungen des Transparenzgebots folgert das BAG:[33] Voraussetzungen und Umfang der vorbehaltenen Änderungen müssten möglichst konkretisiert werden. Die widerrufliche Leistung müsse nach Art und Höhe eindeutig sein, damit der Arbeitnehmer weiß, was ggfs. auf ihn zukommt. Bei den Voraussetzungen der Änderung, also den Widerrufsgründen, müsse zumindest die Richtung angegeben werden, aus der der Widerruf möglich sein soll. Das BAG nennt hier beispielhaft wirtschaftliche Gründe sowie die Leistung und das Verhalten des Arbeitnehmers. § 13 des Arbeitsvertrages nimmt diese Vorgaben auf und gibt immerhin auch den Grad der erforderlichen Störung (aus „triftigen" wirtschaftlichen Gründen) an und gibt zur Illustration auch ein Beispiel. Ob und in welchen Konstellationen eine transparente Vertragsgestaltung solche Konkretisierungen erfordert, ist umstritten, muss hier aber nicht weiter geklärt werden.

Zum anderen verlangt das BAG,[34] dass die gebotene Interessenabwägung zu einer Zumutbarkeit der Klausel für den Arbeitnehmer führt, es m. a. W. nicht zu Eingriffen in den Kernbereich des Arbeitsvertrages kommt. Die Richtschnur des BAG lautet: Die Vereinbarung eines Widerrufsvorbehalts ist zulässig, soweit der im Gegenseitigkeitsverhältnis stehende widerrufliche Teil des Gesamtverdienstes unter 25 % liegt und der Tariflohn nicht unterschritten wird. Sind darüber hinaus Zahlungen des Arbeitgebers widerruflich, die nicht eine unmittelbare Gegenleistung für die Arbeitsleistung darstellen, sondern Ersatz für Aufwendungen, die an sich der Arbeitnehmer selbst tragen muss, erhöht sich der widerrufliche Teil der Arbeitsvergütung auf bis zu 30 % des Gesamtverdienstes.[35] Dem Sachverhalt lassen sich keine Anhaltspunkte dafür entnehmen, dass die vom BAG vorgegebenen Grenzwerte hier überschritten

---

[32] Hierzu *BAG* vom 3. 11. 1987, NZA 1988, 509, 510 sowie aus neuerer Zeit *BAG* vom 18. 3. 2003, NZA 2004, 1099, 1102.
[33] *BAG* vom 12. 1. 2005, NZA 2005, 465, 468.
[34] *BAG* vom 12. 1. 2005, NZA 2005, 465, 467; *BAG* vom 11. 10. 2006, NZA 2007, 87, 89.
[35] So zuletzt *BAG* vom 11. 10. 2006, NZA 2007, 87, 89.

sein könnten. Das Urlaubsgeld macht – wenn keine weiteren Arbeitgeberleistungen unter Widerrufsvorbehalt gestellt sind – im vorliegenden Fall noch nicht einmal 2 % des Gesamtverdienstes aus. Somit lässt sich festhalten, dass die in den Arbeitsverträgen der D verwendeten, gleichlautenden Widerrufsvorbehalte betreffend das Urlaubsgeld der AGB-Kontrolle standhalten und damit wirksam die Arbeitsverträge für eine Rückführung durch Betriebsvereinbarung öffnen.

36 Vor diesem Hintergrund bedarf es keiner Erörterung mehr, ob die ablösende Wirkung der Gesamtbetriebsvereinbarung außerdem über das Institut der Störung der Geschäftsgrundlage (§ 313 BGB) begründet werden könnte. Das BAG hat eine solche Rechtfertigung zwar grundsätzlich für zulässig gehalten.[36] Allerdings wird man hier hohe Anforderungen stellen müssen. Eine schwierige wirtschaftliche Situation – wie sie hier vorliegt – dürfte jedenfalls nicht genügen.

4. Zwischenergebnis

37 Der aus § 13 seines Arbeitsvertrages resultierende Anspruch des A auf das Urlaubsgeld für das Jahr 2008 ist durch die Gesamtbetriebsvereinbarung zum Erlöschen gebracht worden.

III. Ergebnis

38 A hat keinen Anspruch gegen D auf Zahlung des Urlaubsgeldes für das Jahr 2008.

Frage 3: Erfolgsaussichten möglicher Rechtsbehelfe der Gewerkschaft ver.di

39 Der Gewerkschaft ver.di könnte hier mit einem Antrag gegen D auf Unterlassung der Unterschreitung der tarifvertraglich festgesetzen Mehrarbeitszuschläge vor dem Arbeitsgericht vorgehen. Ein solcher Antrag wird Erfolg haben, wenn er zulässig und begründet ist.

I. Zulässigkeit des Antrags

1. Rechtsweg zu den Arbeitsgerichten und richtige Verfahrensart

40 Die Zulässigkeit des Rechtswegs zu den Gerichten für Arbeitssachen[37] und die Zuweisung der Streitigkeit in das Beschlussverfahren könnte sich vorliegend aus § 2a I Nr. 1 ArbGG ergeben.[38] Hiernach ist die Zuständigkeit im Beschlussverfahren und damit zugleich der Rechtsweg zu den Arbeitsgerichten eröffnet für Angelegenheiten aus dem Betriebsverfassungsgesetz. Die Zuordnung richtet sich nach dem Streitgegenstand. Betrifft der geltend gemachte Anspruch die durch das Betriebsverfassungsgesetz geregelte Ordnung des Betriebes und sind die gegen-

---

[36] BAG vom 16. 9. 1986, NZA 1987, 168, 177.
[37] Die Arbeitsgerichtsbarkeit ist eine eigenständige Gerichtsbarkeit (vgl. §§ 17, 17 a GVG i. V. m. § 48 ArbGG). Die §§ 2 und 2 a ArbGG entscheiden damit zugleich über den Rechtsweg zu den Arbeitsgerichten. Die Zulässigkeit des Rechtswegs ist eine Prozessvoraussetzung und sollte daher im Rahmen der Zulässigkeit geprüft werden (*Ascheid*, Urteils- und Beschlußverfahren im Arbeitsrecht, 2. Aufl., 1998, Rn. 391).
[38] Darüber, dass hier der Rechtsweg zu den Arbeitsgerichten eröffnet ist, besteht kein Streit. Die Bestimmung der richtigen Verfahrensart erweist sich dagegen als problematisch. Diese Frage ist nicht ohne Bedeutung, wären doch mit dem Beschlussverfahren einige Besonderheiten verbunden, die sich durchaus auch praktisch auswirken können (*Leipold*, Anm. SAE 2002, 290, 291). Dies sind u. a. die Ermittlung des Sachverhalts von Amts wegen und die fehlende Kostenerstattung zu Gunsten der obsiegenden Partei (*BAG* vom 20. 4. 1999, NZA 1999, 1235 ff.) bei gleichzeitiger Gerichtskostenfreiheit (§ 2 GKG).

Fall 1. Druckerei unter Druck

seitigen Rechte und Pflichten der Betriebsparteien als Träger dieser Ordnung im Streit, so handelt es sich um eine Angelegenheit aus dem Betriebsverfassungsgesetz.[39] Das gilt auch dann, wenn es um Rechte betriebsverfassungsrechtlicher Organe geht, die sich nicht unmittelbar aus dem Betriebsverfassungsgesetz ergeben, sondern ihre Grundlage in Tarifverträgen oder anderen Rechtsvorschriften haben.[40]

Im Schrifttum[41] wird für Konstellationen der vorliegenden Art – selbst wenn die Abweichung in Form einer Betriebsvereinbarung erfolgt – vielfach dem Urteilsverfahren nach § 2 I Nr. 2 ArbGG der Vorzug gegeben. Dafür lässt sich immerhin anführen, dass der im Vordergrund stehende deliktische Abwehranspruch aus den §§ 1004, 823 BGB i. V. mit Art. 9 III GG nun einmal dem Bürgerlichen Recht zuzuordnen ist und auch nicht ohne weiteres verständlich ist, dass er durch die Beteiligung des Betriebsrats zu einer betriebsverfassungsrechtlichen Angelegenheit wird. Auch könnte man sich die Frage stellen, ob die infolge der Zuordnung zum Beschlussverfahren eintretende Kostenfreiheit für Gewerkschaften nicht eine koalitionspolitisch bedenkliche Besserstellung der Gewerkschaften darstellt.

41

Das BAG[42] hat demgegenüber zu erkennen gegeben, dass es in Konstellationen wie der vorliegenden das Beschlussverfahren nach § 2 a I Nr. 1 ArbGG präferiert. Soweit der Antrag auf § 23 III BetrVG gestützt werde, ergebe sich das schon daraus, dass die Gewerkschaft einen betriebsverfassungsrechtlichen Anspruch geltend mache. Aber auch ein Anspruch, der aus den §§ 1004, 823 BGB i. V. mit Art. 9 III GG hergeleitet werde, könne eine betriebsverfassungsrechtliche Angelegenheit betreffen. Dies liege besonders dann nahe, wenn sich der Antrag gegen die Durchführung von Betriebsvereinbarungen richte. Verfahrensgegenstand seien nämlich normative Regelungen, für die das Betriebsverfassungsgesetz sowohl die rechtliche Grundlage biete als auch den Vollzug durch den Arbeitgeber fordere. Eine Betriebsvereinbarung ist hier zwischen D und dem Betriebsrat nicht zustande gekommen. Die maßgeblichen Regelungen sollten ja erst auf der arbeitsvertraglichen Ebene geschaffen werden. Die zwischen Arbeitgeber und Betriebsrat erzielte Einigung über die Vorgehensweise lässt sich allenfalls als Regelungsabrede qualifizieren, also als eine formlose Absprache, die Rechtswirkungen nur zwischen den Betriebsparteien zu erzeugen vermag.[43] Allerdings steckt das BAG den Zuständigkeitsbereich für das Beschlussverfahren sehr weit ab. Kein wesentlicher Unterschied (im Vergleich zu einer Betriebsvereinbarung) bestehe – so das BAG – wenn Regelungsabreden und deren individualrechtliche Umsetzung angegriffen würden. Zwar sei nicht zu verkennen, dass die von der Gewerkschaft bekämpfte Abweichung von den tariflichen Arbeitsbedingungen hier – anders als im Fall der abweichenden Betriebsvereinbarung – nicht bereits durch die Absprache mit dem Betriebsrat, sondern erst durch die arbeitsvertragliche Umsetzung bewirkt werde. Es sei aber zu berücksichtigen, dass auch insoweit die behauptete Rechtsverletzung von einem gemeinsamen Handeln der Betriebsparteien ausgehe. Hinzu komme, dass nicht immer klar erkennbar sei, ob es sich bei den umstrittenen Absprachen um Betriebsvereinbarungen oder Regelungsabreden handele. Es widerspräche den Erfordernissen der Prozesswirtschaftlichkeit, wenn erst nach einer Klärung dieser Frage die

42

---

[39] BAG vom 16. 7. 1985, AP Nr. 17 zu § 87 BetrVG 1972 – Lohngestaltung; BAG vom 22. 10. 1985, AP Nr. 5 zu § 87 BetrVG 1972 – Werkmietwohnungen.
[40] Germelmann/Matthes/Prütting/Müller-Glöge/*Matthes*, § 2 a Rn. 9.
[41] Bauer/Haußmann, NZA Beil. 24/2000, S. 48; Richardi, Anm. AP Nr. 89 zu Art. 9 GG; vgl. ferner Leipold, SAE 2002, 290 ff.
[42] BAG vom 20. 4. 1999, NZA 1999, 887, 889.
[43] Näher zur Regelungsabrede v. Hoyningen-Huene, § 11 Rn. 25; Zöllner/Loritz/Hergenröder, S. 496 f.

zutreffende Verfahrensart erkennbar würde. Ein Urteilsverfahren komme für Ansprüche der vorliegenden Art nur dann in Betracht, wenn Regelungen angegriffen würden, die allein auf entsprechenden Vereinbarungen des Arbeitgebers mit den Arbeitnehmern beruhten, ohne dass ein Betriebsrat mitgewirkt hätte. Folgt man der Rechtsprechung des BAG, so ist hier der Rechtsweg zu den Arbeitsgerichten und die Zuständigkeit im Beschlussverfahren aufgrund der Beteiligung des Betriebsrats in Form einer Regelungsabrede nach § 2 a I Nr. 1 ArbGG gegeben.

2. Örtliche Zuständigkeit

43　Hinsichtlich der örtlichen Zuständigkeit der Arbeitsgerichte ist im Beschlussverfahren die Sondervorschrift des § 82 ArbGG zu beachten. Hieraus ergibt sich, dass das Arbeitsgericht zuständig ist, in dessen Bezirk der Betrieb liegt, hier also das Arbeitsgericht, zu dessen Bezirk der Ort Unterhausen gehört.

3. Beteiligtenfähigkeit

44　Sowohl D als GmbH als auch die Gewerkschaft ver.di, bei der es sich um einen eingetragenen Verein handelt,[44] sind im arbeitsgerichtlichen Beschlussverfahren als rechtsfähige juristische Personen beteiligtenfähig.[45] Die Beteiligtenfähigkeit richtet sich nach der Parteifähigkeit, die § 50 I ZPO (i. V. m. §§ 80 II, 46 II ArbGG) an die Rechtsfähigkeit knüpft.

4. Antragsbefugnis

45　Ferner müsste die Gewerkschaft ver.di antragsbefugt sein. Die Antragsbefugnis hängt davon ab, ob die streitgegenständlichen Normen des Betriebsverfassungsrechts dem Antragsteller eigene Rechtspositionen zuordnen, die durch den Antrag geschützt werden sollen.[46] Die Gerichte sollen zur Feststellung oder Durchsetzung eines bestimmten Rechts nicht ohne eigene Rechtsbetroffenheit des Antragstellers in Anspruch genommen werden können. Die erforderliche Betroffenheit ist schon gegeben, wenn sich der Antragsteller eigener Rechte berühmt und deren Bestehen nicht von vornherein ausgeschlossen erscheint.[47] Ob das in Anspruch genommene Recht tatsächlich besteht, ist an dieser Stelle noch unerheblich und erst im Rahmen der Begründetheit des Antrags zu untersuchen.[48] Soweit das Unterlassungsbegehren auf § 23 III BetrVG gestützt wird, ist die Antragsbefugnis gesetzlich vorgesehen, wenn die Gewerkschaft im Betrieb vertreten ist, ihr also mindestens ein Arbeitnehmer des Betriebes angehört. Hiervon ist angesichts der Mitgliedschaft des A bei ver.di vorliegend auszugehen.

46　Ferner macht die Gewerkschaft ver.di geltend, durch die tarifwidrige Vorgehensweise des Arbeitgebers, die auf einer Absprache mit dem Betriebsrat beruht, in ihrer Koalitionsfreiheit aus Art. 9 III GG verletzt zu sein. Insoweit müsste ver.di auch befugt sein, den von ihr geltend gemachten Unterlassungsanspruch allein zu ver-

---

[44] Wäre die Gewerkschaft ver.di wie die meisten anderen Gewerkschaften als nicht eingetragener Verein organisiert, so ergäbe sich die Beteiligtenfähigkeit unmittelbar aus § 10 S. 1 ArbGG.

[45] Da das Beschlussverfahren keine Parteien, sondern nur Beteiligte kennt, sollte man auch nicht von Parteifähigkeit, sondern Beteiligtenfähigkeit besprechen. Man versteht darunter die Fähigkeit, im eigenen Namen ein Beschlussverfahren zur Geltendmachung oder zur Verteidigung von Rechten zu betreiben (Germelmann/Matthes/Prütting/Müller-Glöge/*Matthes*, § 10 Rn. 15).

[46] *BAG* vom 18. 2. 2003, NZA 2004, 336, 340.

[47] *BAG* vom 19. 9. 2006, NZA 2007, 518, 520.

[48] ErfKomm/*Eisemann/Koch*, § 81 ArbGG Rn. 10.

folgen. Der Umstand, dass ein Tarifvertrag das Ergebnis gemeinsam ausgeübter Tarifautonomie ist, erzwingt richtiger Ansicht nach noch nicht die Rechtsfolge, dass keine der Tarifvertragsparteien allein antragsbefugt ist. Der Bestand des Tarifvertrags, über den beide im Grundsatz nur gemeinsam verfügen können, wird nämlich von der beantragten Gerichtsentscheidung nicht betroffen. Es geht vielmehr ausschließlich darum, den Geltungsanspruch des Tarifvertrages in der Praxis gegenüber unzulässigen konkurrierenden oder abweichenden Vereinbarungen zu verteidigen. Dabei ist zu berücksichtigen, dass die Tarifvertragsparteien keineswegs stets in gleicher Weise an der Beachtung der verschiedenen Tarifbestimmungen interessiert sind. Das folgt aus dem Kompromisscharakter, den Tarifverträge regelmäßig aufweisen. Hierauf beruht auch der allgemein anerkannte tarifvertragliche Einwirkungsanspruch. Dieser berechtigt jede Tarifvertragspartei, von der jeweiligen Gegenspielerin zu verlangen, ihre Mitglieder mit verbandsrechtlichen Mitteln zur Tariftreue anzuhalten.[49]

5. Bestimmtheit des Antrags

Der Antrag müsste hinreichend bestimmt gefasst werden. Es muss deutlich 47 daraus hervorgehen, über welche Angelegenheit das Arbeitsgericht mit bindender Wirkung für die Beteiligten entscheiden soll.[50] Bei einem Unterlassungsantrag – wie er hier in Betracht kommt – muss die zu unterlassende Handlung möglichst genau bezeichnet werden.[51] Der Antrag könnte beispielsweise lauten, D dazu zu verurteilen, es zu unterlassen, denjenigen Arbeitnehmern, die Mitglied der Gewerkschaft ver.di sind, Vordrucke zur Unterschrift vorzulegen, die eine Unterschreitung der in § 5 MTV geregelten Höhe des Mehrarbeitszuschlags vorsehen, sowie es ferner zu unterlassen, unter Berufung auf bereits unterzeichnete Vordrucke die Mehrarbeitszuschläge der gewerkschaftsangehörigen Arbeitnehmer zu kürzen.

6. Zwischenergebnis

Die Gewerkschaft ver.di könnte beim zuständigen Arbeitsgericht einen zulässi- 48 gen Antrag stellen, D aufzugeben, künftig die Unterschreitung des in § 5 des Manteltarifvertrags festgelegten Mehrarbeitszuschlags zu unterlassen.

II. Begründetheit

Der Antrag der Gewerkschaft ver.di ist begründet, wenn ihr der geltend gemachte 49 Unterlassungsanspruch zusteht.

1. Unterlassungsanspruch wegen groben Verstoßes gegen Verpflichtungen aus dem Betriebsverfassungsgesetz (§ 23 III BetrVG)

Ein Unterlassungsanspruch der Gewerkschaft ver.di gegen D könnte sich zunächst 50 aus § 23 III BetrVG ergeben. Danach kann eine im Betrieb vertretene Gewerkschaft bei groben Verstößen des Arbeitgebers gegen seine Verpflichtungen aus dem Betriebsverfassungsgesetz beim Arbeitsgericht beantragen, dem Arbeitgeber aufzugeben, eine Handlung zu unterlassen. § 23 III BetrVG begründet unter den dort genannten Voraussetzungen einen materiellrechtlichen Unterlassungsanspruch.[52]

---

[49] *BAG* vom 20. 4. 1999, NZA 1999, 887, 889.
[50] Germelmann/Matthes/Prütting/Müller-Glöge/*Matthes*, § 81 Rn. 8.
[51] *BAG* vom 22. 7. 1980, AP Nr. 3 zu § 74 BetrVG 1972.
[52] *BAG* vom 22. 2. 1983, NJW 1984, 196, 197; *BAG* vom 18. 4. 1985, NZA 1985, 783, 784; *Heinze*, DB Beil. 9/1983, S. 4 ff.; für Einräumung einer betriebsverfassungsrechtlichen Kompetenz hingegen MünchArbR/*Joost*, § 310 Rn. 30 und HWK/*Reichold*, § 23 BetrVG Rn. 28.

a) § 77 III BetrVG als Grundnorm der betriebsverfassungsrechtlichen Ordnung?

51 Ein grober Verstoß des Arbeitgebers gegen betriebsverfassungsrechtliche Pflichten könnte hier in der Missachtung des in § 77 III BetrVG niedergelegten Vorrangs des Tarifvertrages liegen. Das BAG hat in seiner bisherigen Rechtsprechung § 77 III BetrVG als eine Grundnorm der betriebsverfassungsrechtlichen Ordnung angesehen, deren Beachtung § 23 I und III BetrVG gewährleisten soll.[53] Dieses Verständnis ist jedoch nicht zwingend. Man kann § 23 BetrVG mit guten Gründen auch so verstehen, dass nur das ordnungsgemäße Funktionieren der Betriebsverfassung im Zusammenspiel von Arbeitgeber und Betriebsrat gewährleistet werden soll. Aus dieser Sicht wäre § 77 III BetrVG, der den Kompetenzbereich der Betriebsverfassung und damit die gemeinsamen Handlungsmöglichkeiten der Betriebspartner zu Gunsten der Tarifautonomie einschränkt, keine „Grundnorm der betriebsverfassungsrechtlichen Ordnung", denn sein Zweck wäre nicht vom Schutzgegenstand des § 23 BetrVG umfasst.[54] Ein solches Verständnis ließe sich auch auf die Erwägung stützen, dass sich die Systemüberschreitung, die § 77 III BetrVG verhindern will, kaum mit Hilfe der Grundsätze des Betriebsverfassungsgesetzes als „grober Verstoß" einordnen lässt, vielmehr als Wertungsmaßstab, dass die Tarifautonomie als Schutzgegenstand des § 77 III BetrVG unentbehrlich ist. Das BAG hat die Frage daher zuletzt offen gelassen.[55] In dieser Weise könnte man auch vorliegend verfahren, wenn sich herausstellen sollte, dass § 77 III BetrVG schon tatbestandlich nicht erfüllt ist.

b) Sperrwirkung des § 77 III BetrVG auch für Regelungsabreden?

52 Schon der Wortlaut des § 77 III BetrVG („können nicht Gegenstand einer Betriebsvereinbarung sein") legt den Schluss nahe, dass die Vorschrift eine Regelungssperre nur auf Betriebsvereinbarungen im Verhältnis zu tarifvertraglichen Regelungen bezieht. Da die Absprache zwischen dem Arbeitgeber und dem Betriebsrat über die Halbierung des Mehrarbeitszuschlags – wie bereits oben ausgeführt – eine bloße Regelungsabrede darstellt, wäre sie von § 77 III BetrVG nicht erfasst. Für diese Sichtweise spricht nicht nur der Wortlaut, sondern entscheidend der Zweck der Vorschrift.[56] § 77 III BetrVG soll eine Konkurrenz zur tariflichen Normsetzung auf der betrieblichen Ebene ausschließen. Eine solche Konkurrenz liegt aber nicht bereits im Abschluss einer Regelungsabrede. Anders als Tarifverträge und Betriebsvereinbarungen können Regelungsabreden mangels normativer Wirkung die Arbeitsverhältnisse nicht unmittelbar gestalten. An dieser Gestaltungsmacht setzt aber die Kompetenzgrenze des § 77 III BetrVG an. Normsetzung durch den Betriebsrat soll den Arbeitnehmern nicht als Alternative erscheinen, die u. U. die Mitgliedschaft in einer tarifschließenden Gewerkschaft überflüssig machen kann. Überdies hätte eine erweiterte Sperrwirkung des § 77 III BetrVG für Regelungsabreden kaum praktische Bedeutung. Sie könnte zwar zur Unwirksamkeit einer

---

[53] *BAG* vom 22. 6. 1993, NZA 1994, 184, 185; *BAG* vom 20. 8. 1991, NZA 1992, 317.
[54] In diesem Sinne *Löwisch/Kaiser*, BetrVG, § 23 Rn. 10, 18; ähnlich *Pfarr/Kocher*, Kollektivverfahren im Arbeitsrecht, 1998, S. 48 f.
[55] *BAG* vom 20. 4. 1999, NZA 1999, 887, 890.
[56] *BAG* vom 20. 4. 1999, NZA 1999, 887, 890; *BAG* vom 21. 1. 2003, NZA 2003, 1097, 1099; *Fitting*, § 77 Rn. 102; ErfKomm/*Kania*, § 77 BetrVG Rn. 56; GK-BetrVG/*Kreutz*, § 77 Rn. 135; a. A. *Däubler/Kittner/Klebe/Berg*, § 77 Rn. 78; *Gamillscheg*, S. 328; MünchArbR/*Matthes*, § 328 Rn. 99; *Richardi/Richardi*, § 77 Rn. 292 f.

Fall 1. Druckerei unter Druck 17

Regelungsabrede im Verhältnis zwischen den Betriebsparteien führen, aber die zur Umsetzung getroffenen Einheitsverträge würden nicht berührt.[57]

c) Zwischenergebnis

Damit bleibt festzuhalten, dass die Sperrwirkung des § 77 III BetrVG Regelungsabreden von vornherein nicht erfasst. Es kann damit dahingestellt bleiben, ob § 77 III BetrVG überhaupt eine Verpflichtung des Arbeitgebers aus dem Betriebsverfassungsgesetz begründet. Ein Unterlassungsanspruch aus § 23 III BetrVG besteht somit nicht. 53

2. Unterlassungsanspruch aus §§ 1004 I 2 analog, 823 I BGB i. V. m. Art. 9 III GG

Ein Unterlassungsanspruch der Gewerkschaft ver.di gegen D könnte sich des Weiteren aus §§ 1004 I 2 analog, 823 I BGB i. V. m. Art. 9 III GG ergeben. 54

a) Schutz der Koalitionsfreiheit durch quasinegatorischen Unterlassungsanspruch

Die begehrte Rechtsfolge, nämlich das Recht der Gewerkschaft ver.di, von D ein Unterlassen verlangen zu können, könnte sich hier aus § 1004 I 2 BGB ergeben. Allerdings richtet sich diese Vorschrift unmittelbar nur gegen Beeinträchtigungen des Eigentums, deren Unterlassung der Eigentümer verlangen kann, so dass hier nur eine analoge Anwendung in Betracht kommt. In der Tat ist kein einleuchtender Grund erkennbar, warum unter den Schutzgütern des § 823 I BGB nur das Eigentum, nicht aber die weiteren dort genannten Rechte und Rechtsgüter eines besonderen präventiven Schutzes bedürfen.[58] Die Analogie geht sogar über § 823 I BGB hinaus und erfasst auch andere, inbesondere im Rahmen der §§ 823 II, 824 bis 826 BGB deliktsrechtlich geschützte Interessen. 55

Die Koalitionsfreiheit könnte ein absolutes Recht nach § 823 I BGB („sonstiges Recht eines anderen") sein. Das ist zu bejahen, weil sich die Koalitionsfreiheit nach der ausdrücklichen Anordnung des Art. 9 III 2 GG gegen Störungen nicht nur von Seiten des Staates, sondern auch von Seiten Privater durchzusetzen hat (Drittwirkung der Koalitionsfreiheit). Die Koalitionsfreiheit ist also von jedermann zu respektieren, so dass ihr die von § 823 I BGB geforderte Ausschließungsfunktion eines absoluten Rechts zukommt. Rechtswidrige Störungen der Koalitionsfreiheit können demnach analog § 1004 I 2 BGB auch im Wege des Unterlassungsanspruchs verfolgt werden.[59] 56

b) Vorrang anderer Rechtsschutzmöglichkeiten?

Bevor die tatbestandlichen Voraussetzungen dieser Anspruchsgrundlage, insbesondere die Verletzung der Koalitionsfreiheit, im Folgenden erörtert werden, bedarf es noch der Vergewisserung, dass der aus der Koalitionsfreiheit in Analogie zu § 1004 I 2 BGB abgeleitete Unterlassungsanspruch nicht hinter anderen Rechtsschutzmöglichkeiten zurücktritt. 57

aa) Verfahren nach § 23 III BetrVG

In einem Verhältnis der Spezialität zu dem hier erörterten Unterlassungsanspruch könnte § 23 III BetrVG stehen. Dagegen spricht jedoch vor allem die unterschied- 58

---
[57] So *BAG* vom 20. 4. 1999, NZA 1999, 887, 890.
[58] Umfassend hierzu MünchKomm-BGB/*Wagner*, § 823 Rn. 136 ff.
[59] *BAG* vom 20. 4. 1999, NZA 1999, 887, 890.

liche Schutzrichtung beider Anspruchsbegründungen. Denn während § 23 III BetrVG die Gewährleistung der betriebsverfassungsrechtlichen Ordnung zum Ziel hat, geht es §§ 1004 I 2 analog, 823 I BGB, Art. 9 III GG um den Schutz der koalitionsspezifischen Betätigungsfreiheit einer Tarifvertragspartei.[60] Abgesehen davon sind – wie oben dargestellt – vorliegend auch die tatbestandlichen Voraussetzungen des § 23 III BetrVG nicht erfüllt.

bb) Möglichkeit einer Einwirkungsklage

59 Der Annahme, dass eine tarifwidrige betriebliche Regelung als Beeinträchtigung der Koalitionsfreiheit wirken kann, mit der Folge, dass die Gewerkschaft befugt ist, hiergegen mit einem Unterlassungsanspruch nach § 1004 BGB vorzugehen, könnte des Weiteren die Möglichkeit einer sog. Einwirkungsklage entgegenstehen. Zwar ist anerkannt, dass jede Tarifvertragspartei von ihrem Gegenspieler verlangen kann, auf seine Mitglieder einzuwirken, damit sich diese an den Tarifvertrag halten und tarifwidrige Regelungen unterlassen. Aus der Möglichkeit der Einwirkungsklage lässt sich jedoch nicht ableiten, zur Abwehr von Beeinträchtigungen der Koalitionsfreiheit durch tarifwidrige betriebliche Regelungen bedürfe es keiner Befugnis der Gewerkschaft, den betreffenden Arbeitgeber unmittelbar auf Unterlassung in Anspruch zu nehmen. Dies folgt schon aus der Schwäche des Einwirkungsanspruchs, der nur auf Umwegen mit verbandsrechtlichen Mitteln zum Ziel führt.

c) Verletzung der Koalitionsfreiheit

60 Zu prüfen ist nun, ob die Gewerkschaft ver.di durch die in Vollzug der Regelungsabrede von D eingeleiteten Maßnahmen zur Durchführung auf der arbeitsvertraglichen Ebene in ihrer Koalitionsfreiheit verletzt wird.

aa) Schutzumfang der kollektiven Koalitionsbetätigungsfreiheit

61 Nach der Rechtsprechung des BVerfG[61] setzt sich die individualrechtliche Gewährleistung des Art. 9 III GG, zur Förderung der Arbeits- und Wirtschaftsbedingungen Vereinigungen zu bilden, in einem Freiheitsrecht der gebildeten Koalitionen fort. Dieses erstreckt sich auf alle Verhaltensweisen, die koalitionsspezifisch sind. Hierzu gehört insbesondere der Abschluss von Tarifverträgen. Die dergestalt von Art. 9 III GG geschützte Regelungsbefugnis wird nicht erst dann beeinträchtigt, wenn eine Koalition daran gehindert wird, Tarifrecht zu schaffen. Eine Einschränkung oder Behinderung der Koalitionsfreiheit liegt vielmehr auch in Abreden oder Maßnahmen, die zwar nicht die Entstehung oder den rechtlichen Bestand eines Tarifvertrages betreffen, aber darauf gerichtet sind, dessen Wirkung zu vereiteln oder leerlaufen zu lassen. Die Tarifnorm kann ihren Zweck nicht erfüllen, den Teil der Arbeits- und Wirtschaftsbedingungen zu ordnen, der ihren Gegenstand bildet.

bb) Verdrängung der Tarifnorm als kollektive Ordnung

62 Das bedeutet allerdings nicht, dass schon jede tarifwidrige Vereinbarung zugleich als Einschränkung oder Behinderung der Koalitionsfreiheit zu werten wäre. Von einem Eingriff in die Tarifautonomie kann nach der Rechtsprechung nur dann

---

[60] BAG vom 20. 4. 1999, NZA 1999, 887, 891.
[61] BVerfG vom 24. 4. 1996, NZA 1996, 1157, 1158.

gesprochen werden, wenn eine Tarifnorm als kollektive Ordnung verdrängt und damit ihrer zentralen Funktion beraubt werden soll. Das setzt eine betriebliche Regelung voraus, die einheitlich wirken und an die Stelle der Tarifnorm treten soll. Bei einer auf die Unterschreitung des tariflichen Standards gerichteten Regelungsabrede und bei den im Zuge ihrer Durchführung flächendeckend abgeschlossenen arbeitsvertraglichen Änderungsvereinbarungen sind der kollektive Charakter sowie die bewusste Kollision mit geltendem Tarifrecht besonders deutlich.

Geltendes Tarifrecht wird allerdings nur dann verdrängt, wenn der betreffende Tarifvertrag im Anwendungsbereich der fraglichen betrieblichen Regelung normativ gilt. Hier befindet sich der Tarifvertrag in der sog. Nachbindungsphase nach § 3 III TVG. In dieser Phase wirkt er weiterhin normativ.[62]

Damit liegt im Vollzug der Regelungsabrede eine Verletzung der Koalitionsfreiheit.

d) Wiederholungsgefahr

Materielle Anspruchsvoraussetzung auch des quasinegatorischen Unterlassungsanspruchs ist die auf Tatsachen gegründete, objektiv ernstliche Besorgnis weiterer Beeinträchtigungen.[63] Vorliegend ist davon auszugehen, dass D in Vollzug der mit dem Betriebsrat getroffenen Regelungsabrede weiterhin gewerkschaftsangehörigen Arbeitnehmern (etwa neu eingestellten) den Vordruck zur Unterschrift vorlegt und denjenigen Arbeitnehmern, die diesen Vordruck unterschrieben haben, den hälftigen Mehrarbeitszuschlag vorenthält. Die Wiederholungsgefahr ist damit gegeben.

e) Zwischenergebnis

Die Gewerkschaft ver.di kann gestützt auf §§ 1004 I 2 analog, 823 I BGB i. V. m. Art. 9 III GG von D die Unterlassung der Unterschreitung der tarifvertraglich festgesetzen Mehrarbeitszuschläge verlangen, genauer: es zu unterlassen, denjenigen Arbeitnehmern, die Mitglied der Gewerkschaft ver.di sind, Vordrucke zur Unterschrift vorzulegen, die eine Unterschreitung der in § 5 MTV geregelten Höhe des Mehrarbeitszuschlags vorsehen, sowie es ferner zu unterlassen, unter Berufung auf bereits unterzeichnete Vordrucke die Mehrarbeitszuschläge der gewerkschaftsangehörigen Arbeitnehmer zu kürzen.

III. Ergebnis

Die Unterlassungsklage der Gewerkschaft ver.di ist zulässig und begründet und wird daher Erfolg haben.

---

[62] Wiedemann/*Oetker*, § 3 Rn. 77.
[63] *BAG* vom 19. 10. 2004, NJW 2005, 594, 595; Palandt/*Bassenge*, § 1004 Rn. 32.

Fall 2. Licht im Tarifdschungel

Nach BAG vom 29. 8. 2007, NZA 2008, 364 ff.; BAG vom 28. 3. 2006, NZA 2006, 1112 ff. sowie BAG vom 23. 3. 2005, NZA 2005, 1003 ff.

Sachverhalt

Die M-GmbH (M) ist ein auf hochwertige Edelstahlkonstruktionen spezialisiertes Unternehmen mit Sitz in Frankfurt am Main. M, von deren Belegschaft 70 % in der IG Metall und weitere 10 % in der Christlichen Gewerkschaft Metall (CGM) organisiert sind, ist zunächst nicht Mitglied im zuständigen Arbeitgeberverband der Metallindustrie (AVM).

Bei der CGM[*] handelt es sich um eine 1899 gegründete, nach § 1 ihrer Satzung „unabhängige Gewerkschaft", die das Ziel der Regelung von Arbeitsbedingungen durch Tarifverträge verfolgt und deren Organisationsbereich sich auf die metallerzeugenden und -verarbeitenden Betriebe im gesamten Bundesgebiet erstreckt. Von den bundesweit ca. 5 Mio. Arbeitnehmern dieser Branche sind 14 % in der CGM organisiert. Neben 500 ehrenamtlich tätigen Gewerkschaftsmitgliedern beschäftigt die CGM ca. 80 hauptamtliche Mitarbeiter, darunter 44 Gewerkschaftssekretäre, an 21 über das Bundesgebiet verteilten Standorten. Diese Standorte bilden eine aus der Bundeszentrale, einer Landeshauptverwaltung je Bundesland und vier nachgeordneten Bezirkungsvertretungen in Ballungsgebieten mit hohen Mitgliederzahlen bestehende Struktur. In der Vergangenheit gelang es der CGM, ca. 3.000 Anschlusstarifverträge und 550 eigenständige Tarifverträge zu schließen. In den zugehörigen Arbeitskämpfen leistete sie ihren Mitgliedern Unterstützungszahlungen in mehrfacher Millionenhöhe.

In der Verwaltung der M ist die gewerkschaftslose B als kaufmännische Angestellte für ein Monatsentgelt von 3.800 € brutto beschäftigt. Nach § 14 des Arbeitsvertrags der B, einer individuell ausgehandelten Regelung, werden „die jeweils gültigen Tarifverträge für die Metallindustrie des Landes Hessen" in den Vertrag einbezogen. Ende 2006 kommt es zum Abschluss eines auf das Jahr 2007 befristeten Firmentarifvertrages zwischen M und der IG Metall (IGM-FTV), der die Übernahme verschiedener Tarifverträge für die Metallindustrie des betreffenden Tarifgebietes beinhaltet. Das Weihnachtsgeld, ein Bruttomonatsentgelt, welches in § 9 des für allgemein verbindlich erklärten Entgelttarifvertrags vorgesehen und jährlich zum 1. Dezember zu zahlen ist, wird im IGM-FTV ausgeschlossen. Im Gegenzug verzichtet M auf betriebsbedingte Kündigungen. Nachdem der Abschluss des IGM-FTV im Betrieb der M bekannt geworden ist, stellt B Personalleiter P zur Rede und fordert zur Zahlung des Weihnachtsgeldes für das abgelaufene Jahr 2007 auf.

---

[*] Aus didaktischen Gründen wurden die tatsächlichen Angaben zur Stärke der CGM sowie zu den Gegebenheiten der Metallbranche angepasst. Die Originaldaten finden sich im Tatbestand der Entscheidung *BAG* vom 28. 3. 2006, NZA 2006, 1112 ff. Vgl. auch *Däubler/Peter*, TVG, § 2 Rn. 23 a.

Fall 2. Licht im Tarifdschungel 21

Mit Wirkung zum 1. 1. 2008 tritt M dem AVM bei. Der zwischen dem AVM und der IG Metall abgeschlossene Manteltarifvertrag (MTV) sieht eine 35-Stunden-Woche vor. Gleiches ist in einem MTV mit der CGM vereinbart. Unmittelbar nach ihrem Verbandsbeitritt fügt M mit Zustimmung sämtlicher Beschäftigten in deren Arbeitsverträge, soweit sie nicht ohnehin derartige Regelungen bereits enthielten, den Passus ein, dass „mit sofortiger Wirkung die das Unternehmen jeweils bindenden Tarifverträge Anwendung finden." Nachdem M im Verlauf des Jahres 2008 erkennen muss, dass sie bei einer 35-Stunden-Woche unter erheblichen Wettbewerbsdruck gerät, verhandelt sie mit der IG Metall über den Abschluss eines Ergänzungstarifvertrages zur Einführung einer 40-Stunden-Woche. Als die Verhandlungen scheitern, schließt M mit der CGM einen Firmentarifvertrag (CGM-FTV), der in § 4 eine wöchentliche Arbeitszeit von 40 Stunden vorsieht.

Obwohl M die auf Basis einer 40-Stunden-Woche errechneten neuen Arbeitszeiten der Belegschaft bekannt gegeben hat, verweigert der Arbeitnehmer A, der Mitglied der IG Metall ist, trotz mehrmaliger Ermahnung jegliche zusätzliche Arbeit. Als A nach Ableistung von 35 Arbeitsstunden freitags ein weiteres Mal früher nach Hause geht, möchte P ein Exempel statuieren und A abmahnen.

Wie sollte sich P in Bezug auf die Forderung der B und hinsichtlich der Arbeitsverweigerung des A verhalten?

Gliederung

	Rn.
I. Anspruch B gegen M auf Weihnachtsgeldzahlung für das Jahr 2007	1
1. Anspruch entstanden	2
a) Arbeitsverhältnis zwischen B und M	3
b) Entgelttarifvertrag kraft Allgemeinverbindlichkeit anwendbar, § 5 IV TVG	4
2. Anspruch durch den IG-Metall-Firmentarifvertrag ausgeschlossen	5
a) IG-Metall-Firmentarifvertrag wegen Rückwirkung unwirksam	6
b) Anwendbarkeit des IG-Metall-Firmentarifvertrags auf das Arbeitsverhältnis zwischen B und M	10
aa) Normative Geltung des Firmentarifvertrags, § 4 I 1 TVG	11
bb) Tarifbindung aufgrund arbeitsvertraglicher Verweisung	12
c) Rangverhältnis zwischen Firmentarifvertrag und Entgelttarifvertrag	16
aa) Heranziehung der Grundsätze über die Behandlung von Tarifkonkurrenzen oder Anwendung des Günstigkeitsprinzips	17
bb) Entgelt- oder IG-Metall-Firmentarifvertrag als günstigere Regelung	23
cc) Zwischenergebnis	25
3. Ergebnis	26
II. Rechtmäßigkeit einer Abmahnung des A durch P	27
1. Wirksamkeit des CGM-Firmentarifvertrags	28
a) Tariffähigkeit der CGM	28
aa) CGM als Koalition i. S. v. Art. 9 III GG	29
bb) Zusätzliche Anforderungen an die Tariffähigkeit, § 2 I TVG	30

>   (1) Tarifwilligkeit, Anerkennung des geltenden Tarif- und
>   Arbeitskampfrechts 31
>   (2) Soziale Mächtigkeit und hinreichende organisatorische
>   Leistungsfähigkeit 33
>   (a) Soziale Mächtigkeit 36
>   (b) Hinreichende organisatorische Leistungsfähigkeit 38
>   cc) Zwischenergebnis 39
>   b) Unzulässigkeit eines Firmentarifvertrags bei bestehender Bindung an
>   einen Verbandstarifvertrag 40
>   c) Zwischenergebnis 44
> 2. Bindung der Arbeitsvertragsparteien an den CGM-Firmentarifvertrag ... 45
> 3. Ergebnis 53

Lösung

I. Anspruch B gegen M auf Weihnachtsgeldzahlung für das Jahr 2007

1 B könnte gegen M einen Anspruch auf Zahlung des Weihnachtsgeldes für das Jahr 2007 i. H. v. 3.800 € brutto aus dem Arbeitsvertrag i. V. m. § 9 des Entgelttarifvertrages haben.

1. Anspruch entstanden

2 Die Entstehung des Anspruchs setzt voraus, dass zwischen B und M ein Arbeitsvertrag geschlossen wurde, auf den § 9 des Entgelttarifvertrages Anwendung findet.[1]

a) Arbeitsverhältnis zwischen B und M

3 Da B bei M als kaufmännische Angestellte beschäftigt ist, besteht ein Arbeitsverhältnis.

b) Entgelttarifvertrag kraft Allgemeinverbindlichkeit anwendbar, § 5 IV TVG

4 Auch gilt für das Arbeitsverhältnis § 9 des Entgelttarifvertrages nach § 5 IV TVG. Aufgrund der Allgemeinverbindlichkeit erfassen die Regelungen dieses Tarifvertrages in dessen räumlichem, persönlichem, fachlichem und zeitlichem Geltungsbereich,[2] von dessen Eröffnung mangels entgegenstehender Angaben auszugehen ist, die nichtorganisierten Arbeitnehmer und Arbeitgeber, vorliegend also B und die ursprünglich koalitionslose M.

2. Anspruch durch den IG-Metall-Firmentarifvertrag ausgeschlossen

5 Dem Anspruch der B könnte allerdings der IGM-FTV entgegenstehen, wonach ein Anspruch auf Weihnachtsgeld ausdrücklich ausgeschlossen ist, wenn dieser Tarifvertrag den für allgemein verbindlich erklärten Entgelttarifvertrag verdrängen würde.

---

[1] Die Erfüllung der im Sachverhalt nicht näher präzisierten Voraussetzungen für die Gewährung des Weihnachtsgeldes ist zu unterstellen.
[2] Die Allgemeinverbindlichkeit kann den Geltungsbereich des Tarifvertrags nicht erweitern. Siehe nur *Löwisch/Rieble*, TVG, § 5 Rn. 30; *Wiedemann/Wank*, § 5 Rn. 60.

a) IG-Metall-Firmentarifvertrag wegen Rückwirkung unwirksam

Vorrangige Geltung kann der IGM-FTV nur dann beanspruchen, wenn er wirksam ist. Zweifel hieran weckt der Umstand, dass der IGM-FTV Rechtspositionen ausschließen soll, die bereits in der Vergangenheit zu Gunsten der Arbeitnehmer begründet worden sind und damit in ein Spannungsfeld zum grundsätzlich schutzwürdigen Vertrauen der Betroffenen auf die Bestandskraft des status quo tritt. Dies könnte eine unzulässige Rückwirkung darstellen.

6

Aufgrund ihrer normativen, d. h. gesetzesgleichen Wirkung (§ 4 I 1 TVG) müssen rückwirkende Tarifverträge grundsätzlich dieselben Grenzen beachten, die aufgrund des Rechtsstaatsprinzips (Art. 20 III GG) für rückwirkende Gesetze gelten.[3] Danach ist zwischen unterschiedlichen Rückwirkungsformen zu unterscheiden: Gesetze, die nachträglich abgeschlossene Tatbestände neu regeln, sind i. d. R. verfassungswidrig, sofern nicht zwingende Gemeinwohlbelange die Rückwirkung rechtfertigen, die Änderung aufgrund der Verfassungswidrigkeit einer Norm geboten ist, ihre Auswirkungen geringfügig sind oder der Normadressat mit Änderungen rechnen muss.[4] Nur ausnahmsweise unwirksam sind dagegen Vorschriften, die noch nicht abgeschlossene Sachverhalte für die Zukunft regeln, dadurch aber die betroffenen Rechtspositionen für die Vergangenheit entwerten.[5]

7

Der IGM-FTV berührt indes die Weihnachtsgeldansprüche der B, die vor Abschluss dieses Tarifvertrages Ende 2006 entstanden sind, nicht, sondern schließt nur künftig entstehende Ansprüche aus. Es handelt sich daher weder um einen Fall der echten noch um einen solchen der unechten Rückwirkung, so dass besondere Rechtfertigungsanforderungen nicht zu beachten sind. Vielmehr ist das Vertrauen der B auf den Fortbestand des allgemeinverbindlichen Entgelttarifvertrages nicht schutzwürdig, weil dieser durch einen später geschlossenen Tarifvertrag abgelöst werden könnte, der für allgemein verbindlich erklärt wird oder nach einem Koalitionseintritt der M ggfs. kraft der arbeitsvertraglichen Verweisungsklausel Anwendung findet.

8

Der IGM-FTV ist nicht wegen einer unzulässigen Rückwirkung unwirksam.

9

b) Anwendbarkeit des IG-Metall-Firmentarifvertrags auf das Arbeitsverhältnis zwischen B und M

Ein zum Ausschluss des Weihnachtsgelds führender Vorrang des IGM-FTV vor dem Entgelttarifvertrag setzt ferner voraus, dass der IGM-FTV überhaupt das Arbeitsverhältnis zwischen B und M erfasst.

10

aa) Normative Geltung des Firmentarifvertrags, § 4 I 1 TVG

Mangels Gewerkschaftszugehörigkeit der B lässt sich die Anwendbarkeit des Firmentarifvertrags nicht bereits mit Hilfe der normativen Wirkungsweise der Tarifregelungen nach § 4 I 1 TVG begründen.

11

---

[3] *BAG* vom 11. 10. 2006, NZA 2007, 634, 636; *BAG* vom 24. 10. 2007, NZA 2008, 131, 132 f.; *Bieder*, ArbuR 2008, 244, 245 ff.

[4] *BVerfG* vom 14. 5. 1986, BVerfGE 72, 200, 258; *BVerfG* vom 23. 11. 1999, BVerfGE 101, 239, 263 f.; v. Mangoldt/Klein/Starck/*Sommermann*, Art. 20 III Rn. 295 (sog. „echte Rückwirkung").

[5] *BVerfG* vom 15. 10. 1996, BVerfGE 95, 64, 86; *BVerfG* vom 3. 4. 2001, BVerfGE 103, 197, 288 f.; v. Mangoldt/Klein/Starck/*Sommermann*, Art. 20 III Rn. 296 (sog. „unechte Rückwirkung" oder „tatbestandliche Rückanknüpfung von Rechtsfolgen").

bb) Tarifbindung aufgrund arbeitsvertraglicher Verweisung

12   Der IGM-FTV könnte allerdings aufgrund der im Arbeitsvertrag von B vorgesehenen Verweisungsklausel anwendbar sein. Problematisch ist insoweit, dass die Verweisungsklausel nur die jeweils gültigen Tarifverträge für die Metallindustrie des Landes Hessen in den Arbeitsvertrag einbezieht und sich bei einem strikt am Wortlaut orientierten Verständnis nur auf Verbandstarifverträge zu beziehen und Firmentarifverträge, wie denjenigen der IG Metall, nicht zu umfassen scheint.

13   Eine Korrektur dieses Ergebnisses könnte jedoch aufgrund einer erweiternden Auslegung der Verweisungsklausel geboten sein. Da es sich bei der genannten Klausel um einen individuell ausgehandelten Vertragsbestandteil handelt, die für die Auslegung von AGB vorrangig zu beachtende Regelung des § 305 c II BGB somit, wie ein Umkehrschluss aus § 310 III Nr. 2 BGB zeigt, keine Anwendung findet,[6] hat sich die Auslegung am Maßstab der §§ 133, 157, 242 BGB zu orientieren.[7] Danach darf die Auslegung von Verträgen grundsätzlich nicht am Wortlaut haften, sondern muss den Sinn der Vereinbarung nach Treu und Glauben mit Rücksicht auf die Verkehrssitte und die Interessen der beteiligten Vertragsparteien ermitteln.

14   Vorliegend dient die Verweisungsklausel erkennbar dem Zweck, eine unterschiedslose Behandlung von gewerkschaftlich nicht organisierten Arbeitnehmern und Gewerkschaftsmitgliedern zu gewährleisten. Bei verständiger Würdigung einer solchen „Gleichstellungsabrede"[8] sollen dadurch diejenigen Tarifverträge einbezogen werden, in deren fachlichen Geltungsbereich das betroffene Unternehmen fiele, wenn dessen Rechtsträger tarifgebunden wäre.[9] Bezugsobjekt der Verweisungsklausel ist daher im Zweifel die sachnächste Regelung, da diese den Besonderheiten des betroffenen Unternehmens am besten Rechnung tragen kann und eine angemessene Regulierung der dort auftretenden Konflikte verspricht.[10] Dieser Zwecksetzung entspricht ein Firmentarifvertrag sogar eher als eine Regelung auf Verbandsebene. Eine arbeitsvertragliche Klausel, die auf einschlägige Verbandstarifverträge verweist, erfasst somit jedenfalls dann auch Firmentarifverträge, wenn es sich um eine individualvertragliche Bezugnahme handelt.[11]

---

[6] Vgl. dazu Däubler/*Lorenz*, TVG, Einleitung, Rn. 537; Wiedemann/*Oetker*, § 3 Rn. 310, 314.

[7] *BAG* vom 26. 9. 2001, NZA 2002, 634, 635; *BAG* vom 15. 3. 2006, NZA 2006, 690, 692; Wiedemann/*Oetker*, § 3 Rn. 308.

[8] Die in jüngerer Vergangenheit zu verzeichnende Rechtsprechungsänderung zur Auslegung von Gleichstellungsabreden (im Detail hierzu *BAG* vom 18. 4. 2007, NZA 2007, 965, 967; *BAG* vom 22. 10. 2008, NZA 2009, 151, 152 ff. sowie Fall 4, Rn. 35 ff.) ist für die hier auftretende Auslegungsfrage ohne Belang. Infolge der neueren Rechtsprechung sollen derartige Abreden auch in Konstellationen, in denen die Tarifgebundenheit des Arbeitgebers infolge eines Verbandsaustritts, eines Betriebsübergangs oder des Herausfallens des Betriebs aus dem Geltungsbereich eines Tarifvertrages endet, dazu führen, dass die betroffenen Arbeitnehmer an sich nach dem Eintritt der Tarifgebundenheit ergebenden Verbesserungen der tariflichen Ansprüche („Dynamik") partizipieren. Vorliegend war allerdings Arbeitgeber A ursprünglich gar nicht aufgrund der Mitgliedschaft in einer Koalition tarifgebunden, so dass der Aspekt des nachträglichen Wegfalls der Tarifgebundenheit fehlt. Auch steht vorliegend nicht eine Dynamisierung der tariflichen Ansprüche, sondern die Auflösung des Konkurrenzverhältnisses zwischen mehreren Tarifverträgen in Streit. Schließlich spricht gegen die Vergleichbarkeit der Auslegungsfragen, dass für die Änderung der Rechtsprechung des *BAG* vor allem Wertungen des Rechts der Allgemeinen Geschäftsbedingungen tragend waren, vorliegend jedoch eine individualvertragliche Bezugnahmeklausel gegeben ist.

[9] *BAG* vom 13. 11. 2002, NZA 2003, 1039, 1041; Wiedemann/*Oetker*, § 3 Rn. 317; Kempen/Zachert/*Stein*, § 3 Rn. 165.

[10] *LAG Hessen* vom 21. 1. 1992, NZA 1992, 840, 841; Wiedemann/*Oetker*, § 3 Rn. 317; ähnlich auch Däubler/*Lorenz*, TVG, § 3 Rn. 230 b.

[11] *BAG* vom 14. 12. 2005, NZA 2006, 744, 746; *Hanau*, NZA 2005, 489, 491 f.; Wiedemann/*Oetker*, § 3 Rn. 319.

Somit gilt der IGM-FTV aufgrund der Verweisungsklausel auch für das Arbeitsverhältnis der B.

c) Rangverhältnis zwischen Firmentarifvertrag und Entgelttarifvertrag

Sind nach dem zuvor formulierten Zwischenergebnis grundsätzlich sowohl der Entgelttarifvertrag als auch der IGM-FTV auf das Arbeitsverhältnis der B anwendbar, ist aufgrund des gegensätzlichen Inhalts beider Regelungen zu der Frage, ob ein Weihnachtsgeld gewährt wird, problematisch, welches Rangverhältnis zwischen beiden Tarifverträgen besteht. Denn nur bei einem Vorrang des IGM-FTV ist der Weihnachtsgeldanspruch der B ausgeschlossen.

aa) Heranziehung der Grundsätze über die Behandlung von Tarifkonkurrenzen oder Anwendung des Günstigkeitsprinzips

Zunächst ist denkbar, für die Bestimmung des Rangverhältnisses auf die Regeln über die Behandlung der sog. Tarifkonkurrenz zurück zu greifen, wonach i. E. Einigkeit besteht, dass letztlich für jedes Arbeitsverhältnis nur ein Tarifvertrag maßgeblich sein kann. Außerordentlich umstritten ist allerdings, anhand welcher Kriterien der maßgebliche Tarifvertrag zu bestimmen ist. Während Teile der Literatur zur Auflösung des Konkurrenzverhältnisses das Günstigkeitsprinzip (§ 4 III TVG) heranziehen[12] und andere dem Arbeitgeber das Recht gewähren, mittels Änderungskündigung einzelner Tarifverträge den speziellsten der im Betrieb geltenden Tarife zur Geltung zu bringen,[13] wollen wieder andere Stimmen einer der beiden Arbeitsvertragsparteien ein Wahlrecht einräumen.[14] Demgegenüber soll nach dem insbesondere vom BAG auf Basis des Grundsatzes der Tarifeinheit, wonach sowohl im Betrieb als Ganzes als auch bezogen auf das einzelne Arbeitsverhältnis nur ein Tarifvertrag gelten dürfe, bezogenen Standpunkt der Spezialitätsgrundsatz entscheidend sein.[15] Vorrangig anwendbar wäre derjenige Tarifvertrag, der dem Betrieb räumlich, betrieblich, fachlich und persönlich am nächsten steht und deshalb den Erfordernissen und Eigenarten des Betriebes und der darin tätigen Arbeitnehmer am besten gerecht wird.[16]

Einer näheren Auseinandersetzung mit dieser Kontroverse[17] bedarf es allerdings nur dann, wenn vorliegend überhaupt ein Fall der Tarifkonkurrenz gegeben ist. Unter Tarifkonkurrenz ist, in Abgrenzung zur Tarifpluralität, bei welcher mehrere Tarifverträge kraft Bindung des Arbeitgebers in einem Betrieb gelten, der einzelne Arbeitnehmer aber nur an einen von ihnen gebunden ist, eine Situation zu verstehen, in der für dasselbe Arbeitsverhältnis mehrere Tarifverträge gelten sollen.[18]

Hieran könnte man deshalb zweifeln, weil allein die Verweisungsklausel in dem Arbeitsvertrag der B dazu führt, dass der in Bezug genommene IGM-FTV neben dem allgemeinverbindlichen Entgelttarifvertrag Geltung beansprucht. Bedenkt man, dass

---

[12] *Kraft*, RdA 1992, 161, 167; *Wiedemann/Arnold*, ZTR 1994, 443, 447; Wiedemann/*Wank*, § 4 Rn. 281.
[13] So *Bauer/Meinel*, NZA 2000, 181, 185.
[14] Vgl. nur *Müller*, NZA 1989, 449, 452; *Löwisch/Rieble*, TVG, § 4 Rn. 140; Däubler/*Zwanziger*, TVG, § 4 Rn. 927 m. w. N. zum Streitstand.
[15] *BAG* vom 20. 3. 1991, NZA 1991, 736, 737; *BAG* vom 22. 9. 1993, NZA 1994, 667, 668 f.; *BAG* vom 26. 1. 1994, NZA 1994, 1038, 1040; zustimmend *Kania*, DB 1996, 1921, 1922; *Säcker/Oetker*, ZfA 1993, 1, 9 ff.; einschränkend allerdings der 4. Senat des *BAG* vom 28. 5. 1997, NZA 1997, 1066, 1070.
[16] *BAG* vom 29. 3. 1957, AP Nr. 4 zu § 4 TVG – Tarifkonkurrenz; Wiedemann/*Wank*, § 4 Rn. 298.
[17] Näher dazu unten Rn. 45 ff.
[18] Däubler/*Lorenz*, TVG, § 4 Rn. 923 ff.; Wiedemann/*Wank*, § 4 Rn. 264 ff. m. zahlreichen Beispielen zu den üblicherweise zur Tarifkonkurrenz führenden Konstellationen. Vgl. ferner *Löwisch/Rieble*, TVG, § 4 Rn. 140.

aufgrund dieser Verweisung die Regelungen des in Bezug genommenen Tarifvertrages zum Bestandteil des Arbeitsvertrages werden,[19] konkurrieren nicht zwei ranggleiche Tarifverträge miteinander, sondern die rangniedrigere arbeitsvertragliche mit der höherrangigen, allgemein verbindlichen tariflichen Regelung. Die Behandlung eines derartigen Konkurrenzverhältnisses richtet sich grundsätzlich nach dem in § 4 III TVG normierten Günstigkeitsprinzip, so dass kein Fall der Tarifkonkurrenz gegeben und im Folgenden zu klären wäre, ob der IGM-FTV oder die in den Arbeitsvertrag transformierten Regelungen des Entgelttarifvertrages günstiger sind.[20]

20 Aufgrund der weiteren Besonderheit, dass der Entgelttarifvertrag für allgemein verbindlich erklärt ist, unterliegt allerdings auch diese Vorgehensweise Bedenken. Zieht man das Günstigkeitsprinzip heran, könnten nicht organisierte Arbeitnehmer wie B nicht nur das Weihnachtsgeld verlangen, sondern könnten sich ggfs. gleichzeitig aufgrund der Verweisung auf den durch den IGM-FTV vermittelten Kündigungsschutz berufen und so die Vorteile beider Regelungen kumulieren (sog. „Rosinenpicken").[21] Zieht man zum Vergleich die Rechtslage für die gewerkschaftlich organisierten Arbeitnehmer heran, für die z. T. die Allgemeinverbindlichkeit des Entgelttarifs bedeutungslos ist, da sich die normative Bindung an beide Tarifverträge aus ihrer Gewerkschaftszugehörigkeit ergibt, zeigt sich, dass für diese Mitarbeiter der IGM-FTV vorrangig und das Weihnachtsgeld ausgeschlossen wäre. Im Ergebnis könnte die Anwendung des Günstigkeitsprinzips zu einer Benachteiligung der organisierten gegenüber den nicht organisierten Arbeitnehmern führen. Vergleicht man diese Situation wiederum mit der, in der beide Tarifverträge kraft arbeitsvertraglicher Verweisung gelten, in der das Günstigkeitsprinzip wegen der Ranggleichheit der einbezogenen Regelungen unanwendbar wäre und der speziellere und damit vorrangig anzuwendende IGM-FTV zum Ausschluss des Weihnachtsgelds führte, offenbart sich, dass vorliegend die Besserstellung der nicht organisierten Arbeitnehmer einzig darauf beruht, dass der Entgelttarifvertrag für allgemein verbindlich erklärt wurde. Hieran anknüpfend ließe sich vertreten, dass die Vorschriften über die Allgemeinverbindlichkeit nach § 5 TVG einen derartigen Zweck, nämlich die Besserstellung nicht organisierter Mitarbeiter, gerade nicht bezwecken, sondern lediglich die Schaffung sozial verträglicher und angemessener Mindestarbeitsbedingungen gewährleisten sollen.[22] Regelungsziel sei es nur, den Nichtorganisierten das tarifliche Schutzniveau, nicht aber einen noch darüber hinausgehenden Standard zu bieten. Um dem Regelungsziel des § 5 TVG gerecht werden zu können, wäre es dann konsequent, auf die Anwendung des Günstigkeitsprinzips zu verzichten und stattdessen das Konkurrenzverhältnis nach Spezialitätsgesichtspunkten aufzulösen. Dies hätte zur Konsequenz, dass der IGM-FTV vorrangig anzuwenden und der Weihnachtsgeldanspruch der B demnach ausgeschlossen wäre.

21 Die vorstehende Argumentation übersieht jedoch, dass § 5 TVG die Besserstellung Nichtorganisierter zwar nicht primär bezwecken mag, sie allerdings auch nicht verbietet. Insbesondere dann, wenn in einem Betrieb ein Teil der Belegschaft kraft Mitgliedschaft, ein anderer Teil kraft der Allgemeinverbindlichkeit an denselben

---

[19] *Kraft*, RdA 1992, 161, 167; *Wiedemann/Arnold*, ZTR 1994, 443, 447.
[20] So nunmehr *BAG* vom 29. 8. 2007, NZA 2008, 364, 366 unter Aufgabe von *BAG* vom 23. 3. 2005, NZA 2005, 1003, 1006; bestätigt durch *BAG* vom 22. 10. 2008, NZA 2009, 151, 154.
[21] So, auch zum Folgenden, die nunmehr durch *BAG* vom 29. 8. 2007, NZA 2008, 364, 366 aufgegebene Entscheidung des *BAG* vom 23. 3. 2005, NZA 2005, 1003, 1006.
[22] *BVerwG* vom 3. 11. 1988, NJW 1989, 1495, 1498; *BAG* vom 23. 3. 2005, NZA 2005, 1003, 1006; *Löwisch/Rieble*, TVG, § 5 Rn. 5; Wiedemann/*Wank*, § 5 Rn. 2; vgl. auch *BAG* vom 28. 3. 1990, NZA 1990, 781 f.

Tarifvertrag gebunden ist, in den Arbeitsverträgen der nicht organisierten Arbeitnehmer jedoch günstigere Arbeitsbedingungen geregelt sind, die nicht aus der Bezugnahme auf einen anderen Tarifvertrag herrühren, kann es de facto zu einer Besserstellung der Nichtorganisierten kommen, weil insoweit das Günstigkeitsprinzip unproblematisch Anwendung findet. Unterschiedliche Rechtsfolgen für die nicht organisierten Arbeitnehmer allein von dem häufig zufälligen Umstand abhängig zu machen, ob der Arbeitgeber bestimmte Arbeitsbedingungen formularmäßig in alle Individualarbeitsverträge aufnimmt oder aus Vereinfachungsgründen in diesen Verträgen auf einen inhaltsgleichen Tarifvertrag Bezug nimmt, ist sachlich nicht gerechtfertigt. Vielmehr liegt es im Wesen des Günstigkeitsprinzips begründet, dass es – wenn einzelne Arbeitnehmer günstigere individuelle Vereinbarungen besitzen – zu Ungleichbehandlungen innerhalb der Belegschaft kommen kann, auch wenn dies im Einzelfall unbillig erscheinen mag.

Somit ist kein Fall der Tarifkonkurrenz gegeben. Das Rangverhältnis zwischen dem allgemein verbindlichen Entgelttarifvertrag und dem aufgrund der arbeitsvertraglichen Verweisung in Bezug genommenen IGM-FTV richtet sich für B nach dem Günstigkeitsprinzip (§ 4 III TVG). 22

bb) Entgelt- oder IG-Metall-Firmentarifvertrag als günstigere Regelung

Fraglich bleibt, welche der beiden genannten Regelungen die günstigere darstellt. 23
Isoliert betrachtet stellt der im IGM-FTV normierte Verzicht auf das Weihnachtsgeld zwar zweifelsfrei die im Vergleich zum Entgelttarifvertrag ungünstigere Regelung dar. Erwägenswert ist jedoch, ob auch der den Arbeitnehmern im IGM-FTV gewährte Schutz vor betriebsbedingten Kündigungen in den Vergleich einzubeziehen ist. Das Meinungsspektrum zu dieser Fragestellung präsentiert sich äußerst vielgestaltig. Die Grundsatzfrage, ob sich die Bestimmung der günstigeren Regelungen nach den subjektiven Präferenzen des betroffenen Arbeitnehmers[23] oder nach der objektiven Sicht eines verständigen Beschäftigten richtet,[24] lässt sich aufgrund des Umstands, dass das Tarifrecht den Arbeitnehmer auch vor einer Selbstübervorteilung bewahren will, noch verhältnismäßig einfach zu Gunsten der letztgenannten Alternative beantworten.[25] Die zum Vorrang des Entgelttarifvertrags führende Einforderung des Weihnachtsgeldes durch B ist demnach unerheblich. Die Folgefrage, ob der Günstigkeitsvergleich in Bezug auf einzelne Arbeitsbedingungen,[26] auf den gesamten Vertragsinhalt[27] oder nur auf solche Arbeitsbedingungen zu beziehen ist, die in einem sachlichen Zusammenhang zueinander stehen,[28] ist jedoch ebenfalls äußerst umstritten.

Entscheidend für die Beurteilung des vorliegenden Falles muss die Erwägung sein, 24
dass – hielte man einen Einzelvergleich für maßgeblich – ohnehin der den Weihnachtsgeldanspruch gewährende Entgelttarifvertrag günstiger und damit vorrangig wäre, man jedoch selbst dann, wenn man einen Gesamtvergleich oder einen Sachgruppenvergleich anstellte, letztlich mangels eines allgemein anerkannten Bewertungsmaßstabs nicht stichhaltig begründen könnte, ob der mit dem IGM-FTV verbundene Kündigungsschutz einen höheren Wert als der Weihnachtsgeldanspruch hat. Einen derarti-

---

[23] *Heinze*, NZA 1991, 329, 333.
[24] *Zöllner/Loritz/Hergenröder*, S. 374.
[25] Zur Vermeidung von Wiederholungen sei, auch zum Folgenden, auf die Anmerkungen zu Fall 1 Rn. 9 ff., verwiesen. In einer klausurmäßigen Bearbeitung sollten selbstverständlich die dort angestellten Erwägungen im Wesentlichen nachvollzogen werden.
[26] *Däubler/Deinert*, TVG, § 4 Rn. 663.
[27] *Mäckler*, FS Arbeitsgerichtsbarkeit Rheinland-Pfalz, 1999, S. 381, 389 ff.
[28] So die h. M. *BAG* vom 20. 4. 1999, NZA 1999, 887, 893; ErfKomm/*Franzen*, § 4 TVG Rn. 38.

gen Bewertungsmaßstab zu formulieren, was nicht anderes bedeutet, als den genauen Preis für den Verlust des Arbeitsplatzes festzulegen, wäre Angelegenheit der Arbeits- oder Tarifvertragsparteien oder ggfs. des Gesetzgebers und kann nicht nachträglich vom Rechtsanwender, der keine Bewertungskriterien oder Marktpreise als Anhaltspunkt für den Wert der zum Vergleich stehenden Positionen zur Hand hat, geleistet werden.[29]

cc) Zwischenergebnis

25 Der IGM-FTV kann nach alledem nicht als günstigere Regelung im Vergleich zum Entgelttarifvertrag eingestuft werden. Der durch die arbeitsvertragliche Bezugnahme auf den IGM-FTV vereinbarte Ausschluss des im Entgelttarifvertrag geregelten Weihnachtsgeldanspruchs ist als Unterschreitung des tariflichen Standards zu werten und daher unwirksam.[30]

3. Ergebnis

26 B hat gegen M einen Anspruch auf Zahlung von Weihnachtsgeld i. H. v. 3.800 € brutto für das Jahr 2007 aus dem Arbeitsvertrag i. V. m. § 9 des Entgelttarifvertrags.

II. Rechtmäßigkeit einer Abmahnung des A durch P

27 Eine von P in Vertretung der M nach § 164 I 1 BGB ausgesprochene Abmahnung ist nach § 314 II 1 BGB nur dann rechtmäßig, wenn A eine arbeitsvertragliche Pflicht verletzt hat. Eine Pflichtverletzung des A könnte in der Nichteinhaltung der wöchentlichen Arbeitszeit von 40 Stunden zu sehen sein. Dies setzt voraus, dass A tatsächlich in diesem Umfang zur Arbeitsleistung verpflichtet ist. Diese Verpflichtung kann sich in Ermangelung vertraglicher Arbeitszeitregelungen nur aus § 4 des CGM-FTV ergeben. Hierzu müsste dieser Tarifvertrag wirksam und auf das Arbeitsverhältnis zwischen A und M anwendbar sein.

1. Wirksamkeit des CGM-Firmentarifvertrags

a) Tariffähigkeit der CGM

28 Bedenken gegen die Wirksamkeit des CGM-FTV ergeben sich im Hinblick auf die Tariffähigkeit der CGM. Da nach § 2 I TVG auf Seiten der Arbeitnehmer nur Gewerkschaften tariffähig sind, müsste es sich bei der CGM um eine Koalition i. S. d. Art. 9 III GG handeln, welche die weiteren, für eine tariffähige Gewerkschaft nach § 2 I TVG erforderlichen Voraussetzungen erfüllt.

aa) CGM als Koalition i. S. v. Art. 9 III GG

29 Den Status einer Koalition, also einer Vereinigung und damit eines freiwilligen, auf Dauer angelegten Zusammenschlusses mit organisierter Willensbildung,[31] welcher der Wahrung und Förderung der Arbeits- und Wirtschaftsbedingungen dient und aufgrund dieser Zweckvorgabe vom sozialen Gegenspieler[32] und dritten Mäch-

---

[29] Vgl. hierzu nur *BAG* vom 20. 4. 1999, NZA 1999, 887, 893.
[30] In der dem Fall zugrunde liegenden Entscheidung *BAG* vom 29. 8. 2007, NZA 2008, 364 ff., die i. E. den Vorrang der arbeitsvertraglichen Regelung bejahte, war der Günstigkeitsvergleich unproblematisch möglich, da lediglich differierende Entgelthöhen zum Vergleich standen.
[31] *Löwisch/Rieble*, TVG, § 2 Rn. 9 ff.; *Wiedemann/Oetker*, § 2 Rn. 224 ff., 230 ff.
[32] *BAG* vom 17. 2. 1998, NZA 1998, 754, 755; Däubler/*Peter*, TVG, § 2 Rn. 31 ff.; *Löwisch/Rieble*, TVG, § 2 Rn. 15.

Fall 2. Licht im Tarifdschungel 29

ten wie dem Staat, Kirchen oder Parteien unabhängig[33] sowie demokratisch[34] und – nach allerdings bestrittener Auffassung – überbetrieblich organisiert sein muss,[35] wird man der CGM mangels entgegenstehender Sachverhaltsangaben zubilligen müssen. Insbesondere ergibt sich eine mangelnde religiöse Neutralität der Vereinigung nicht bereits aus dem Umstand, dass ihr Name auf christliche Werte Bezug nimmt. Denn zu der von Art. 9 III GG geschützten Autonomie einer Koalition gehört es auch, sich bestimmte gesellschaftspolitische, von Religionsgemeinschaften entlehnte Vorstellungen zu eigen zu machen, solange sich die Vereinigung nicht – etwa durch eine satzungsmäßige Unterwerfung unter die Politik einer bestimmten Religionsgemeinschaft oder durch intensive personelle Verknüpfungen auf der Leitungsebene beider Vereinigungen – in die Hand eines Dritten begibt,[36] wofür hier keine Anhaltspunkte bestehen.

bb) Zusätzliche Anforderungen an die Tariffähigkeit, § 2 I TVG

Fraglich ist, welche weitergehenden Anforderungen die CGM als Koalition 30 erfüllen muss, um die Tariffähigkeit i. S. v. § 2 I TVG zu erlangen.

(1) Tarifwilligkeit, Anerkennung des geltenden Tarif- und Arbeitskampfrechts

Zunächst müsste, wie exemplarisch von § 2 III TVG für die Anerkennung der 31 eigenständigen Tariffähigkeit von Spitzenverbänden vorausgesetzt wird, die Koalition tarifwillig sein. Tarifwillig ist diejenige Koalition, deren Satzung den Abschluss von Tarifverträgen zu den Verbandsaufgaben zählt und diese Befugnis auch nicht dadurch, dass von ihr über längere Zeit kein Gebrauch gemacht wurde, aufgegeben hat.[37] Rechtfertigen lässt sich das Erfordernis einer ausdrücklichen satzungsmäßigen Regelung durch das Interesse der Mitglieder, Klarheit zu erlangen, ob sie sich durch den Koalitionsbeitritt der Tarifnormsetzung unterwerfen.[38] Eine solche Regelung enthält § 1 der Satzung der CGM, so dass diese Koalition als tarifwillig einzustufen ist.

Weitere Voraussetzung der Tariffähigkeit ist, dass die Koalition das geltende 32 Tarif-, Arbeitskampf- und Schlichtungsrecht als verbindlich anerkennt, da andernfalls die Zielsetzung des Tarifrechts, Konflikte bei der kollektiven Regelung der Arbeits- und Wirtschaftsbedingungen zum Ausgleich zu bringen und nicht neue Konflikte zu schaffen, nicht erreicht werden und sich eine regelwidrig verhaltende Koalition unter Missachtung des arbeitskampfrechtlichen Paritätsgrundsatzes Vorteile gegenüber dem sozialen Gegenspieler verschaffen könnte.[39] Auch dieses Erfordernis ist, da über Rechtsbrüche der CGM in der Vergangenheit nichts bekannt ist, zu bejahen.

---

[33] *Wiedemann/Oetker*, § 2 Rn. 330 ff. m. w. N.; *Däubler/Peter*, TVG, § 2 Rn. 35 ff.
[34] *Löwisch/Rieble*, TVG, § 2 Rn. 30; *Däubler/Peter*, TVG, § 2 Rn. 8; vgl. auch *Wiedemann/Oetker*, § 2 Rn. 341 ff.
[35] *BVerfG* vom 6. 5. 1964, AP Nr. 15 zu § 2 TVG; *BAG* vom 9. 7. 1968, AP Nr. 25 zu § 2 TVG; a. A. *Löwisch/Rieble*, TVG, § 2 Rn. 52.
[36] *LAG Düsseldorf* vom 14. 12. 1957, AP Nr. 2 zu Art. 9 GG; *Löwisch/Rieble*, TVG, § 2 Rn. 28; *Wiedemann/Oetker*, § 2 Rn. 331 f.
[37] *BAG* vom 10. 9. 1985, NZA 1986, 332; *BAG* vom 25. 11. 1986, NZA 1987, 492, 493; *Löwisch/Rieble*, TVG, § 2 Rn. 57 f.; *Wiedemann/Oetker*, § 2 Rn. 364 ff.
[38] *Löwisch/Rieble*, TVG, § 2 Rn. 57; *Wiedemann/Oetker*, § 2 Rn. 367.
[39] *BVerfG* vom 20. 10. 1981, AP Nr. 31 zu § 2 TVG; *BAG* vom 10. 9. 1985, NZA 1986, 332; *BAG* vom 25. 11. 1986, NZA 1987, 492, 493; *Löwisch/Rieble*, TVG, § 2 Rn. 62.

(2) Soziale Mächtigkeit und hinreichende organisatorische Leistungsfähigkeit

33 Letztlich ist zu erwägen, von einer Koalition über die genannten Merkmale hinaus noch eine ausreichende soziale Mächtigkeit oder Durchsetzungsfähigkeit als Voraussetzung der Tariffähigkeit zu fordern.[40] Begründen ließe sich diese einschränkende Sichtweise mit der Aufgabe der Tarifautonomie, welche durch die Kollektivierung der Arbeitnehmerinteressen in Gewerkschaften eine Gegenmacht zu dem strukturellen Verhandlungsübergewicht der Arbeitgeber schaffen soll.[41] Aufgrund dieser Gegenmacht sei zu erwarten, dass die zwischen beiden Parteien geführten Verhandlungen zu einem sachgerechten Interessenausgleich und zu Tarifverträgen führen, für die angesichts des Verfahrens ihres Zustandekommens die Vermutung streitet, sie seien inhaltlich angemessen und materiell „richtig".[42] Berechtigt sei eine derartige Richtigkeitsvermutung, die mit einem Verzicht auf eine staatliche Inhaltskontrolle von Tarifverträgen einher geht, allerdings nur dann, wenn sich in den Tarifverhandlungen oder den sie begleitenden Arbeitskämpfen annähernd gleich starke Koalitionen gegenüberstehen, der Zusammenschluss der Arbeitnehmer also ausreichend mächtig und organisiert ist, um den notwendigen Verhandlungsdruck aufbauen zu können.

34 Dieser restriktiven Sichtweise wird jedoch vielfach ihre fehlende Verankerung im Wortlaut des Art. 9 III GG sowie des § 2 TVG entgegen gehalten.[43] Durch das Erfordernis der sozialen Mächtigkeit würde insbesondere kleineren, neu gegründeten Gewerkschaften die Möglichkeit genommen, Tarifverträge abzuschließen. Damit beraube man sie des bedeutsamsten Mittels, mit dem sie sich für die Belange ihrer Mitglieder einsetzen könnten. Allein durch andere Formen der Interessenwahrnehmung für die Mitglieder, etwa die Erbringung sozialer Leistungen oder die Prozessvertretung in arbeitsgerichtlichen Streitigkeiten, könnten neu gegründete Gewerkschaften nicht in effektiven Wettbewerb zu den arrivierten Gewerkschaften treten und so langfristig mangels entsprechenden Mitgliederzuwachses keine soziale Mächtigkeit erlangen.[44] Dies stelle einen ungerechtfertigten Eingriff in die Koalitionsfreiheit dar, welche auch die Freiheit der Koalitionsbetätigung umfasse, zu der wiederum der Abschluss von Tarifverträgen als ureigenste Verhaltensweise der Gewerkschaften gehöre. Überdies führe das Merkmal der sozialen Mächtigkeit zur ungerechtfertigten Ungleichbehandlung der Sozialpartner auf Arbeitnehmer- und Arbeitgeberseite. Während der einzelne Arbeitgeber nach § 2 I TVG unabhängig von seiner Durchsetzungsfähigkeit und seiner sozialen Macht tariffähig sei, müssten die Gewerkschaften den Nachweis einer hinreichenden Mächtigkeit führen.[45] Um diesen Bedenken Rechnung zu tragen, wird von Teilen des Schrifttums auf das Merkmal der sozialen Mächtigkeit als Voraussetzung der Tariffähigkeit insgesamt verzichtet.[46] Andere Stimmen plädieren für eine Missbrauchskontrolle, die nur solchen Koalitionen die Tariffähigkeit versagt, welche offenkundig dem Arbeitgeberlager nicht die für eine funktionsfähige Tarifautonomie erforderliche Gegenmacht entgegensetzen können.[47] Auf dieser Basis wäre die CGM tariffähig, da es auf ihre soziale Mächtigkeit nicht ankäme bzw. ihr diese

---

[40] *BVerfG* vom 20. 10. 1981, AP Nr. 31 zu § 2 TVG; *BAG* vom 16. 11. 1982, AP Nr. 32 zu § 2 TVG; *BAG* vom 6. 6. 2000, NZA 2001, 160, 162 f.; *Löwisch/Rieble*, TVG, § 2 Rn. 35; Wiedemann/Oetker, § 2 Rn. 383 ff.
[41] *Löwisch/Rieble*, TVG, § 2 Rn. 35 f.; ähnlich auch Kempen/Zachert/*Kempen*, § 2 Rn. 36.
[42] *BAG* vom 24. 3. 2004, NZA 2004, 971, 973; *BAG* vom 28. 3. 2006, NZA 2006, 1112, 1116.
[43] So, auch zum Folgenden, *Gamillscheg*, S. 433 ff.; *Zöllner/Loritz/Hergenröder*, S. 358 ff.
[44] Dies erkennt auch *BAG* vom 28. 3. 2006, NZA 2006, 1112, 1116 an.
[45] Wiedemann/Oetker, § 2 Rn. 404; *Zöllner/Loritz/Hergenröder*, S. 360.
[46] Wiedemann/Oetker, § 2 Rn. 408 ff.; *Zöllner/Loritz/Hergenröder*, S. 360.
[47] *Bayreuther*, BB 2005, 2633, 2636 f.

nicht offenkundig fehlt, da die CGM in der Vergangenheit eine Vielzahl von Tarifabschlüssen erreicht und so bewiesen hat, dass sie ein Mindestmaß an Verhandlungsmacht gegenüber dem sozialen Gegenspieler aufbauen kann.

Einer Auseinandersetzung mit der beschriebenen Kontroverse bedarf es allerdings dann nicht, wenn die CGM ohnehin als sozial mächtig und hinreichend organisiert einzustufen ist, da sie dann unabhängig davon, welcher der widerstreitenden Ansätze verfolgt wird, tariffähig ist.

(a) Soziale Mächtigkeit

Bei dem Merkmal der sozialen Mächtigkeit handelt es sich um ein typologisches Merkmal, so dass die Frage, ob ein Verband die erforderliche Durchsetzungskraft aufweist, im Einzelfall aufgrund einer Gesamtschau objektiver Indizien zu beantworten ist.[48] Bedeutsame Indizien sollen die Zahl der Gewerkschaftsmitglieder, ihre Stellung in den Betrieben, insbesondere die Besetzung sog. Schlüsselpositionen,[49] der Organisationsgrad in dem vom Verband selbst gewählten räumlichen und fachlichen Zuständigkeitsbereich[50] sowie die Fähigkeit und der Wille der Koalition sein, Arbeitskämpfe jedenfalls dann zu führen, wenn Verhandlungen scheitern.[51] Noch größeres Gewicht soll dem Umstand zukommen, ob die Koalition in der Vergangenheit bereits Tarifverträge abgeschlossen hat, wobei im Einzelnen streitig ist, ob der Abschluss sog. Anschlusstarifverträge, also solcher, die den Abschluss einer anderen Gewerkschaft lediglich übernehmen, ausreicht.[52] Sofern es sich bei den in der Vergangenheit erzielten Tarifabschlüssen nicht nur um Schein- oder Gefälligkeitstarifverträge handelt, sollen sie nach neuerer Rechtsprechung des BAG sogar eine Vermutung zu Gunsten der sozialen Mächtigkeit des Verbandes begründen.[53]

Ob die Aufstellung einer solchen Vermutung zutreffend ist und ob der Abschluss von Anschlusstarifverträgen ein tragfähiges Indiz für die Durchsetzungskraft einer Koalition ist, wird man dahinstehen lassen können, wenn bereits eine Gesamtschau aus den übrigen Indizien die soziale Mächtigkeit der CGM belegt. Insofern ist zu beachten, dass die CGM in dem von ihr gewählten Zuständigkeitsbereich einen Organisationsgrad von 14 Prozent der Arbeitnehmer erreicht, sie also unter Berücksichtigung des Umstands, dass traditionell in der Metallbranche der Organisationsgrad hoch ist, aber nicht alle Arbeitnehmer in Gewerkschaften organisiert sind, mit einer absoluten Mitgliederzahl von ca. 700 000 zu den größeren Koalitionen zu rechnen ist. Im Vergleich zur IG Metall hat sie daher nicht völlig untergeordnetes Gewicht. Hinzu kommt, dass der CGM der Abschluss von 550 eigenständigen Tarifverträgen gelungen ist. Dies belegt unabhängig von dem Indizwert der weiteren 3.000 Anschlusstarifverträge, dass die Arbeitgeberseite die CGM als Verhandlungspartner wahr- und ernstnimmt. Die CGM ist daher als sozial mächtig einzustufen, so dass es einer näheren Auseinandersetzung mit der Kontroverse, ob das Merkmal der sozialen Mächtigkeit tatsächlich Voraussetzung der Tariffähigkeit ist, nicht bedarf.

---

[48] Kempen/Zachert/*Kempen*, § 2 Rn. 34 ff.; *Löwisch/Rieble*, TVG, § 2 Rn. 37 ff.; vgl. auch Wiedemann/*Oetker*, § 2 Rn. 389 ff.
[49] *BAG* vom 14. 12. 2004, NZA 2005, 697, 701; *Gamillscheg*, S. 431; *Löwisch/Rieble*, TVG, § 2 Rn. 38.
[50] *BAG* vom 14. 12. 2004, NZA 2005, 697, 701; *Löwisch/Rieble*, TVG, § 2 Rn. 49.
[51] *BVerfG* vom 6. 5. 1964, AP Nr. 15 zu § 2 TVG; *Löwisch/Rieble*, TVG, § 2 Rn. 51; a. A. *Zöllner/Loritz/Hergenröder*, S. 98; vgl. zum Ganzen auch Wiedemann/*Oetker*, § 2 Rn. 378 ff.
[52] *BAG* vom 6. 6. 2000, NZA 2001, 160, 162 f.; *BAG* vom 28. 3. 2006, NZA 2006, 1112, 1119; Wiedemann/*Oetker*, § 2 Rn. 391.
[53] *BAG* vom 28. 3. 2006, NZA 2006, 1112, 1119.

(b) Hinreichende organisatorische Leistungsfähigkeit

38 Fraglich bleibt somit nur, ob die CGM auch über die für die Tariffähigkeit erforderliche, hinreichend leistungsfähige Organisation verfügt. Hinreichend leistungsfähig ist die Organisation, wenn sie die sich selbst gestellten Aufgaben mit den zur Verfügung stehenden personellen und sachlichen Mitteln erfüllen, insbesondere den Abschluss von Tarifverträgen durch entsprechende Prognosen der wirtschaftlichen Rahmenbedingungen sowie die Formulierung von Verhandlungsstrategien und -zielen vorbereiten und nach Abschluss das Verhandlungsergebnis verbandsintern vermitteln und durchsetzen kann.[54] Entscheidend sind auch insoweit die Umstände des Einzelfalles, wobei zu beachten ist, dass einerseits ein bundesweiter Zuständigkeitsbereich eine erhebliche organisatorische Ausstattung erforderlich macht, andererseits aber, gerade wenn sich die fachliche Zuständigkeit auf wenige Berufsgruppen beschränkt, ein relativ kleiner, zentralisierter Apparat ausreichen kann, um Tarifverträge effektiv auszuhandeln und zu überwachen.[55] Über eine derart zentralisierte Struktur verfügt die CGM, da sie an vergleichbar wenigen Standorten präsent ist, dort allerdings bei 80 hauptamtlich und 500 ehrenamtlich Beschäftigten jeweils Teams von mehreren Personen, darunter im Durchschnitt mindestens zwei hauptamtliche Gewerkschaftssekretäre, bilden kann. Dies verspricht ebenso eine sachgerechte Verhandlungsvorbereitung und Tarifdurchsetzung wie der Umstand, dass in besonders mitgliederstarken Regionen zusätzlich Bezirksvertretungen unterhalten werden, zumal sich die CGM lediglich auf Tarifabschlüsse in der Metallbranche konzentrieren und hierfür, wie die zurückliegenden Arbeitskämpfe zeigen, auch erhebliche finanzielle Mittel einsetzen kann. Damit ist die CGM hinreichend leistungsfähig organisiert.

cc) Zwischenergebnis

39 Die CGM ist eine tariffähige Koalition i. S. v. Art. 9 III GG, § 2 I TVG. Mangelnde Tariffähigkeit einer Vertragspartei hindert den Abschluss des CGM-FTV nicht.

b) Unzulässigkeit eines Firmentarifvertrags bei bestehender Bindung an einen Verbandstarifvertrag

40 Der CGM-FTV wäre jedoch auch dann unwirksam, wenn Arbeitgebern, die bereits an einen Verbandstarifvertrag gebunden sind, der Abschluss von Haustarifverträgen untersagt wäre.

41 Bestünde ein derartiger Vorrang des Verbandstarifvertrages, wie dies von einigen Instanzgerichten und Teilen des Schrifttums unter Hinweis entweder auf die in dieser Konstellation fehlende Tariffähigkeit des Arbeitgebers[56] oder die mangelnde Tarifzuständigkeit einer anderen als der den Verbandstarifvertrag abschließenden Gewerkschaft für den einzelnen Arbeitgeber[57] behauptet wird, hätte dies zur Konsequenz, dass A weiterhin auf der Grundlage des MTV nur zu einer Arbeitsleistung von 35 Wochenstunden verpflichtet ist. Folglich hätte er sich nicht pflichtwidrig verhalten, als er nach Ableistung von 35 Stunden seinen Arbeitsplatz verließ. Eine Abmahnung des A wäre unwirksam.

---

[54] *BAG* vom 14. 12. 2004, NZA 2005, 697, 702 f.; *BAG* vom 6. 6. 2000, NZA 2001, 160, 163; *BAG* vom 28. 3. 2006, NZA 2006, 1112, 1117; *Löwisch/Rieble*, TVG, § 2 Rn. 53, 56.
[55] *BAG* vom 14. 12. 2004, NZA 2005, 697, 703; *BAG* vom 28. 3. 2006, NZA 2006, 1112, 1117.
[56] *LAG Schleswig-Holstein* vom 25. 11. 1999, NZA-RR 2000, 143, 145 f.; *Matthes*, FS Schaub, 1988, S. 477, 481 ff., insb. S. 485; vgl. auch *Reuter*, NZA 2001, 1098 ff.
[57] *Heinze*, DB 1997, 2122, 2124 ff.; *Kleinke/Kley/Walter*, ZTR 2000, 143, 145 f.

Gegen eine Sperrwirkung des Verbandstarifvertrags[58] lässt sich jedoch anführen, 42
dass die Gegenauffassung vor allem das Ziel verfolgt, den einzelnen Arbeitgeber vor
einem Arbeitskampf um einen Firmentarifvertrag zu schützen, solange er einem
Verband angehört. Zur Erreichung dieses Ziels ist es nicht erforderlich, den
Abschluss von Firmentarifverträgen neben Verbandstarifverträgen pauschal für
unzulässig zu halten. Es würde ausreichen, den auf den Abschluss eines konkurrierenden Firmentarifvertrages gerichteten Arbeitskampf als rechtswidrig einzustufen.[59] Weiterhin spricht gegen einen Vorrang des Verbandstarifs, dass sich weder
den Vorschriften des TVG im Allgemeinen noch den Regelungen über die Tariffähigkeit in § 2 TVG im Besonderen, die den einzelnen Arbeitgeber gleichrangig
neben den Gewerkschaften und Arbeitgeberverbänden nennen, eine Rangordnung
von Tarifverträgen je nach ihrem Ursprung entnehmen lässt.[60] Der Verzicht auf eine
derartige Rangordnung ergibt sich ferner im Wege eines Umkehrschlusses aus § 54
III Nr. 1 HandwO.[61] Wenn nach dieser Spezialvorschrift den Handwerksinnungen
die Tariffähigkeit nur solange und soweit verliehen wird, wie der Innungsverband
selbst keine Tarifverträge nach § 82 S. 2 Nr. 3 HandwO abschließt, also ausnahmsweise ein Vorrang des Verbandstarifvertrages begründet wird, so zeigt dies, dass ein
derartiger Vorrang im Allgemeinen nicht existiert.

Der Umstand, dass die M im Augenblick des Abschlusses des CGM Firmentarif- 43
vertrages noch an den MTV der IG Metall gebunden war, steht der Wirksamkeit des
Firmentarifvertrages daher nicht entgegen.

c) Zwischenergebnis

Der CGM-FTV ist nach alledem wirksam. 44

2. Bindung der Arbeitsvertragsparteien an den CGM-Firmentarifvertrag

§ 4 des CGM-FTV, der eine wöchentliche Arbeitszeit von 40 Stunden vorsieht, 45
müsste zudem auf das Arbeitsverhältnis des A anwendbar sein. Da A als Mitglied
der IG Metall grundsätzlich normativ nur an den von dieser Gewerkschaft geschlossenen MTV gebunden ist (§ 4 I TVG), gelangte man zur Anwendbarkeit des
CGM-FTV allenfalls auf der Basis einer arbeitsvertraglichen Verweisung auf diesen
Tarifvertrag und des bereits vorgestellten Grundsatzes der Tarifeinheit, wonach in
jedem Betrieb nur ein Tarifvertrag anwendbar sein und der speziellere Tarifvertrag
alle übrigen Tarifverträge verdrängen soll.

Die vorliegende Konstellation ist jedoch durch die Besonderheit gekennzeichnet, 46
dass aufgrund der geteilten Gewerkschaftszugehörigkeit der Belegschaft grundsätzlich mehrere Tarifverträge in demselben Betrieb einschlägig sind, für die einzelnen
Arbeitsverhältnisse aber grundsätzlich nur der mit der jeweiligen Gewerkschaft
geschlossene Tarifvertrag anwendbar ist. Für die 70 % der in der IG Metall organisierten Arbeitnehmer ist dies der MTV und für die 10 % der CGM-Mitglieder der
CGM-FTV, so dass ein Fall der sog. Tarifpluralität gegeben ist. Ob insoweit der

---

[58] So i. E. die ganz h. M. Siehe nur *BAG* vom 25. 9. 1996, NZA 1997, 613, 618 f.; *BAG* vom 10. 12. 2002, NZA 2003, 734, 736 ff.; *Löwisch/Rieble*, TVG, § 2 Rn. 136; *Wiedemann/Oetker*, § 2 Rn. 149 m.w. N.
[59] So konsequent *Buchner*, ZfA 1995, 95, 120; *Lieb*, DB 1999, 2058, 2062 f. Vgl. auch Fall 5 Rn. 31 ff.
[60] *Wiedemann/Wank*, § 4 Rn. 289; *Kempen/Zachert/Wendeling-Schröder*, § 4 Rn. 183; *Däubler/Zwanziger*, TVG, § 4 Rn. 926.
[61] *Löwisch/Rieble*, TVG, § 2 Rn. 136.

Grundsatz der Tarifeinheit überhaupt angewendet werden darf, wird von Rechtsprechung und Schrifttum unterschiedlich gesehen.

47 Das BAG vertritt jedenfalls bislang[62] die Auffassung, dass die Konstellationen der Tarifkonkurrenz und Tarifpluralität einheitlich zu behandeln und in beiden Fällen die Grundsätze der Tarifeinheit und der Spezialität zu beachten seien. Folgte man dem, so verdrängt der CGM-FTV als die dem Betrieb der M räumlich, betrieblich, fachlich und persönlich am nächsten stehende Regelung den allgemeineren MTV der IG Metall. Dies führte indes, mangels entsprechender mitgliedschaftlicher Legitimation, nicht dazu, dass stattdessen der CGM-FTV normativ für das Arbeitsverhältnis des A gilt, so dass grundsätzlich A gar keiner Tarifbindung mehr unterläge. Eine abweichende Beurteilung könnte sich jedoch aus der im Arbeitsvertrag des A enthaltenen Verweisungsklausel ergeben. Da diese Klausel alle jeweils im Betrieb geltenden Tarifverträge in den Arbeitsvertrag einbeziehen soll und einschränkende Voraussetzungen, wie etwa die gegenüber B verwendete, Auslegungszweifel begründende Bezugnahme nur auf Verbandstarifverträge nicht enthält, unterfällt auch der CGM-FTV dem Wortlaut dieser Regelung.[63] Teilt man die Position der Rechtsprechung, gelangt man so letztlich zu einer vertraglichen Bindung des A an den CGM-FTV mit der Konsequenz, dass A zur Arbeitsleistung im Umfang von 40 Wochenstunden verpflichtet gewesen wäre, das Verlassen der Arbeitsstätte vor vollständiger Erfüllung dieser Arbeitsverpflichtung daher eine zur Abmahnung berechtigende Pflichtverletzung darstellte.

48 Die Instanzrechtsprechung und das überwiegende Schrifttum stellen demgegenüber, mit zahlreichen Differenzierungen hinsichtlich der Details, die Notwendigkeit in Abrede, die Konstellationen der Tarifkonkurrenz und Tarifpluralität gleich zu behandeln. Teils wird die Geltung mehrerer Tarifverträge nebeneinander in demselben Betrieb einschränkungslos zugelassen.[64] Teils wird diese Rechtsfolge auf die – hier allerdings gegebenen – Sachverhaltsgestaltungen begrenzt, dass die Tarifpluralität auf einer bewussten Willensentscheidung des Arbeitgebers – vorliegend der nach dem Scheitern der Verhandlungen mit der IG Metall getroffenen Entscheidung der M für die CGM als Vertragspartner – beruht[65] oder dass der Tarifvertrag einer DGB-Gewerkschaft, wie der MTV der IG Metall, mit den Regelungen einer nicht zum DGB gehörenden Gewerkschaft, wie der CGM, kollidiert.[66] Welcher Tarifvertrag auf das Arbeitsverhältnis der einzelnen Arbeitnehmer anwendbar ist, richte sich danach, welcher Gewerkschaft die betreffende Person angehört. Für das IG Metall-Mitglied A wäre dann nur der MTV anwendbar. Da A danach nur 35 Wochenstunden arbeiten musste, läge keine zur Abmahnung berechtigende Pflichtverletzung vor.

49 Wägt man die Argumente beider Positionen gegeneinander ab, hat insbesondere die Kritik der Literatur hohes Gewicht, dass der Grundsatz der Tarifeinheit die

---

[62] Allgemein wird erwartet, dass zumindest der 4. Senat des BAG an dieser Rechtsprechung nicht festhalten wird. Mehrere im März 2007 terminierte Verfahren, in denen die Änderung hätte vollzogen werden können, erledigten sich jedoch durch Antragsrücknahme. Vgl. *BAG*, Pressemitteilung vom 16. 3. 2007.
[63] Im Gegensatz zu der unter I. behandelten Konstellation gibt es hier aufgrund der Verdrängungswirkung des Grundsatzes der Tarifeinheit keine gegenüber dem Arbeitsvertrag vorrangige tarifliche Regelung, so dass sich die Frage der Anwendung des Günstigkeitsprinzips insoweit nicht stellt.
[64] *LAG Sachsen* vom 13. 11. 2001, ArbuR 2002, 310, 311 ff.; *LAG Hessen* vom 2. 5. 2003, NZA 2003, 679, 680 f.; vgl. zur Abgrenzung von Konstellationen, in denen mehrere, an unterschiedliche Anwendungsvoraussetzungen anknüpfende Tarifwerke derselben Gewerkschaft scheinbar eine Konkurrenzsituation begründen, auch *LAG Berlin* vom 31. 3. 1994, ZTR 1994, 330 f.
[65] *Thüsing/v. Medem*, ZIP 2007, 510, 515; wohl auch, wenngleich vielfach differenzierend, *Löwisch/Rieble*, TVG, § 4 Rn. 144 ff. (sog. „gewillkürte Tarifpluralität").
[66] *Kania*, DB 1996, 1921, 1922 f.; *Schaub*, RdA 2003, 378, 380.

durch Art. 9 III GG verbürgte Koalitionsfreiheit derjenigen Gewerkschaften sowie ihrer Mitglieder beeinträchtigt, deren Tarifverträge verdrängt werden und die faktisch auf den Status Nichtorganisierter zurückfallen. Eine weitere Beeinträchtigung der Koalitionsfreiheit resultiert daraus, dass die Mitglieder, deren Tarifvertrag verdrängt wird, zum Gewerkschaftswechsel ermuntert werden, um nach dem Wechsel wieder den Schutz durch eine Gewerkschaft zu erlangen. Im Ergebnis kann dies dazu führen, dass einer bestimmten Gewerkschaft der Zugang zu bestimmten Unternehmen oder – in Extremfällen – zu ganzen Wirtschaftszweigen versperrt wird. Zwar versucht das BAG diese Bedenken mit dem Argument zu entkräften, dass die Koalitionsfreiheit nur in ihrem Kernbereich geschützt und die Erwartung des einzelnen Koalitionsmitglieds, von dem von seiner Gewerkschaft geschlossenen Tarifvertrag tatsächlich profitieren zu können, nicht zum geschützten Kernbereich zu rechnen sei.[67] Angesichts des Umstands, dass das BAG – im Einklang mit der nahezu allgemeinen Ansicht – die Kernbereichslehre im Übrigen nicht mehr vertritt,[68] ist diese Argumentationsweise jedoch inkonsequent.

Ebenfalls inkonsequent ist es, den Grundsatz der Tarifeinheit mit dem Hinweis zu rechtfertigen, dass der Arbeitgeber vor unüberwindliche praktische Schwierigkeiten gestellt werde, wenn er mehrere unterschiedliche Tarifverträge in demselben Betrieb anwenden müsse, da die dann notwendigen Differenzierungen die mit dem Abschluss von Tarifverträgen angestrebten Rationalisierungs- und Effizienzgewinne zunichte mache.[69] Abgesehen davon, dass reine Zweckmäßigkeitserwägungen eine Einschränkung von Grundrechten kaum rechtfertigen können,[70] lassen sich die beschriebenen Nachteile auch mit Hilfe des Grundsatzes der Tarifeinheit nicht vollständig ausschließen, da dessen Befürworter zahlreiche Ausnahmefälle anerkennen, in denen mehrere Tarifverträge nebeneinander anwendbar sein sollen. Letzteres wurde z.B. bei der Fortgeltung mehrerer Tarifverträge nach einem Betriebsübergang,[71] bei einer durch einen lediglich nach § 4 V TVG nachwirkenden Tarifvertrag hervorgerufenen Konkurrenzsituation[72] oder im Einzelfall auch bei konkurrierenden Tarifverträgen mit unterschiedlichem personellen Geltungsbereich[73] angenommen.

Entkräften lassen sich auch die weiteren befürchteten Konsequenzen einer Preisgabe des Grundsatzes der Tarifeinheit. Die Sorge, dass Arbeitnehmer zum „Gewerkschafts-Hopping" animiert würden, um in den Genuss des günstigsten Tarifvertrages zu kommen,[74] ist ein Scheinproblem, da der Gewerkschaftwechsel wegen § 3 III TVG nicht automatisch zur Geltung des von der den Arbeitnehmer aufnehmenden Gewerkschaft abgeschlossenen Tarifvertrages führt und man erwägen könnte, die in der Person des Arbeitnehmers begründete konkurrierende Bindung an zwei Tarifverträge nach dem Prioritätsprinzip zu Gunsten einer Bindung an den Tarifvertrag derjenigen Koalition zu lösen, welcher der Arbeitnehmer zuerst angehörte.[75] Auch der durch zurückliegende Arbeitskämpfe belegten Gefahr einer

---

[67] BAG vom 20. 3. 1991, NZA 1991, 736, 739.
[68] BAG vom 14. 12. 2004, NZA 2005, 697, 704; dem folgend ErfKomm/*Dieterich*, Art. 9 GG Rn. 41; umfassend dazu auch *Gamillscheg*, S. 226 ff.
[69] So insbesondere *Säcker/Oetker*, ZfA 1993, 1, 12 f.
[70] Ablehnend auch Kempen/Zachert/*Wendeling-Schröder*, § 4 Rn. 161 m.w.N.; Däubler/*Zwanziger*, TVG, § 4 Rn. 944.
[71] BAG vom 21. 2. 2001, NZA 2001, 1318, 1323.
[72] BAG vom 28. 5. 1997, NZA 1998, 40, 43 f.; vgl. hierzu auch Däubler/*Zwanziger*, TVG, § 4 Rn. 949.
[73] BAG vom 26. 1. 1994, NZA 1994, 1038, 1041 f.
[74] Vgl. *Meyer*, NZA 2006, 1387, 1389; *ders.*, DB 2006, 1271.
[75] *Rieble*, Arbeitsmarkt und Wettbewerb, 1996, Rn. 1814; *Thüsing/v. Medem*, ZIP 2007, 510, 514.

Lähmung der Wirtschaft durch zwangsläufig steigende Arbeitskampfaktivitäten, wenn mehrere Gewerkschaften Tarifverträge durchsetzen wollen,[76] könnte ggfs. durch eine extensive Interpretation der Friedenspflicht oder durch die Einführung schuldrechtlicher Nebenpflichten, welche von den Gewerkschaften die zeitliche Koordination der Verhandlungen und Kampfmaßnahmen fordert, begegnet werden.[77] Schließlich trägt auch die Behauptung nicht, die Anwendung mehrerer Tarifverträge nebeneinander führe zu unlösbaren Problemen im Betriebsverfassungsrecht, da infolge der Tarifpluralität für Teile der Belegschaft Tarifverträge zur Geltung kommen und die den Arbeitnehmer schützende betriebliche Mitbestimmung in sozialen Angelegenheiten nach § 87 I BetrVG ausschließen könnten, die ein vergleichbares Schutzniveau nicht bieten.[78] Abgesehen davon, dass die Grundsätze der Tarifeinheit und Spezialität nicht zwangsläufig verbürgen, dass gerade der Tarif zur Anwendung kommt, der Regelungen der sozialen Angelegenheiten enthält, verkehrt diese Behauptung den Zweck des § 87 I BetrVG, der die Tarifautonomie und nicht die betriebliche Mitbestimmung vor konkurrierenden kollektivvertraglichen Regelungen schützen soll, in sein Gegenteil.[79] Der Grundsatz der Tarifeinheit ist somit abzulehnen.

52 Da A nicht an den CGM-FTV gebunden ist, war er nicht verpflichtet, länger als 35 Wochenstunden zu arbeiten.

3. Ergebnis

53 Mangels arbeitsvertraglicher Pflichtverletzung darf P den A nicht abmahnen.

---

[76] *Meyer*, DB 2006, 1271, 1272; ebenso, wenn auch den Grundsatz der Tarifeinheit ablehnend, *Bayreuther*, BB 2005, 2633, 2640 ff.
[77] *Thüsing/v. Medem*, ZIP 2007, 510, 515.
[78] *Heinze/Ricken*, ZfA 2001, 159, 175 ff.; *Meyer*, NZA 2006, 1387, 1390 ff.
[79] *Thüsing/v. Medem*, ZIP 2007, 510, 513; ablehnend auch Kempen/Zachert/*Wendeling-Schröder*, § 4 Rn. 163. Vgl. zum Schutzzweck des § 87 I BetrVG auch Richardi/*Richardi*, § 87 Rn. 143.

Fall 3. Der Tarifvertrag – eine unendliche Geschichte?

Nach BAG vom 15. 11. 2006, NZA 2007, 448 ff.; BAG vom 15. 10. 2003, NZA 2004, 387 ff.; BAG vom 13. 12. 1995, NZA 1996, 769 ff. sowie BAG vom 24. 2. 1987, NZA 1987, 639 ff.

Sachverhalt

Die G-GmbH & Co. KG (G) betreibt in der niedersächsischen Stadt Osnabrück eine Großbäckerei mit 300 Beschäftigten. Bis zum 31. 12. 2005 war sie Mitglied des Landesinnungsverbandes für das niedersächsische Bäckerhandwerk, mit dem die zuständige Gewerkschaft Nahrung-Genuss-Gaststätten (NGG) bereits 1997 einen für das Gebiet des Bundeslandes Niedersachsen geltenden Manteltarifvertrag (MTV) geschlossen hatte, der in § 6 die Zahlung eines Weihnachtsgeldes i. H. v. 60 % eines Brutto-Monatsverdienstes vorsah. Der Tarifvertrag wurde von der Innung mit Wirkung zum 31. 12. 2004 gekündigt. Ein neuer Tarifvertrag wurde bislang nicht abgeschlossen.

Nachdem G den Arbeitgeberverband verlassen hatte, zahlte sie für die Jahre 2007 und 2008 kein Weihnachtsgeld mehr aus. Die Angestellte A, die Mitglied der NGG ist und ein monatliches Bruttoeinkommen von 2.500 € bezieht, zeigt sich ob dieser Vorgehensweise von G empört. Sie meint, auch weiterhin einen Anspruch auf Zahlung des Weihnachtsgeldes zu haben, da die Normen des MTV immer noch anzuwenden seien. G beruft sich demgegenüber darauf, dass der Tarifvertrag ausgelaufen sei, sie den Verband verlassen habe und es daher überhaupt keine Anhaltspunkte mehr für eine Tarifbindung gebe. Sie könne nicht ewig an einen uralten Tarifvertrag, der die aktuellen Gegebenheiten ihrer Branche gar nicht mehr zutreffend abbilde, gebunden sein. Hielte man sie an dem Tarifvertrag fest, sei ihre Koalitionsfreiheit verletzt.

Angesichts der sich abzeichnenden gerichtlichen Auseinandersetzung mit A und anderen Arbeitnehmern möchte G zumindest für die Zukunft eine verläßliche Rechtsgrundlage für die Gewährung des Weihnachtsgeldes und anderer Gratifikationen schaffen. Zu diesem Zweck tritt sie an den im Betrieb gebildeten Betriebsrat heran, um eine Betriebsvereinbarung abzuschließen. Nach dem Verhandlungsangebot der G soll das ehemals tariflich geregelte Weihnachtsgeld um 25 % gekürzt, das tarifliche Urlaubsgeld, welches bislang 25 % eines Brutto-Monatsgehalts betrug, im Gegenzug für alle Mitarbeiter, die mindestens eine Betriebszugehörigkeit von 10 Jahren aufweisen, um 30 % erhöht werden. Der Betriebsrat weist diese Offerte kategorisch zurück, da es weder seine Aufgabe sein könne, einzelnen Mitarbeitern „in die Tasche zu greifen", noch, anhand der komplizierten Zahlenverhältnisse auszurechnen, mit welchen Regelungen die Belegschaft insgesamt „besser fahre".

G beauftragt daraufhin Rechtsanwalt R mit einer gutachterlichen Prüfung der Fragen, ob sie gegenüber A zur Zahlung des Weihnachtsgeldes verpflichtet ist und welche Möglichkeiten sie, die G, besitzt, um doch noch den Abschluss einer Betriebsvereinbarung mit dem vorgestellten Inhalt zu erreichen. Was wird R antworten?

Gliederung

	Rn.
I. Anspruch A gegen G auf Weihnachtsgeldzahlung für die Jahre 2007 und 2008	1
1. Arbeitsverhältnis zwischen A und G	2
2. Bindung der Arbeitsvertragsparteien an den MTV	3
a) Wirksamkeit des MTV – Tariffähigkeit des Landesinnungsverbandes	4
b) Eröffnung des räumlichen und fachlichen Geltungsbereichs des MTV	5
c) Beiderseitige Tarifgebundenheit der Arbeitsvertragsparteien und zeitlicher Geltungsbereich des MTV	7
aa) Tarifbindung der Arbeitsvertragsparteien nach § 3 I, III TVG ..	8
bb) Nachwirkung der Tarifnormen nach § 4 V TVG	9
(1) Anwendbarkeit der Norm bei Verbandsaustritt im Nachwirkungsstadium	10
(2) Voraussetzungen der Nachwirkung	17
(3) Begrenzung der Nachwirkung durch teleologische Reduktion des § 4 V TVG	18
(4) Zwischenergebnis	26
3. Tarifvertragliche Voraussetzungen für die Weihnachtsgeldzahlung	27
4. Ergebnis	28
II. Weitere Vorgehensweise zum Abschluss der Betriebsvereinbarung	29
1. Zulässigkeit des Einigungsstellenverfahrens	30
a) Zuständigkeit der Einigungsstelle	31
b) Statthafter Verfahrensgegenstand, § 76 V 1 i. V. m. § 87 II BetrVG ...	32
aa) Mitbestimmungsrecht des Betriebsrats nach § 87 I Nr. 10 BetrVG	33
bb) Ausschluss des Mitbestimmungsrechts nach § 77 III BetrVG	36
c) Einlassungszwang des Betriebsrats der G	40
d) Antrag der G zur Einleitung des Einigungsstellenverfahrens	44
e) Zwischenergebnis	45
2. Errichtung der Einigungsstelle	46
3. Ergebnis	47

Lösung

I. Anspruch A gegen G auf Weihnachtsgeldzahlung für die Jahre 2007 und 2008

1 A könnte gegen G einen Anspruch auf Zahlung des Weihnachtsgeldes für die Jahre 2007 und 2008 i. H. v. insgesamt 3.000 € brutto aus dem Arbeitsvertrag i. V. m. § 6 MTV haben.

1. Arbeitsverhältnis zwischen A und G

Von der Existenz des für die Entstehung des Zahlungsanspruchs notwendigen 2 Arbeitsverhältnisses zwischen A und G ist nach den Angaben des Sachverhalts auszugehen.

2. Bindung der Arbeitsvertragsparteien an den MTV

Erforderlich ist weiterhin, dass auf das zwischen A und G bestehende Arbeits- 3 verhältnis die Vorschriften des MTV Anwendung finden. Dies ist nach § 4 I TVG hinsichtlich tariflicher Regelungen über den Inhalt von Arbeitsverhältnissen, zu denen auch die Vereinbarung über die Zahlung eines Weihnachtsgelds gehört, dann der Fall, wenn überhaupt ein wirksamer Tarifvertrag zustande gekommen ist, das Arbeitsverhältnis in den Geltungsbereich dieses Tarifvertrages fällt und beide Arbeitsvertragsparteien tarifgebunden sind.

a) Wirksamkeit des MTV – Tariffähigkeit des Landesinnungsverbandes

Bedenken gegen die Wirksamkeit des MTV bestehen allenfalls im Hinblick auf die 4 Tariffähigkeit, also die Fähigkeit der Vertragsschließenden, Tarifverträge mit normativer Wirkung für die Tarifgebundenen abschließen zu können.[1] Tariffähig sind nach § 2 I TVG Gewerkschaften, einzelne Arbeitgeber und Vereinigungen von Arbeitgebern. Während die Tariffähigkeit der NGG aufgrund ihres Gewerkschaftsstatus zu bejahen ist, mag man hinsichtlich des Landesinnungsverbands für das niedersächsische Bäckerhandwerk zweifeln, ob es sich um einen Arbeitgeberverband i. S. v. § 2 I TVG handelt, da Handwerksinnungen vielfältige Aufgaben, etwa die Förderung des Handwerks oder die Beteiligung an der Gesellenausbildung, zugewiesen sind, so dass sich ihre Funktion kaum auf diejenige der kollektiven Wahrnehmung von Arbeitgeberinteressen reduzieren lässt. Letztlich können diese Zweifel allerdings dahinstehen, da § 82 S. 2 Nr. 3 HandwO den Landesinnungsverbänden und damit auch dem Verband für das niedersächsische Bäckerhandwerk die Tariffähigkeit ausdrücklich verleiht. Der MTV ist somit wirksam abgeschlossen worden.

b) Eröffnung des räumlichen und fachlichen Geltungsbereichs des MTV

Ferner müsste das Arbeitsverhältnis zwischen A und G vom Geltungsbereich des 5 MTV erfasst, der Tarifvertrag also insbesondere in räumlicher und fachlicher Hinsicht anwendbar sein.

Der räumliche Geltungsbereich des Tarifvertrages, also die Festlegung der geo- 6 graphischen Grenzen für die Anwendbarkeit der tariflichen Normen,[2] ist unproblematisch betroffen, da der MTV niedersachsenweit gilt und der Ort des Betriebes, in dem A arbeitet, in diesem Bundesland liegt. Auch in fachlicher Hinsicht ist der MTV einschlägig, da als Anknüpfung hierfür regelmäßig – dem Industrieverbandsprinzip folgend – auf die fachliche Ausrichtung des Betriebes abzustellen ist.[3] Insoweit kann, da die Landesinnung für das Bäckerhandwerk den MTV abgeschlossen hat, dessen Geltung für Bäckereibetriebe und damit für den Betrieb der G unterstellt werden. In fachlicher und räumlicher Hinsicht erfasst der MTV daher das Arbeitsverhältnis zwischen A und G.

---

[1] Vgl. zum Begriff der Tariffähigkeit nur Kempen/Zachert/*Kempen*, § 2 Rn. 3; *Löwisch/Rieble*, TVG, § 2 Rn. 1.
[2] Däubler/*Deinert*, TVG, § 4 Rn. 201 f.; *Löwisch/Rieble*, TVG, § 4 Rn. 68, 70.
[3] Kempen/Zachert/*Stein*, § 4 Rn. 100; *Löwisch/Rieble*, TVG, § 4 Rn. 76.

c) Beiderseitige Tarifgebundenheit der Arbeitsvertragsparteien und zeitlicher Geltungsbereich des MTV

7   Zweifelhaft könnte infolge des Umstands, dass die Landesinnung den MTV mit Wirkung zum 31. 12. 2004 gekündigt hat und in der Folge die G aus der Landesinnung ausgetreten ist, sowohl die Tarifgebundenheit der Arbeitsvertragsparteien als auch – hiermit zusammenhängend – die zeitliche Anwendbarkeit des MTV in den für die Gewährung des Weihnachtsgeldes relevanten Jahren 2007 und 2008 sein.

aa) Tarifbindung der Arbeitsvertragsparteien nach § 3 I, III TVG

8   Tarifgebunden sind ausweislich § 3 I TVG die Mitglieder der Tarifvertragsparteien sowie beim Firmentarifvertrag der einzelne Arbeitgeber. Da sowohl die A als Mitglied der Gewerkschaft NGG als auch G als Mitglied der Landesinnung ursprünglich zu den Mitgliedern der Tarifvertragsparteien gehörten, die den MTV schlossen, ist die beiderseitige (ursprüngliche) Tarifgebundenheit der Arbeitsvertragsparteien gegeben. Zu beachten ist jedoch, dass nach § 3 III TVG die Tarifgebundenheit nur bis zum Ende des Tarifvertrages besteht. Beendet wird ein Tarifvertrag u. a. durch Kündigung.[4] Folglich ist grundsätzlich zusammen mit der Kündigung des MTV durch die Landesinnung, gegen deren Wirksamkeit keine Bedenken bestehen, die Tarifbindung für das Arbeitsverhältnis zwischen A und G mit Wirkung zum 31. 12. 2004 entfallen, so dass A ihren Anspruch auf Gewährung des Weihnachtsgeldes für die Jahre 2007 und 2008 eigentlich nicht mehr auf § 6 MTV stützen kann.

bb) Nachwirkung der Tarifnormen nach § 4 V TVG

9   Eine abweichende Beurteilung könnte allerdings aufgrund der Regelung des § 4 V TVG geboten sein, wonach die normativen Bestimmungen eines Tarifvertrages auch nach dessen Ablauf weitergelten, bis sie durch eine andere Abmachung ersetzt werden.

(1) Anwendbarkeit der Norm bei Verbandsaustritt im Nachwirkungsstadium

10   Dazu müsste die genannte Vorschrift in der vorliegenden Konstellation, in der eine der ursprünglich tarifgebundenen Arbeitsvertragsparteien im Stadium der Nachwirkung des Tarifvertrages aus der tarifschließenden Koalition ausgetreten ist, überhaupt anwendbar sein.

11   Dies wird teilweise mit dem Argument bestritten, dass die Bindung an einen Tarifvertrag grundsätzlich durch die Mitgliedschaft in einer Koalition legitimiert sein müsse.[5] Gemäß § 3 III TVG markiere die Beendigung des Tarifvertrages die äußerste zeitliche Grenze für dessen weitere Geltung.[6] Diese Grenze müsse auch in Fällen beachtlich sein, in denen die Mitgliedschaft erloschen ist. Entsprechend handle es sich bei § 3 III TVG um eine Spezialvorschrift im Vergleich zu § 4 V TVG mit der Folge, dass die letztgenannte Vorschrift nach Beendigung der Weitergeltung nicht mehr anwendbar sei. Für diese Position wird ferner der Zweck des Instruments der Nachwirkung nach § 4 V TVG angeführt. Dieses habe im Wesentlichen zwei Funktionen. Zum einen soll die Nachwirkung den Zeitraum bis zum

---

[4] *Löwisch/Rieble*, TVG, § 1 Rn. 507 ff.; *Kempen/Zachert/Stein*, § 4 Rn. 131 ff.
[5] LAG Köln vom 25. 10. 1989, NZA 1990, 502; *Löwisch/Rieble*, Anm. zu BAG vom 18. 3. 1992, AP Nr. 13 zu § 3 TVG (Bl. 1137 f.); *Schwab*, BB 1994, 781 f.; *Thüsing/Lambrich*, RdA 2002, 193, 203.
[6] *Buchner*, RdA 1997, 259, 260 f.; *Schwab*, BB 1994, 781, 782; *Thüsing/Lambrich*, RdA 2002, 193, 203.

Fall 3. Der Tarifvertrag – eine unendliche Geschichte? 41

Abschluss eines neuen Tarifvertrages überbrücken (sog. „Überbrückungsfunktion"); zum anderen soll durch die Nachwirkung der Tarifregelungen der Inhalt des Arbeitsverhältnisses bis zum Abschluss eines neuen Tarifvertrages erhalten bleiben, um zu verhindern, dass zeitweise Regelungslücken im Arbeitsvertrag entstehen (sog. „Inhaltsschutzfunktion").[7] Jedenfalls die Überbrückungsfunktion werde obsolet, wenn im konkreten Fall der Abschluss eines neuen Tarifvertrages nicht in Betracht kommt, weil ein solcher Vertrag mangels Koalitionsmitgliedschaft für die Gestaltung der Arbeitsbedingungen in dem Unternehmen des aus der Koalition ausgetretenen Arbeitgebers ohnehin keine Bedeutung erlangt.[8] Sei § 4 V TVG in der beschriebenen Konstellation ohnehin funktionslos, müsse diese Norm unangewendet bleiben. A hätte dann mangels Tarifbindung keinen Anspruch auf Weihnachtsgeldzahlung in den Jahren 2007 und 2008.

Das BAG und zahlreiche Stimmen in der Literatur zählen demgegenüber die 12 beiderseitige Tarifgebundenheit nicht zu den Voraussetzungen für die Anwendung des § 4 V TVG, so dass eine Nachwirkung tariflicher Regelungen auch nach der Beendigung des Tarifvertrages und nach einem Verbandsaustritt des Arbeitgebers in Betracht kommt.[9] Auf Basis dieser Sichtweise ließe sich, sofern die tatbestandlichen Voraussetzungen der genannten Vorschrift gegeben sind, eine Tarifbindung von A und G als Grundlage für einen Anspruch auf Weihnachtsgeldzahlung bejahen.

Für die letztgenannte Position lassen sich die gewichtigeren Argumente anführen. 13 Der Gegenansicht ist zwar grundsätzlich dahingehend zuzustimmen, dass eine besondere Legitimation erforderlich ist, wenn ein Rechtssubjekt an eine zwischen Dritten abgeschlossene Vereinbarung gebunden sein soll. Diese Legitimation muss sich aber nicht zwingend aus der Verbandszugehörigkeit eines Koalitionsmitglieds ergeben. Sie kann vielmehr, wie die Regelungen über die Allgemeinverbindlichkeit von Tarifverträgen (§ 5 TVG) zeigen, auch unmittelbar aus dem Gesetz folgen oder aus einer auf dem Gesetz beruhenden Entscheidung resultieren. Einen derartigen eigenständigen Legitimationsgrund für die Tarifbindung kraft Gesetzes schafft § 4 V TVG.

Auch mit dem Gesetzeszweck lässt sich kaum begründen, warum § 3 III TVG lex 14 specialis zu § 4 V TVG sein soll. Gegen ein derartiges Spezialitätsverhältnis spricht bereits, dass beide Vorschriften unterschiedliche Regulierungsziele verfolgen. § 3 III TVG dient, im Gegensatz zu § 4 V TVG, nicht der Überbrückung einer „tarifvertragslosen" Zeitspanne, sondern im Wesentlichen dem Bestandsschutz der Koalitionen. Deren Mitgliedern soll durch diese Regelung der Anreiz genommen werden, aus der Koalition auszutreten, nur um sich der Wirkungen eines nachteiligen oder lästigen Tarifvertrages zu entledigen.[10] Divergiert jedoch die ratio beider Vorschriften so erheblich, ist es naheliegender, dass beide Normen nebeneinander anwendbar sind, statt dass eine von ihnen die andere verdrängt.

Letztlich greift auch die Überlegung zu kurz, dass der Überbrückungsfunktion als 15 wesentlichem Regelungszweck des § 4 V TVG beim Verbandsaustritt im Nachwirkungsstadium in Ermangelung eines Folgetarifvertrages keine Bedeutung zukomme. Wie bereits ausgeführt, verfolgt § 4 V TVG einen doppelten Zweck, da durch diese Vorschrift auch vermieden werden soll, dass das Arbeitsverhältnis infolge des Weg-

---

[7] Vgl. zu den beiden Funktionen der Nachwirkung nur ErfKomm/*Franzen*, § 4 TVG Rn. 50; *Löwisch/Rieble*, TVG, § 4 Rn. 372 ff.
[8] *Lieb*, NZA 1994, 337, 338.
[9] BAG vom 18. 3. 1992, NZA 1992, 700, 701; BAG vom 13. 12. 1995, NZA 1996, 769, 771 f.; BAG vom 15. 10. 2003, NZA 2004, 387, 388 f.; *Däubler*, NZA 1996, 225, 227 f.; ErfKomm/*Franzen*, § 4 TVG Rn. 60; Wiedemann/*Wank*, § 4 Rn. 338 f.
[10] *Herschel*, ZfA 1973, 183, 192; vgl. ferner Wiedemann/*Oetker*, § 3 Rn. 58 ff.

falls der Geltung der tariflichen Regelungen inhaltsleer wird und Regelungslücken entstehen.[11] Ein Bedürfnis für einen derartigen Inhaltsschutz des Arbeitsverhältnisses bis zu einer neuen Regelung der Arbeitsbedingungen besteht generell nach dem Ende der normativen Wirkung des Tarifvertrages und unabhängig davon, ob der Arbeitgeber im Nachwirkungszeitraum aus dem tarifschließenden Verband austritt oder nicht.

16 § 3 III TVG kann daher nicht als lex specialis im Vergleich zu § 4 V TVG angesehen werden und die letztgenannte Vorschrift folglich auch nicht verdrängen.

(2) Voraussetzungen der Nachwirkung

17 Da es sich bei der Regelung in § 6 MTV, wie zuvor gezeigt,[12] um eine normativ wirkende Tarifbestimmung handelt und weder zwischen der NGG und der Landesinnung ein neuer Tarifvertrag, noch zwischen den Arbeitsvertragsparteien A und G eine neue Regelung über die Gewährung eines Weihnachtsgeldes zustande gekommen ist, liegen auch die tatbestandlichen Voraussetzungen der Nachwirkung vor.

(3) Begrenzung der Nachwirkung durch teleologische Reduktion des § 4 V TVG

18 Als Rechtsfolge bestimmt § 4 V TVG die Fortgeltung der Tarifnormen bis zum Abschluss einer Neuregelung. In Fällen, in denen eine derartige Neuregelung nicht zustande kommt, könnte die Nachwirkung nach dem Wortlaut der Norm zeitlich unbegrenzt gelten. Die damit verbundene Konsequenz, dass eine Arbeitsvertragspartei möglicherweise über viele Jahre hinweg an einen Tarifvertrag gebunden ist, obwohl die Koalitionsmitgliedschaft, welche die Bindung ursprünglich legitimierte, erloschen ist, erscheint bedenklich. Zum einen ist der Rechtsordnung, wie § 624 S. 1 BGB oder die Grundsätze über die Unabdingbarkeit der Befugnis zur außerordentlichen Kündigung von Dauerschuldverhältnissen (§ 314 BGB)[13] belegen, die Wertentscheidung zu entnehmen, dass die zeitlich unbegrenzte vertragliche Bindung eines Rechtssubjekts regelmäßig unangemessen und damit unwirksam ist. Untersagt die Rechtsordnung in den genannten Beispielen eine überlange Bindung selbst hinsichtlich solcher Verpflichtungen, die ein Rechtssubjekt durch eine eigene Willenserklärung begründet, könnte eine zeitlich unbegrenzte Bindung an Tarifverträge, welche die Koalitionen für ihre Mitglieder abschließen und die daher als Akt der Fremdbestimmung für den Gebundenen eine höhere Gefahr für die Handlungsfreiheit darstellen können als eine von ihm selbst verfasste Erklärung, erst recht unzulässig sein. Zum anderen steht die Bindung an einen Tarifvertrag, wenn die Koalitionsmitgliedschaft nicht mehr besteht, in einem Spannungsfeld zu der auch durch Art. 9 III GG geschützten negativen Koalitionsfreiheit, die das Recht verbürgt, Koalitionen fern zu bleiben.[14] Die Austrittsentscheidung des ehemaligen Koalitionsmitglieds wird deutlich entwertet, wenn es dauerhaft an einen nachwirkenden Tarifvertrag gebunden bleibt und die wesentlichen Rechtsfolgen, die mit der Koalitionsmitgliedschaft verbunden sind, trotz des Austritts fortbestehen.

19 Zur Auflösung dieses Spannungsfelds wird in der Literatur eine teleologische Reduktion des § 4 V TVG erwogen. Danach soll die Zeitdauer der Nachwirkung des Tarifvertrages auf ein angemessenes Maß, welches teils analog § 624 S. 2 BGB mit

---

[11] Vgl. dazu die Nachweise oben Fn. 7.
[12] Siehe oben Rn. 8.
[13] Vgl. dazu nur *BGH* vom 26. 5. 1986, NJW 1986, 3134 f.; MünchKomm-BGB/*Gaier*, § 314 Rn. 4; Palandt/*Grüneberg*, § 314 Rn. 3.
[14] *BAG (GS)* vom 29. 11. 1967, AP Nr. 13 zu Art. 9 GG; Maunz/Dürig/*Scholz*, Art. 9 Rn. 226.

einer Frist von sechs Monaten,[15] teils entsprechend § 613 a I 2 BGB mit einer Jahresfrist[16] und von wieder anderen Stimmen analog § 39 II BGB mit einer Frist von 2 Jahren[17] beziffert wird, begrenzt werden. Folgte man dem, wäre unabhängig davon, ob es für den Fristbeginn auf den Zeitpunkt des Koalitionsaustritts oder denjenigen der Beendigung des Tarifvertrages ankommt, nach den beiden erstgenannten Konzeptionen die Nachwirkung bereits vor der Entstehung des Weihnachtsgeldanspruchs für das Jahr 2007 entfallen, so dass A insgesamt kein Anspruch zustünde. Wäre dagegen eine Zweijahresfrist relevant, hätte A mangels Tarifbindung jedenfalls für das Jahr 2008 keinen Anspruch auf Zahlung des Weihnachtsgeldes. Ob ein derartiger Anspruch zumindest für das Jahr 2007 entstanden wäre, hängt dann von der Beantwortung der bereits aufgeworfenen Folgefrage ab, wann die Frist für die Begrenzung der Nachwirkung zu laufen beginnt. Basiert der Grundkonflikt, welcher die Begrenzung der Nachwirkung erst erforderlich macht, auf der Bindung an eine tarifliche Regelung, die nicht durch die Koalitionsmitgliedschaft vermittelt wird, wäre es konsequent, den Lauf der Frist in dem Augenblick beginnen zu lassen, in dem der Koalitionsaustritt wirksam wird. Beginn der Zweijahresfrist analog § 39 II BGB wäre dann gemäß § 187 I BGB der 1. 1. 2006, so dass die Nachbindung erst mit dem Ablauf des 31. 12. 2007 entfallen wäre (§ 188 II BGB) und A für das Jahr 2007 noch das Weihnachtsgeld beanspruchen könnte.

Überwiegend wird eine Befristung der Nachwirkung jedoch abgelehnt.[18] Hierfür spricht im Wesentlichen, dass sich die für die praktische Rechtsanwendung notwendige Präzisierung der Nachbindungsfrist kaum – wie bereits die Vielzahl der für eine Analogie zur Diskussion gestellten, ganz unterschiedlichen Fristenregelungen belegt – ohne Willkür erreichen lässt. Vor allem ist die wertungsmäßige Vergleichbarkeit zwischen der vorliegenden Konstellation und den Konfliktsituationen, deren Regulierung die übrigen gesetzlichen Fristenregelungen dienen, nur schwer nachzuweisen. 20

So mag man zwar § 39 II BGB den allgemeinen Rechtsgedanken entnehmen, dass kein Mitglied länger als zwei Jahre an einen Verein gebunden sein soll. Vorliegend geht es allerdings nicht um die Dauer der Bindung an einen Verband, sondern um die davon zu unterscheidende Frage, wie lange ein Verbandsmitglied an die während der Mitgliedschaft vom Verband begründeten Rechte und Pflichten gebunden sein soll. Dass beide Fragen nicht identisch beantwortet werden müssen, belegen z. B. die §§ 736 II BGB, 160 I HGB, wonach die Verantwortlichkeit von Gesellschaftern für die Begleichung von Gesellschaftsschulden weit über den Zeitpunkt des Austritts hinaus fortbestehen kann. 21

Auch die Jahresfrist des § 613 a I 2 BGB beruht auf Ausgangsbedingungen, die kaum mit der Situation der Tarifnachwirkung beim Verbandsaustritt vergleichbar sind. Die relativ kurz bemessene Jahresfrist für die Bindung des Betriebserwerbers an die im übernommenen Betrieb geltenden Betriebsvereinbarungen und Tarifverträge mag aufgrund der Erwägung gerechtfertigt sein, dass der Betriebserwerber auf 22

---

[15] *Däubler*, NZA 1996, 225, 227; *Hanau/Kania*, DB 1995, 1229, 1230.
[16] *Löwisch/Rieble*, TVG, § 4 Rn. 397 ff.; *Rieble*, RdA 1996, 151, 155; für Manteltarifverträge auch *Konzen*, NZA 1995, 913, 920.
[17] *Wiedemann/Oetker*, § 3 Rn. 94 m. w. N.; i. E. auch *Biedenkopf*, Grenzen der Tarifautonomie, 1964, S. 232, der die Zweijahres-Frist mit den seinerzeit geltenden Regelungen über die Wahlperiode des Betriebsrats begründet. Noch weitergehend wohl *Kittner*, ArbuR 1998, 469, 471, der mit dem Rechtsgedanken des § 160 HGB argumentiert und deshalb konsequenter Weise die Nachwirkung auf fünf Jahre begrenzen müsste.
[18] BAG vom 15. 10. 2003, NZA 2004, 387, 389; *Däubler*, TVG, Einleitung Rn. 117. Nach *BVerfG* vom 3. 7. 2000, NZA 2000, 947 f. begründet dies keinen Verstoß gegen die negative Koalitionsfreiheit.

den Inhalt dieser Kollektivverträge keinen Einfluss hatte und deshalb nicht übermäßig lange an sie gebunden sein soll. Das aus einer Koalition austretende Mitglied trägt demgegenüber sehr wohl eine Mitverantwortung für die von der Koalition während der Dauer der Mitgliedschaft abgeschlossenen Verträge, so dass auch eine über die Frist des § 613 a I 2 BGB hinausgehende Bindung angemessen sein kann.

23 Der Übertragbarkeit der Frist des § 624 S. 2 BGB ist schließlich entgegen zu halten, dass die dort normierte 6-Monats-Frist deutlich kürzer als die Kündigungsfristen bemessen ist, die typischerweise in Tarifverträgen vorgesehen sind. Ein sachlicher Grund oder ein schutzwürdiges Interesse, warum sich ein Koalitionsmitglied nach dem Verbandsaustritt binnen einer kürzeren Frist von dem Tarifvertrag lösen können soll, als der Verband dies bei einem laufenden Tarifvertrag selbst könnte, ist nicht ersichtlich.[19]

24 Des Weiteren besteht – unabhängig von der konkret gewählten Fristenlänge – in Sachverhaltsgestaltungen wie der vorliegenden, in denen sich nicht einzelne Arbeitnehmer, sondern ein Arbeitgeber nach dem Koalitionsaustritt gegen die unbegrenzte Nachwirkung eines Tarifvertrages wendet, kein nennenswertes Bedürfnis für eine Befristung der Rechtsfolgen des § 4 V TVG. Zwar lässt sich dieses Bedürfnis nur bedingt mit dem verbreiteten Hinweis leugnen, der Arbeitgeber habe die Möglichkeit, die Arbeitsbedingungen durch Abschluss eines Firmentarifvertrags oder durch den Ausspruch einer Vielzahl von Änderungskündigungen (§ 2 KSchG) anzupassen.[20] Denn zum einen führt auch der Abschluss des Firmentarifvertrages zu einer Tarifbindung, die der Arbeitgeber gerade durch seinen Verbandsaustritt vermeiden wollte. Zum anderen scheitert in der Praxis eine einheitliche Anpassung der Arbeitsbedingungen einer Vielzahl von Arbeitnehmern durch Änderungskündigungen regelmäßig daran, dass die soziale Rechtfertigung derartiger Kündigungen i. S. v. § 1 KSchG nur hinsichtlich eines Teils der Belegschaft gegeben ist und der Arbeitgeber häufig vor schwierige Probleme der Sozialauswahl gestellt wird. Entscheidend ist vielmehr, dass Tarifverträge notwendig von Zeit zu Zeit der Anpassung an die geänderten wirtschaftlichen Rahmenbedingungen bedürfen und auch tatsächlich angepasst werden. Derartige Änderungen führen nach nahezu unbestrittener Auffassung zur Beendigung der Tarifbindung,[21] so dass deshalb im Regelfall eine Befristung der Bindungswirkung nicht notwendig ist.

25 Eine Befristung der Nachwirkung tariflicher Normen im Falle des Verbandsaustritts des Arbeitnehmers durch eine teleologische Reduktion des § 4 V TVG ist daher abzulehnen.

(4) Zwischenergebnis

26 Die Arbeitsvertragsparteien A und G sind an die in § 6 MTV niedergelegten Regelungen über die Gewährung eines Weihnachtsgeldes gebunden.

---

[19] Eine gewisse Relativierung erfährt dieses Argument allerdings dadurch, dass nach § 624 S. 1 BGB der Ablauf einer fünfjährigen Laufzeit des zu kündigenden Vertrages Voraussetzung des Beginns der kurzen Frist ist. Wortlautgetreu wird man bei analoger Anwendung dieser Vorschrift auf den Fall der Nachwirkung insoweit auf die bereits verstrichene Laufzeit des Tarifvertrages und nicht auf die Dauer der Nachwirkung abstellen müssen. Diese Anforderung ist vorliegend allerdings erfüllt, da der zwischen Landesinnungsverband und NGG abgeschlossene MTV bereits aus dem Jahr 1997 stammt.

[20] So lassen z. B. *BVerfG* vom 3. 7. 2000, NZA 2000, 947, 948 und *Däubler*, TVG, Einleitung, Rn. 117 Änderungen der Arbeitsverträge im Nachwirkungszeitraum zu. Für die Zulässigkeit von Änderungskündigungen muss dann letztlich Gleiches gelten.

[21] *BAG* vom 18. 3. 1992, NZA 1992, 700, 701; *BAG* vom 7. 11. 2001, NZA 2002, 748, 749 f.; Wiedemann/*Oetker*, § 3 Rn. 98 ff., insb. Rn. 102 jeweils m. w. N.

3. Tarifvertragliche Voraussetzungen für die Weihnachtsgeldzahlung

Mangels entgegenstehender Angaben ist davon auszugehen, dass die Gewährung 27
des Weihnachtsgeldes nach § 6 MTV nur die Tätigkeit der Arbeitnehmer im Verlauf des Bezugszeitraums für den jeweiligen Arbeitgeber voraussetzt. Da A diese Anforderung erfüllt, steht ihr für die Jahre 2007 und 2008 der Anspruch auf Zahlung des Weihnachtsgeldes dem Grunde nach zu. Die Höhe des Anspruchs beträgt pro Jahr 60 % eines Bruttomonatsentgelts. Bei einem Monatsverdienst der A von 2.500 € brutto und einem Bezugszeitraum von zwei Jahren beläuft sich ihr Gesamtanspruch daher auf 3.000 € brutto.

4. Ergebnis

A hat gegen G aus dem Arbeitsvertrag i.V.m. § 6 MTV einen Anspruch auf 28
Zahlung von Weihnachtsgeld für die Jahre 2007 und 2008 i.H.v. insgesamt 3.000 € brutto.

II. Weitere Vorgehensweise zum Abschluss der Betriebsvereinbarung

G könnte zur Einleitung eines Verfahrens vor der Einigungsstelle nach § 76 V 1 29
BetrVG zu raten sein, da der Spruch der Einigungstelle nach der genannten Vorschrift in den Fällen des erzwingbaren Einigungsstellenverfahrens die Einigung zwischen Arbeitgeber und Betriebsrat ersetzt. Daher ist dieses Verfahren grundsätzlich geeignet, eine Einigung über den Abschluss der von G gewünschten Betriebsvereinbarung auch gegen den Willen des Betriebsrats herbeizuführen.

1. Zulässigkeit des Einigungsstellenverfahrens

Die Anrufung der Einigungsstelle müsste zulässig sein. 30

a) Zuständigkeit der Einigungsstelle

Hinsichtlich der Zuständigkeit der Einigungsstelle (§ 76 I 1 BetrVG) bestehen 31
keine Bedenken.

b) Statthafter Verfahrensgegenstand, § 76 V 1 i.V.m. § 87 II BetrVG

Bei der von G begehrten Ersetzung der Einigung über den Abschluss einer 32
Betriebsvereinbarung über die Gewährung tariflicher Sonderzahlungen müsste es sich um einen statthaften Verfahrensgegenstand handeln. Statthaft ist das zwingende Einigungsstellenverfahren nach § 76 V 1 BetrVG in Fällen, in denen der Spruch der Einigungsstelle die Einigung zwischen Arbeitgeber und Betriebsrat ersetzt. Ein solcher Fall ist ausweislich § 87 II 1, 2 BetrVG dann gegeben, wenn in Angelegenheiten der zwingenden Mitbestimmung i.S.v. § 87 I BetrVG keine Einigung zwischen Arbeitgeber und Betriebsrat erzielt werden kann. Entsprechend müsste hinsichtlich des Regelungsgegenstands der von G gewünschten Betriebsvereinbarung ein Mitbestimmungsrecht des Betriebsrats nach dem Katalog des § 87 I BetrVG oder einer anderen betriebsverfassungsrechtlichen Rechtsgrundlage bestehen.

aa) Mitbestimmungsrecht des Betriebsrats nach § 87 I Nr. 10 BetrVG

In Betracht kommt das Mitbestimmungsrecht in Fragen der betrieblichen Lohn- 33
gestaltung, § 87 I Nr. 10 BetrVG. Der Begriff des Lohns stellt ein Synonym zu

demjenigen des Arbeitsentgelts dar,[22] so dass – ohne Rücksicht auf die gewählte Bezeichnung – sämtliche Leistungen des Arbeitgebers erfasst sind, die als Gegenleistung für die Arbeitsleistung der Beschäftigten erbracht werden.[23] Auch mittelbar leistungsbezogene Vergütungsbestandteile wie Gratifikationen oder Jahressonderzahlungen dienen der Honorierung der Arbeitsleistung.[24] Bei dem Weihnachts- und Urlaubsgeld, das G auf Grundlage der Betriebsvereinbarung zahlen möchte, handelt es sich um eine derartige Sonderzahlung und somit um Lohn i. S. v. § 87 I Nr. 10 BetrVG.

34 Das Mitbestimmungsrecht nach § 87 I Nr. 10 BetrVG setzt des Weiteren voraus, dass nicht nur irgendeine lohnrelevante Regelung getroffen werden soll, sondern eine Frage der betrieblichen Lohngestaltung betroffen ist. Fragen der betrieblichen Lohngestaltung sind solche, welche der Aufstellung abstrakt-genereller Grundsätze zur Lohnfindung dienen, also einen über individuelle Entgeltvereinbarungen hinausgehenden kollektiven Tatbestand schaffen sollen.[25] Diesem kollektiven Erfordernis genügt die geplante Betriebsvereinbarung, da durch sie die Modalitäten der Gratifikationszahlung – und nicht nur die Gewährung der Gratifikation an sich – für sämtliche Arbeitnehmer der G nach allgemeinen Merkmalen geregelt werden sollen.

35 Zu Gunsten des Betriebsrats der G besteht daher grundsätzlich ein Mitbestimmungsrecht nach § 87 I Nr. 10 BetrVG.

bb) Ausschluss des Mitbestimmungsrechts nach § 77 III BetrVG

36 Dem Mitbestimmungsrecht könnte allerdings, da die von der geplanten Betriebsvereinbarung erfassten Regelungsgegenstände sowohl des Weihnachts- als auch des Urlaubsgeldes ursprünglich aufgrund eines Tarifvertrages gewährt wurden, § 77 III BetrVG entgegen stehen, wenn durch diese Vorschrift eine Betriebsvereinbarung als Regelungsinstrument ausgeschlossen wäre. Ob eine Regelung der Gratifikationen durch Betriebsvereinbarung tatsächlich unzulässig ist, hängt davon ab, in welchem Verhältnis § 87 I und § 77 III BetrVG zueinander stehen.

37 Vielfach wird § 77 III BetrVG als Instrument verstanden, welches die Tarifautonomie umfassend schützen und deshalb auch im Anwendungsbereich der zwingenden Mitbestimmungsrechte des § 87 I BetrVG uneingeschränkt Geltung beanspruchen soll (sog. „Zwei-Schranken-Theorie").[26] Diese, im Wesentlichen mit dem Wortlaut der §§ 77 III, 87 I BetrVG, der eine Ausnahme von der Regelungssperre für Betriebsvereinbarungen in Mitbestimmungsangelegenheiten nicht ausdrücklich vorsieht, begründete Auffassung führt dazu, dass eine Regelung durch Betriebsvereinbarung ausscheidet, sofern deren Regelungsgegenstand entweder tariflich geregelt ist oder zumindest üblicherweise durch Tarifvertrag geregelt wird. Folgte man dem, scheitert der Abschluss einer Betriebsvereinbarung vorliegend zwar nicht an einer entgegenstehenden tariflichen Regelung, da die Regelungen des

---

[22] *BAG* vom 30. 1. 1990, NZA 1990, 571, 573; *Fitting*, § 87 Rn. 412; Richardi/*Richardi*, § 87 Rn. 734.
[23] *BAG* vom 29. 2. 2000, NZA 2000, 1066, 1067; GK-BetrVG/*Wiese*, § 87 Rn. 821 ff.
[24] *BAG* vom 11. 2. 1992, NZA 1992, 702, 704; *Fitting*, § 87 Rn. 413 f.; GK-BetrVG/*Wiese*, § 87 Rdn. 823 (jeweils zu Jahressondervergütungen).
[25] *BAG* vom 28. 3. 2006, NZA 2006, 1367, 1368; *Fitting*, § 87 Rn. 417.
[26] *LAG Schleswig-Holstein* vom 20. 8. 1987, NZA 1988, 35, 36; *LAG Hamm* vom 7. 1. 1988, LAGE Nr. 3 zu § 77 BetrVG 1972; Wiedemann/*Wank*, § 4 Rn. 616 ff. Die im Anschluss an *Säcker*, ZfA Sonderheft 1972, S. 41, 65 geprägte Bezeichnung als „Zwei-Schranken-Theorie" ist allerdings missverständlich, da auch nach dieser Konzeption § 77 III BetrVG die einzige Schranke der betrieblichen Regelungsautonomie darstellt. Vgl. dazu GK-BetrVG/*Kreutz*, § 77 Rn. 139 m. w. N.

MTV nicht mehr normativ gelten, sondern nur noch nachwirken,[27] aber an dem Vorrang tariflicher Regelungen, da sich Vereinbarungen über Sonderzahlungen wie Weihnachts- oder Urlaubsgelder regelmäßig und branchenübergreifend in Tarifverträgen finden. Ist aber bereits der Abschluss einer Betriebsvereinbarung unzulässig, muss erst recht auch ein Einigungsstellenverfahren unterbleiben, welches mit dem Ziel der Erzwingung einer derartigen Vereinbarung betrieben wird.[28] Entsprechend könnte G mangels eines zwingenden Mitbestimmungsrechts ihres Betriebsrats nach § 87 I BetrVG die Einigungsstelle nicht anrufen.

Insbesondere die Rechtsprechung sieht § 87 I BetrVG dagegen als lex specialis im Verhältnis zu § 77 III BetrVG an, so dass Mitbestimmungsrechte durch den Abschluss einer Betriebsvereinbarung wahrgenommen werden können, soweit eine gesetzliche oder tarifliche Regelung nicht besteht (sog. „Vorrangtheorie").[29] Mit Hilfe des in § 77 III BetrVG enthaltenen, im Vergleich zu § 87 I BetrVG enger gefassten Merkmals der Tarifüblichkeit einer Regelung ließe sich bei diesem Verständnis eine Regelungssperre für Betriebsvereinbarungen nicht begründen. Somit könnte die von G gewünschte Betriebsvereinbarung abgeschlossen und auch ein Einigungsstellenverfahren zur Erzwingung dieser Regelung betrieben werden. 38

Wägt man die Argumente beider Konzeptionen gegeneinander ab,[30] spricht vor allem zweierlei für die letztgenannte Position: Zum einen wird die Tarifautonomie selbst dann, wenn man § 87 I BetrVG als im Vergleich zu § 77 III BetrVG vorrangige Regelung ansieht, nicht gefährdet, da es den Tarifvertragsparteien unbenommen bleibt, in den Fällen, in denen Betriebsvereinbarungen tarifübliche Vereinbarungen enthalten, nachträglich selbst abschließende inhaltsgleiche Regelungen zu treffen und so die Sperrwirkung nach § 87 I BetrVG auszulösen. Zum anderen besitzt die Prämisse der Gegenansicht, wonach zwar das Mitbestimmungsrecht des Betriebsrats fortbestehen soll, ihm aber der Abschluss von Betriebsvereinbarungen in diesem Bereich versagt sein soll,[31] wenig Überzeugungskraft. Die Mitbestimmungsrechte stellten nur noch eine leere Hülle dar, wenn das wesentliche Instrument zur Durchsetzung dieser Rechte ausgeschlossen wird.[32] Bei einem derartigen Verständnis hätten zahlreiche der Mitbestimmungsrechte aus dem Katalog des § 87 I BetrVG, insbesondere die Nummern 4 (Auszahlung des Arbeitsentgelts), 5 (allgemeine Urlaubsgrundsätze) und 10 (allgemeine Entlohnungsgrundsätze), kaum praktische Bedeutung, da insoweit, was auch dem Gesetzgeber bewusst gewesen sein muss, üblicherweise tarifliche Regelungen existieren. Da dem Gesetzgeber kaum unterstellt werden kann, er habe in solch großem Umfang weitgehend funktionslose Normen schaffen wollen, ist i. E. der Position der Rechtsprechung zu folgen, so dass der Abschluss einer Betriebsvereinbarung über Fragen des Urlaubs- und Weihnachtsgelds möglich und daher ein Einigungsstellenverfahren grundsätzlich zulässig ist. 39

c) Einlassungszwang des Betriebsrats der G

Die Durchführung des Einigungsstellenverfahrens könnte daher allenfalls noch an den Einwänden des Betriebsrats der G scheitern, die Belastung einzelner Mitarbeiter 40

---

[27] Vgl. GK-BetrVG/*Kreutz*, § 77 Rn. 114, 139 a. E.
[28] So konsequent GK-BetrVG/*Kreutz*, § 77 Rn. 139 a. E.
[29] *BAG* vom 24. 02. 1987, NZA 1987, 639, 640 f.; *BAG (GS)* vom 3. 12. 1991, NZA 1992, 749, 752 ff.
[30] Vgl. zu den einzelnen Argumenten oben Fall 1 Rn. 51 ff.
[31] Vgl. GK-BetrVG/*Kreutz*, § 77 Rn. 142.
[32] *BAG* vom 24. 2. 1987, NZA 1987, 639, 640 f.; zust. *Gast*, Anm. BB 1987, 1249; *Stege/Rinke*, DB 1991, 2386, 2389.

sei nicht seine Aufgabe und die Durchführung eines kollektiven Günstigkeitsvergleichs dahingehend, ob die von G gewünschte Betriebsvereinbarung günstiger als die ursprünglichen tariflichen Regelungen ist, sei ihm nicht zumutbar.

41 Hinsichtlich der Unzumutbarkeit des Günstigkeitsvergleichs für den Betriebsrat ist zunächst die Regelung des § 74 I 2 BetrVG zu beachten, wonach die Betriebsparteien über strittige Fragen mit dem ernsten Willen zur Einigung zu verhandeln und Vorschläge für die Beilegung der Streitigkeiten zu machen haben. Aus der Pflicht zur Verhandlung leitet sich eine gegenseitige Einlassungs- und Erörterungspflicht der Betriebsparteien sowie die weitere Pflicht, die Verständigung über strittige Fragen nicht durch eine Verweigerungshaltung zu lähmen, ab.[33] Dazu gehört insbesondere, dass die Betriebsparteien ihre Positionen begründen, die Argumente der Gegenseite prüfen und erkennbare Kompromissmöglichkeiten aufzeigen.[34] Angesichts dieser Pflichtenbindung könnte man die Ansicht vertreten, dass das Vorbringen des Betriebsrats zu pauschal gehalten ist, weil es nicht aufzeigt, welche konkreten Arbeitnehmer Verluste erleiden, und die Durchführung eines Günstigkeitsvergleichs per se abgelehnt wird.

42 Ob der Betriebsrat seiner Einlassungs- und Erörterungsverpflichtung genügt, kann allerdings vorliegend dahinstehen, da ein pflichtgemäßes Handeln des Betriebsrats keine Voraussetzung für die Durchführung des Einigungsstellenverfahrens darstellt.[35] Erst recht kann dann ein Verstoß des Betriebsrats gegen § 74 I 2 BetrVG nicht dazu führen, dass ein vom Arbeitgeber betriebenes Einigungsstellenverfahren unzulässig ist, da andernfalls jede Betriebspartei die ausdrücklich im Gesetz vorgesehene Möglichkeit, eine Betriebsvereinbarung im Einigungsstellenverfahren zu erzwingen, vereiteln könnte. Für diese Sichtweise spricht ferner, dass sowohl die Frage, ob einzelne Arbeitnehmer belastet werden als auch das Problem, ob die avisierte Regelung für die Gesamtheit der Belegschaft ungünstiger ist,[36] materielle Einwendungen sind, welche die von der Einigungsstelle im Rahmen der Prüfung der Begründetheit des Antrags vorzunehmende Ermessensentscheidung beeinflussen mögen, für die Zulässigkeit des Verfahrens jedoch unbeachtlich sind.

43 Das Vorbringen des Betriebsrats steht somit der Durchführung des Einigungsstellenverfahrens nicht entgegen.

d) Antrag der G zur Einleitung des Einigungsstellenverfahrens

44 Den nach § 76 V 1 BetrVG zur Verfahrenseinleitung erforderlichen Antrag des Arbeitgebers oder des Betriebsrats könnte G vorliegend noch stellen, da insoweit besondere Form- oder Fristerfordernisse nicht zu beachten sind.[37]

e) Zwischenergebnis

45 Das Einigungsstellenverfahren nach § 76 V 1 BetrVG ist zulässig.

---

[33] *Fitting*, § 74 Rn. 9; GK-BetrVG/*Kreutz*, § 74 Rn. 26 a. E.
[34] GK-BetrVG/*Kreutz*, § 74 Rn. 26 a. E.
[35] *LAG Niedersachsen* vom 25. 10. 2005, NZA-RR 2006, 142 f.; *Fitting*, § 74 Rn. 9 a. E.; GK-BetrVG/*Kreutz*, § 74 Rn. 28 m. w. N.
[36] Siehe dazu Fall 1 Rn. 9 ff.
[37] Vgl. dazu *Fitting*, § 76 Rn. 38. Ausnahmen gelten nur in den – hier nicht einschlägigen – Fällen der §§ 37 VI 5, 38 II 4 BetrVG.

2. Errichtung der Einigungsstelle

Schließlich müsste zur Entscheidung über den Antrag die Einigungsstelle, die **46** keine ständige Einrichtung ist, nach Maßgabe des § 76 I, II BetrVG ordnungsgemäß errichtet werden. Dazu müsste sich G mit dem Betriebsrat über die Person des Vorsitzenden der Einigungsstelle und die Zahl seiner Beisitzer einigen. Sofern, was angesichts des bisherigen Verhaltens des Betriebsrats nicht fernliegt, eine Einigung nicht zustande kommt, kann auf Antrag des G eine Bestellung des Vorsitzenden und die Festlegung der Zahl, nicht jedoch der Person der Beisitzer durch das Arbeitsgericht im Verfahren nach § 98 ArbGG erfolgen.[38] Nach Entsendung der vom Arbeitgeber, vorliegend also von G, zu bestellenden Beisitzer könnten diese für den Fall, dass der Betriebsrat die festgelegte Zahl der Beisitzer trotz der Entscheidung des Arbeitsgerichts nicht bestellt oder die bestellten Beisitzer der Sitzung fernbleiben, zusammen mit dem Einigungsstellenvorsitzenden über die gewünschte Betriebsvereinbarung entscheiden, § 76 V 2 BetrVG.

3. Ergebnis

G kann eine Regelung durch Einigungsstellenspruch, der den Charakter einer **47** Betriebsvereinbarung hat,[39] mit dem Betriebsrat im Rahmen des zwingenden Einigungsstellenverfahrens nach § 76 V 1 BetrVG erreichen.

---

[38] Weiterführend zu diesem Verfahren ErfKomm/*Eisemann/Koch*, § 98 ArbGG Rn. 1 ff.
[39] Vgl. dazu *Fitting*, § 76 Rn. 93.

Fall 4. Überlegungen des Vorstands

Nach BAG vom 18. 4. 2007, NZA 2007, 965 ff. sowie BAG vom 6. 11. 2007, NZA 2008, 542 ff.

Sachverhalt

Die Südbrunnen-AG (S) ist ein traditionsreiches, in Oberbayern ansässiges Unternehmen der Getränkeindustrie mit 320 Mitarbeitern, das Mineralwasser und Limonaden herstellt und vertreibt. Die Produktion und die Hauptverwaltung befinden sich im Münchener Stadtteil Obermenzing, der Vertrieb in München-Schwabing. S ist Mitglied des zuständigen Arbeitgeberverbandes Ernährung und Genuß. Der Vorstand der S möchte, um die Wettbewerbsfähigkeit des Unternehmens zu sichern, die Personalkosten deutlich reduzieren. Dabei denkt er in erster Linie daran, die seiner Ansicht nach zu kurzen tarifvertraglich festgesetzten Wochenarbeitszeiten (35-Stunden-Woche) auszudehnen. Da mit einer Änderung des geltenden Arbeitszeittarifvertrages (Manteltarifvertrag für die Getränkeindustrie mit der Gewerkschaft Nahrung-Genuss-Gaststätten – NGG) derzeit nicht zu rechnen ist, werden verschiedene Modelle zur Reduzierung der Arbeitskosten erwogen:

1. Die naheliegendste Lösung scheint dem Vorstand zunächst darin zu liegen, aus dem Arbeitgeberverband auszutreten. Das wird u. a. deshalb als vorzugswürdig angesehen, weil ohnehin nur 25 % der Belegschaft Mitglied der NGG sind, so dass man jedenfalls bei den übrigen 75 %, bei denen lediglich vertraglich auf die Tarifverträge der Getränkeindustrie in ihrer jeweils gültigen Fassung verwiesen wird, problemlos durch eine Betriebsvereinbarung zur 40-Stunden-Woche (ohne Lohnausgleich) zurückkehren könne. Der Betriebsrat sei im Hinblick auf die Gefahr einer Verlegung von Unternehmensteilen nach Tschechien zu einer solchen Regelung grundsätzlich bereit. Hinsichtlich der tarifgebundenen Arbeitnehmer könne dann versucht werden, diese angesichts der wirtschaftlichen Situation mehrheitlich zur Zustimmung zu einer Rückkehr zur 40-Stunden-Woche zu bewegen. Wahrscheinlich könne man auch insoweit den Betriebsrat einbinden.
2. Als Alternative oder auch kumulativ wird erwogen, den gesamten Vertrieb, der bisher schon im Betriebsteil München-Schwabing (50 Mitarbeiter) zusammengefasst ist, auszugliedern und auf eine neu gegründete 100 prozentige Tochtergesellschaft in der Rechtsform einer GmbH zu übertragen, die keinem Arbeitgeberverband beitreten solle. Damit könnte – so die Ansicht einiger Vorstandsmitglieder – die 35-Stunden-Woche jedenfalls für die Vertriebsmitarbeiter schnell beendet und die 40-Stunden-Woche wieder eingeführt werden. Ein Vorstandsmitglied rät demgegenüber dazu, dass die neu zu gründende GmbH durchaus dem für Vertriebsunternehmen zuständigen Arbeitgeberverband des Handels zur Herbeiführung der Tarifbindung beitreten solle. Die Arbeitnehmer würden sonst hinsichtlich ihres bisherigen Tarifvertrages Vertrauensschutz genießen. Der auch in der Lohnhöhe günstigere Verbandstarif-

vertrag zwischen dem Arbeitgeberverband des Handels und der H-Gewerkschaft sehe immerhin nicht die 35-, sondern die 38-Stunden-Woche vor.
3. In diesem Zusammenhang stellt sich für den Fall, dass die GmbH keinem Arbeitgeberverband beitritt, zudem die Frage, ob die Mitarbeiter, die in diese Gesellschaft übernommen werden, weiterhin Anspruch auf die nachfolgenden Tariflohnerhöhungen der Getränkeindustriebranche haben.
4. Schließlich wird im Vorstand die Frage erörtert, ob der Betriebsrat oder ein anderes betriebsverfassungsrechtliches Gremium im Fall einer Übertragung des Betriebsteils in München-Schwabing auf die neu gegründete Tochter-GmbH zu beteiligen sei und ob die Übertragung, etwa im Hinblick auf die geringere Kapitalausstattung der Tochter-GmbH, möglicherweise sogar die Aufstellung eines teuren Sozialplans erfordere.

Der Vorstand bittet um ein umfassendes Gutachten.

Gliederung

	Rn.
Frage 1: Neuregelung nach Verbandsaustritt, Rückkehr zur 40-Stunden-Woche	
I. Auswirkungen des Verbandsaustritts auf die Arbeitsverhältnisse der tarifgebundenen Arbeitnehmer	2
1. Bisherige Rechtslage nach dem Arbeitszeittarifvertrag	2
2. Beendigung der Tarifbindung durch Austritt aus dem Arbeitgeberverband?	3
3. Einführung der 40-Stunden-Woche durch Betriebsvereinbarung	4
4. Einführung der 40-Stunden-Woche durch arbeitsvertragliche Vereinbarungen	5
5. Zwischenergebnis	7
II. Auswirkungen des Verbandsaustritts auf die Arbeitsverhältnisse der nicht tarifgebundenen Arbeitnehmer	8
1. Neuregelung durch Betriebsvereinbarung – Regelungssperre des § 77 III BetrVG	9
2. Neuregelung durch arbeitsvertragliche Änderungsvereinbarung	10
a) Verstoß gegen den Grundsatz der Unabdingbarkeit des Tarifvertrags	10
aa) Arbeitszeitregelung als Betriebsnorm?	11
bb) Arbeitszeitregelungen als Inhaltsnormen?	12
b) Verstoß gegen den arbeitsrechtlichen Gleichbehandlungsgrundsatz?	13
c) Mitbestimmungspflichtigkeit dieser Maßnahme nach § 87 BetrVG?	14
III. Abschließende Bewertung	15
Frage 2: Übertragung des Vertriebs auf die neu zu gründende GmbH	
I. Kollektivrechtliche Lage hinsichtlich der tarifgebundenen Arbeitnehmer	17
1. Anwendbarkeit des § 613 a BGB	18
2. Tatbestandliche Voraussetzungen des Betriebsübergangs	19
a) Übergang eines Betriebsteils	19
b) Übergang auf einen anderen Inhaber	20

3. Individualrechtliche Rechtsfolgen des Betriebsübergangs 21
　　　4. Kollektivrechtliche Folgen des Betriebsübergangs 23
　　　　a) Anwendbarkeit der § 613 a I 2 bis 4 BGB 24
　　　　b) Transformation und Veränderungssperre (§ 613 a I 2 BGB) 25
　　　　c) Ausnahme von der Transformation (§ 613 a I 3 BGB) 26
　　　　　aa) „Über-Kreuz-Ablösung" durch Betriebsvereinbarung 27
　　　　　bb) Ablösung durch Tarifvertrag für den Handel 29
　　　　d) Vereinbarung der Anwendung des Tarifvertrags für den Handel 30
　　　5. Zwischenergebnis 31
　　II. Rechtslage hinsichtlich der nicht tarifgebundenen Arbeitnehmer 32
　　　1. Keine Fortgeltung der in Bezug genommenen Tarifregelungen nach
　　　　§ 613 a I 2 bis 4 BGB 33
　　　2. Übergang der arbeitsvertraglich in Bezug genommenen Tarifbestim-
　　　　mungen gemäß § 613 a I 1 BGB 34
　　　　a) Auslegung der Verweisungsklausel als statische Bezugnahme 36
　　　　b) Auslegung der Verweisungsklausel als dynamische Bezugnahme 37
　　　　c) Rechtslage im Falle des Beitritts der neu zu gründenden GmbH
　　　　　zum Arbeitgeberverband des Handels 38
　　III. Ergebnis 41

**Frage 3: Anspruch auf nachfolgende Tariflohnerhöhung in der Getränke-
industriebranche**

　　I. Anspruch der bislang tarifgebundenen Arbeitnehmer auf den erhöhten
　　　Tariflohn 44
　　II. Anspruch der nicht tarifgebundenen Arbeitnehmer auf den erhöhten
　　　Tariflohn 47
　　　1. Auslegung als Gleichstellungsabrede? 48
　　　2. Arbeitsvertragliche Inbezugnahme als unbedingte zeitdynamische
　　　　Verweisung 49
　　　3. Rückwirkung der Rechtsprechungsänderung – Vertrauensschutz 52
　　　4. Europarechtskonformität der neueren Rechtsprechung des BAG 54
　　III. Anspruch der tarifgebundenen Arbeitnehmer, in deren Arbeitsvertrag
　　　sich zugleich eine Bezugnahmeklausel findet 57
　　IV. Ergebnis 60

**Frage 4: Mitbestimmungsrechte und Sozialplanpflichtigkeit bei Ausglie-
derung des Vertriebs**

　　I. Mitbestimmung in sozialen oder personellen Angelegenheiten 62
　　II. Mitbestimmung in wirtschaftlichen Angelegenheiten 64
　　　1. Unterrichtung des Wirtschaftsausschusses 65
　　　2. Unterrichtung des Betriebsrats nach dem Umwandlungsgesetz 68
　　　3. Unterrichtung des Betriebsrats nach § 111 S. 1 BetrVG 69
　　　4. Unterrichtung des Betriebsrats nach § 80 II BetrVG 72
　　III. Sozialplanpflichtigkeit der Übertragung des Vertriebs auf die GmbH 74

Fall 4. Überlegungen des Vorstands 53

Lösung

Frage 1: Neuregelung nach Verbandsaustritt, Rückkehr zur 40-Stunden-Woche

Fraglich ist, ob die vom Vorstand der S ins Auge gefasste Maßnahme, aus dem 1
Arbeitgeberverband Ernährung und Genuss auszutreten, geeignet ist, den Weg zur
(Wieder-)Einführung der 40-Stunden-Woche zu bereiten. Dazu müssten die
Rechtsfolgen des Austritts aus dem Arbeitgeberverband ermittelt werden. Da nur
ein Bruchteil (25 %) der Arbeitnehmer Mitglied der tarifschließenden Gewerkschaft
NGG ist und für den anderen Teil der Belegschaft der Arbeitszeittarifvertrag kraft
arbeitsvertraglicher Verweisung gilt, bietet es sich an, hinsichtlich der Rechtsfolgen
des Austritts zwischen diesen beiden Arbeitnehmergruppen zu differenzieren.

I. Auswirkungen des Verbandsaustritts auf die Arbeitsverhältnisse der tarifgebundenen Arbeitnehmer

1. Bisherige Rechtslage nach dem Arbeitszeittarifvertrag

Für die Arbeitsverhältnisse derjenigen Arbeitnehmer, die Mitglied der NGG sind, 2
gilt derzeit der Arbeitszeittarifvertrag, den diese Gewerkschaft mit dem zuständigen
Arbeitgeberverband Ernährung und Genuss geschlossen hat, normativ kraft beiderseitiger Tarifbindung. Ob es sich bei den Arbeitszeitbestimmungen um Betriebsnormen
handelt, so dass nach § 3 II TVG sogar allein die Tarifbindung der S ausgereicht hätte,
kann an dieser Stelle dahingestellt bleiben. Einschränkungen der Dauer der wöchentlichen Arbeitszeit, wie sie der einschlägige Arbeitszeittarifvertrag hier vorsieht, stellen
auch nicht etwa eine Verletzung der Berufsfreiheit des Arbeitgebers (Art. 12 GG) dar.
Zwar mag die Arbeitszeitfestsetzung von dem verbandsangehörigen Arbeitgeber mitunter als bevormundende Einengung empfunden werden. Das BVerfG hat solche
Arbeitszeitfestsetzungen jedoch zu Recht als bloße Berufsausübungsregelungen qualifiziert, die die unternehmerische Freiheit unberührt ließen.[1] Ergänzend könnte man
auf die grundrechtlich garantierte Koalitionsfreiheit (Art. 9 III GG) verweisen. In der
Koalitionsbetätigung verwirklicht sich zudem die gegenläufig ausgerichtete Berufsausübung der Arbeitnehmer, die nicht nur dem Schutz ihrer Person, sondern auch durch
kollektive Arbeitsverknappung der Höherwertigkeit ihrer Tätigkeit dienen kann.[2] Es
kann damit festgehalten werden, dass für die tarifgebundenen Arbeitnehmer der S
derzeit die im einschlägigen Arbeitszeittarifvertrag vorgesehene 35-Stunden-Woche
unabdingbar und zwingend gilt.

2. Beendigung der Tarifbindung durch Austritt aus dem Arbeitgeberverband?

Fraglich ist, ob sich S durch den Austritt aus dem Arbeitgeberverband ihrer 3
tarifvertraglichen Bindung ohne weiteres entledigen könnte, um dann freie Hand
für anderweitige Gestaltungen zu haben. Diese Frage ist in § 3 III TVG geregelt.
Gerade um eine solche „Flucht aus dem Tarifvertrag" zu verhindern, ordnet § 3 III
TVG die Weitergeltung des laufenden Tarifvertrages für die Zeit nach der Beendigung der Mitgliedschaft an (sog. Nachbindung). Das bedeutet, dass die Tarifnormen, hier also auch diejenigen, in denen die 35-Stunden-Woche festgeschrieben
wird, nach dem Austritt wie zuvor weiter gelten würden. Sie entfalteten also

---
[1] *BVerfG* vom 18. 12. 1985, AP Nr. 15 zu § 87 BetrVG 1972 – Arbeitszeit.
[2] So zutr. Wiedemann/*Wiedemann*, Einl. Rn. 320.

weiterhin gem. § 4 I TVG für die beiderseits tarifgebundenen Arbeitsvertragsparteien ihre unmittelbare und zwingende Wirkung, und zwar bis zum Ende des Tarifvertrags. Davon wären im Übrigen nicht nur die bei S bereits beschäftigten Arbeitnehmer betroffen, sondern darüber hinaus auch die während der Laufzeit noch hinzukommenden tarifgebundenen Arbeitnehmer.[3]

3. Einführung der 40-Stunden-Woche durch Betriebsvereinbarung

4 Zu prüfen ist, ob – wie vom Vorstand der S erwogen – die Heraufsetzung der Wochenarbeitszeit auf 40 Stunden auf dem Weg einer mit dem Betriebsrat abzuschließenden Betriebsvereinbarung wirksam bewerkstelligt werden kann. Das ist schon deshalb zweifelhaft, da auch in der Phase der Nachbindung die zwingende Wirkung des Tarifvertrages aufrecht erhalten bleibt[4] und die abweichende Regelung auch nicht ohne weiteres vom Günstigkeitsprinzip gedeckt erscheint. Das kann aber an dieser Stelle noch unentschieden bleiben, da unabhängig davon die Regelungssperre des § 77 III BetrVG einer Regelung durch Betriebsvereinbarung im Wege stehen könnte. Hiernach können Arbeitsentgelte und sonstige Arbeitsbedingungen, die durch Tarifvertrag geregelt sind oder üblicherweise geregelt werden, nicht Gegenstand einer Betriebsvereinbarung sein. Das gilt ohne Rücksicht auf die Günstigkeit einer betrieblichen Regelung. Bei den Arbeitszeitregelungen handelt es sich um materielle Arbeitsbedingungen, die ohne weiteres als „sonstige Arbeitsbedingungen" i. S. d. § 77 III BetrVG zu qualifizieren sind. Das umstrittene Verhältnis des § 77 III BetrVG zu § 87 I Einleitungssatz BetrVG[5] muss in diesem Zusammenhang nicht weiter erörtert werden, da auch § 87 I BetrVG ein Mitbestimmungsrecht des Betriebsrats nur insoweit vorsieht, als eine tarifliche Regelung nicht besteht. Bereits die abschließende Regelung der Arbeitszeit durch den – ggfs. auch nach Austritt kraft Nachbindung (§ 3 III TVG) weitergeltenden – Arbeitszeittarifvertrag steht damit einer Regelung durch Betriebsvereinbarung entgegen.

4. Einführung der 40-Stunden-Woche durch arbeitsvertragliche Vereinbarungen

5 Es bleibt die Überlegung des Vorstands der S, die tarifgebundenen Arbeitnehmer mehrheitlich zur Rückkehr zur 40-Stunden-Woche zu bewegen, ggfs. unter Einschaltung des Betriebsrats, der einen entsprechenden Vorschlag formulieren könnte. Ein solches Zugeständnis der Arbeitnehmer gegenüber ihrem Arbeitgeber müsste, um rechtlich bindend zu sein, in Form einer arbeitsvertraglichen Vereinbarung erfolgen. Allerdings darf eine solche arbeitsvertragliche Lösung nicht die zwingende Wirkung des Tarifvertrages unterlaufen (§ 4 I TVG). Gerechtfertigt könnte die Abweichung vom Arbeitszeittarifvertrag nur sein, wenn sie durch das Günstigkeitsprinzip (§ 4 III TVG) gedeckt ist. Die Erhöhung der Arbeitszeit von 35 auf 40 Stunden in der Woche ohne Lohnausgleich ist für sich genommen eindeutig eine ungünstige Abweichung vom Tarifvertrag.

6 Eine andere Beurteilung ist richtiger Ansicht nach auch nicht im Hinblick auf die von der Personalkosteneinsparung eventuell ausgehende Erhöhung der Arbeitsplatzsicherheit geboten. Das BAG würde sich hier von vornherein einem Günstigkeitsvergleich verweigern, da es sich – seiner Ansicht nach – um zwei völlig unterschied-

---

[3] ErfKomm/*Franzen*, § 3 TVG Rn. 23; HWK/*Henssler*, § 3 TVG Rn. 42.
[4] ErfKomm/*Franzen*, § 3 TVG Rn. 28; Jacobs/Krause/Oetker/*Oetker*, § 6 Rn. 39.
[5] Vgl. dazu Fall 3 Rn. 36 ff.

lich geartete Regelungsgegenstände handelt, für deren Bewertung es keinen gemeinsamen Maßstab gibt (Vergleich von „Äpfeln und Birnen").[6] Nun ist das Verständnis des Günstigkeitsprinzips in den Fällen sog. „Bündnisse für Arbeit" bekanntlich lebhaft umstritten.[7] Gleichwohl muss diese Diskussion im vorliegenden Fall nicht geführt werden. Denn selbst von denjenigen Autoren, die dem BAG im Ansatz widersprechen und die Arbeitsplatzsicherheit durchaus als gewichtigen Vorteil im Vergleich zu einer Verschlechterung der tariflichen Entgelt- und Arbeitszeitbestimmungen betrachten, wird im Gegenzug doch eine klare Zusage des Arbeitgebers vorausgesetzt.[8] In der Praxis begegnet man vor allem einer sog. „Beschäftigungsgarantie" in Form des Ausschlusses von betriebsbedingten Kündigungen für einen bestimmten Zeitraum. Denkbar wäre auch die Zusage, den Betrieb nicht ins Ausland zu verlagern. Eine solche belastbare Zusage hat S hier nicht abgegeben. Allein die vage Hoffnung, dass das durch Rückkehr zur 40-Stunden-Woche ohne Lohnausgleich erzielbare Einsparvolumen die Arbeitsplätze an ihrem bisherigen Standort sicherer macht, kann unter keinen Umständen die Abweichung vom Tarifvertrag rechtfertigen. Daran ändert auch eine eventuelle Einbindung des Betriebsrats nichts.

5. Zwischenergebnis

Mit einem Austritt aus dem Arbeitgeberverband könnte S die Arbeitszeit nicht 7
erhöhen und somit auch nicht mittelbar die Lohnkosten der tarifgebundenen Arbeitnehmer absenken. Auch die Zustimmung der Belegschaft und/oder des Betriebsrats vermag das Abweichen vom Tarifvertrag nicht zu rechtfertigen.

II. Auswirkungen des Verbandsaustritts auf die Arbeitsverhältnisse der nicht tarifgebundenen Arbeitnehmer

Weitere Gestaltungsspielräume könnten nach einem Austritt aus dem Arbeit- 8
geberverband im Hinblick auf die Arbeitsverhältnisse der nicht tarifgebundenen Arbeitnehmer bestehen.

1. Neuregelung durch Betriebsvereinbarung – Regelungssperre des § 77 III BetrVG

Einer Umsetzung der geplanten Erhöhung der Wochenarbeitszeit auf 40 Stunden 9
durch eine Betriebsvereinbarung könnte auch gegenüber den nicht tarifgebundenen Arbeitnehmern die Regelungssperre des § 77 III BetrVG entgegenstehen. Anders als für § 87 I Einleitungssatz BetrVG kommt es für § 77 III BetrVG nicht auf die Tarifbindung der Arbeitsvertragsparteien an. Das ist für die Tarifbindung auf der Arbeitgeberseite nahezu einhellig anerkannt.[9] Aber auch die Tarifgebundenheit der Arbeitnehmer (oder auch nur eines Arbeitnehmers) spielt für die Sperrwirkung des § 77 III BetrVG keine Rolle.[10] Entscheidend ist allein, dass ein Tarifvertrag abgeschlossen worden ist, der eine positive Sachregelung des betreffenden Gegenstandes enthält (hier Dauer der Arbeitszeit), und die Arbeitsverhältnisse in den Geltungsbereich des Tarifvertrages fallen.[11] Da dies hier der Fall ist, verbietet sich schon

---

[6] *BAG* vom 24. 9. 1999, NZA 1999, 887, 892 f.
[7] Siehe hierzu ausführlich Fall 1 Rn. 9 ff., insb. 15 ff.
[8] *Buchner*, DB Beil. 12/1996, S. 1, 10 f.; vgl. ferner *Buchner*, NZA 1999, 897, 901; *Adomeit*, NJW 1984, 26 f.; *Schliemann*, NZA 2003, 122, 126 f.
[9] *BAG* vom 22. 3. 2005, NZA 2006, 383, 386; *Fitting*, § 77 Rn. 78.
[10] *Wlotzke/Preis/Preis*, § 77 Rn. 66; *Däubler/Kittner/Klebe/Berg*, § 77 Rn. 69 a.
[11] *BAG* vom 22. 3. 2005, NZA 2006, 383, 386; *Fitting*, § 77 Rn. 75.

wegen der Sperrwirkung des § 77 III BetrVG eine Neuregelung durch Betriebsvereinbarung – auch soweit sie auf die nicht tarifgebundenen Arbeitnehmer beschränkt wäre.

2. Neuregelung durch arbeitsvertragliche Änderungsvereinbarung

a) Verstoß gegen den Grundsatz der Unabdingbarkeit des Tarifvertrags

10 Auch gegenüber den nicht tarifgebundenen Arbeitnehmern könnte eine vom Tarifvertrag abweichende Regelung durch Arbeitsvertrag nach Austritt aus dem Arbeitgeberverband gegen den Grundsatz der Unabdingbarkeit des Tarifvertrages (§ 4 I TVG) verstoßen. Die verlängerte Tarifbindung nach § 3 III TVG wurde bereits dargelegt. Ferner müsste der Arbeitszeittarifvertrag trotz fehlender Tarifbindung der Arbeitnehmer normative Wirkung entfalten.

aa) Arbeitszeitregelung als Betriebsnorm?

11 Das wäre dann der Fall, wenn es sich bei den Arbeitszeitregelungen im Tarifvertrag um Betriebsnormen handeln würde. Für die normative Wirkung von Betriebsnormen lässt es das Gesetz (§ 3 II TVG) nämlich genügen, dass der Arbeitgeber tarifgebunden ist. Betriebliche Normen behandeln Fragen eines Betriebes, die sich auf die ganze Belegschaft beziehen und daher nur betriebseinheitlich geregelt werden können. Sie betreffen den einzelnen Arbeitnehmer als Mitglied der Belegschaft. Wegen der nicht unproblematischen Erstreckung der Normwirkung auf Außenseiter[12] empfiehlt sich ein eher restriktives Verständnis der Betriebsnormen. Das BAG versucht den Bereich der Betriebsnormen daher einzugrenzen. Es müsse sich um Bestimmungen handeln, „die in der sozialen Wirklichkeit aus tatsächlichen oder rechtlichen Gründen nur einheitlich gelten können".[13] Für die Dauer der individuellen Arbeitszeit wird man das nicht sagen können.[14] Diese könnte durchaus individuell und unterschiedlich in den Arbeitsverträgen geregelt werden. Vielmehr kann man sogar sagen, dass das Arbeitszeitvolumen zusammen mit der Höhe des Entgelts den Kernbestand des arbeitsvertraglichen Leistungsversprechens ausmacht.[15] Es geht bei der Dauer der Arbeitszeit auch nicht um Arbeitsbedingungen, die in einer Wechselbeziehung zu den Arbeitsbedingungen der anderen Arbeitnehmer stehen und daher nur in dieser Wechselbezüglichkeit geregelt werden können.[16] Lassen sich die Arbeitszeitbestimmungen des Tarifvertrages demnach nicht als Betriebsnormen qualifizieren, so entfalten sie nicht etwa allein durch die Tarifgebundenheit der S normative und damit zugleich zwingende Wirkung.

bb) Arbeitszeitregelungen als Inhaltsnormen?

12 Als Inhaltsnormen gelten die Arbeitszeitregelungen des Tarifvertrags nur, wenn beiderseitige Tarifgebundenheit gegeben ist (§ 3 I TVG), was im Hinblick auf 75 % der Belegschaft nicht der Fall ist. Ihnen gegenüber gelten die Regelungen des Arbeitszeittarifvertrages nur kraft arbeitsvertraglicher Verweisung. Diese führt nicht zur Tarifgebundenheit. Die in Bezug genommenen Tarifbestimmungen wirken nicht

---

[12] Statt vieler aus neuerer Zeit *Giesen*, Tarifvertragliche Rechtsgestaltung für den Betrieb, 2002, S. 381 ff.
[13] *BAG* vom 26. 4. 1990, NZA 1990, 850, 853; *BAG* vom 17. 6. 1997, NZA 1998, 213, 214.
[14] Differenzierend Wiedemann/*Thüsing*, § 1 Rn. 748 f.
[15] ErfKomm/*Franzen*, § 1 TVG Rn. 47.
[16] Der Gedanke wird im Schrifttum zur Präzisierung der Abgrenzung vorgeschlagen: vgl. ErfKomm/*Franzen*, § 1 TVG Rn. 47 und *Löwisch/Rieble*, TVG, § 1 Rn. 106.

unmittelbar (normativ) auf die Arbeitsverhältnisse der betreffenden Arbeitnehmer ein.[17] Aufgrund der ausschließlich schuldvertraglichen Wirkung der in Bezug genommenen Vorschriften des Tarifvertrages steht es den Arbeitsvertragsparteien auch frei, auf derselben arbeitsvertraglichen Ebene abweichende Abmachungen zu treffen und damit den Verweis (teilweise) einzuschränken oder außer Kraft zu setzen. Ein Verstoß gegen den Unabdingbarkeitsgrundsatz (§ 4 I TVG) läge den nicht tarifgebundenen Arbeitnehmern gegenüber jedenfalls nicht vor.

b) Verstoß gegen den arbeitsrechtlichen Gleichbehandlungsgrundsatz?

Eine solche Differenzierung zwischen tarifgebundenen und nicht tarifgebundenen Arbeitnehmern könnte freilich gegen den arbeitsrechtlichen Gleichbehandlungsgrundsatz verstoßen. Dieser verbietet die willkürliche Schlechterstellung einzelner Arbeitnehmer innerhalb einer Gruppe, aber auch eine sachfremde Gruppenbildung.[18] Selbst wenn man das Vorgehen des Arbeitgebers hier überhaupt am allgemeinen Gleichbehandlungsgrundsatz messen wollte, so wäre die Differenzierung zwischen den tarifgebundenen Arbeitnehmern, deren Rechtsposition zu respektieren wäre, und den nicht tarifgebundenen Arbeitnehmern, die zu einer Wiedereinführung der 40-Stunden-Woche ohne Lohnausgleich bewegt werden könnten, schon deswegen nicht zu beanstanden, weil sich die betreffenden Arbeitnehmer individuell und privatautonom zu diesem Verzicht entschließen würden.[19] Im Übrigen ist das Tarifrecht als solches darauf angelegt, nur organisierten Arbeitnehmern einen unabdingbaren Anspruch auf die tariflichen Leistungen zuzuerkennen (§§ 3 I, 4 I TVG), da nur sie die Lasten der Organisation tragen. Die Unterscheidung nach der Gewerkschaftszugehörigkeit trägt somit grundsätzlich ihren sachlichen Grund in sich selbst.[20] Ein Verstoß gegen den allgemeinen arbeitsrechtlichen Gleichbehandlungsgrundsatz wäre somit nicht gegeben.

c) Mitbestimmungspflichtigkeit dieser Maßnahme nach § 87 BetrVG?

Zu prüfen bleibt noch, ob die arbeitsvertragliche Verlängerung der Wochenarbeitszeit der nicht tarifgebundenen Arbeitnehmer auf 40 Stunden der Mitbestimmung durch den Betriebsrat nach § 87 I BetrVG unterliegt. Die Mitbestimmung des Betriebsrats in Arbeitszeitfragen ist in § 87 I Nr. 2 und 3 BetrVG geregelt. Dem Mitbestimmungsrecht des Betriebsrats steht zwar nicht der Umstand entgegen, dass die betroffenen Arbeitnehmer bereit sind, sich individualvertraglich mit ihrem Arbeitgeber über die Erhöhung der Arbeitszeit zu einigen. Wohl aber müssten die tatbestandlichen Voraussetzungen eines Mitbestimmungsrechts erfüllt sein. Nach § 87 I Nr. 2 BetrVG besteht ein Mitbestimmungsrecht des Betriebsrats nur hinsichtlich Beginn und Ende der Arbeitszeit sowie hinsichtlich der Verteilung auf die einzelnen Wochentage. Der Umfang des vom Arbeitnehmer vertraglich geschuldeten individuellen Arbeitszeitvolumens ist nicht erwähnt. Dass dies eine bewusste Entscheidung des Gesetzgebers war, ergibt sich im Umkehrschluss auch aus § 87 I Nr. 3 BetrVG, wonach dem Betriebsrat lediglich bei einer vorübergehenden Verkürzung oder Verlängerung der betriebsüblichen Arbeitszeit ein Mitbestimmungsrecht eingeräumt ist. Nur für diesen Sonderfall der Dauer der wöchentlichen Arbeitszeit ist ein erzwingbares Mitbestimmungsrecht vorgesehen. Daraus und aus

---

[17] *BAG* vom 7. 12. 1977, AP Nr. 9 zu § 4 TVG – Nachwirkung; *BAG* vom 24. 11. 2004, NZA 2005, 349, 351; Wiedemann/*Oetker*, § 3 Rn. 285.
[18] *Zöllner/Loritz/Hergenröder*, S. 198.
[19] Vgl. ErfKomm/*Preis*, § 611 BGB Rn. 577 m. w. N.
[20] *Gamillscheg*, S. 358.

dem der Systematik des § 87 BetrVG zu Grunde liegenden Enumerationsprinzip folgt, dass die Festlegung des Arbeitszeitvolumens – auch i. S. e. Höchstarbeitszeit – nicht von den Mitbestimmungsrechten nach § 87 I Nr. 2 und 3 BetrVG erfasst wird.[21] Das schließt natürlich nicht aus, dass die S den Betriebsrat in den Umsetzungsprozess einbindet und sich seiner Unterstützung versichert. Das könnte die Akzeptanz der vorgeschlagenen Vertragsänderung bei den betroffenen (nicht tarifgebundenen) Arbeitnehmern erhöhen.

III. Abschließende Bewertung

15   Es hat sich gezeigt, dass S auch nach einem möglichen Austritt aus dem Arbeitgeberverband Ernährung und Genuss die Wochenarbeitszeit der tarifgebundenen Arbeitnehmer nicht von 35 auf 40 Stunden heraufsetzen kann. Lediglich hinsichtlich der nicht tarifgebundenen Arbeitnehmer wären entsprechende abgestimmte arbeitsvertragliche Änderungsvereinbarungen zulässig. Ob eine solche Zweiteilung der Belegschaft erstrebenswert ist, dürfte zweifelhaft sein, da der Betriebsfrieden damit auf eine harte Probe gestellt werden würde. Ferner ist zu bedenken, dass die Unternehmensleitung sehr genau darauf achten müsste, dass die Anhebung der Wochenarbeitszeit strikt auf die Außenseiter beschränkt bleibt, da anderenfalls die Gewerkschaft NGG einen Unterlassungsanspruch geltend machen könnte.[22] Außerdem besteht die Möglichkeit, dass bislang nicht tarifgebundene Arbeitnehmer durch einen nachträglichen Beitritt zur Gewerkschaft NGG trotz der dann zwischenzeitlich erfolgten Vertragsänderung wieder den alten Zustand herbeiführen. Denn während des Nachbindungszeitraums (§ 3 III TVG) gilt der Tarifvertrag auch für neu der Gewerkschaft beitretende Arbeitnehmer (und ohnehin für Gewerkschaftsmitglieder, die im Nachbindungszeitraum neu eingestellt werden).[23] Vor dem Hintergrund der dargestellten Rechtslage und der angedeuteten Opportunitätserwägungen muss der Vorstand seine Entscheidung treffen. Dabei hat sich gezeigt, dass es zur Umsetzung dieser Maßnahme eines Austritts aus dem Arbeitgeberverband nicht bedarf. Ob das Unternehmen diesen Schritt gehen will, kann unabhängig von der gegenwärtigen Situation auf der Grundlage langfristig ausgerichteter Überlegungen entschieden werden.

Frage 2: Übertragung des Vertriebs auf die neu zu gründende GmbH

16   Einer näheren Begutachtung bedarf sodann der Vorschlag, den schon bisher in München-Schwabing befindlichen Vertrieb auf eine neu zu gründende 100 prozentige Tochtergesellschaft in der Rechtsform einer GmbH zu übertragen. Ob auf diesem Weg das Ziel einer Anhebung der Wochenarbeitszeit erreicht werden kann, hängt entscheidend von der kollektivrechtlichen Rechtslage nach der Übertragung auf die GmbH ab. Auch hier bietet es sich an, hinsichtlich der in der Gewerkschaft NGG organisierten Arbeitnehmer und der Außenseiter zu differenzieren.

---

[21] *BAG* vom 18. 8. 1987, NZA 1987, 779, 782 f.; *BAG* vom 22. 6. 1993, NZA 1994, 184, 186; *BAG* vom 22. 7. 2003, NZA 2004, 507, 508; *BAG* vom 24. 1. 2006, NZA 2006, 862, 864; Wlotzke/Preis/Bender, BetrVG, § 87 Rn. 54; *Fitting*, § 87 Rn. 103 ff.; GK-BetrVG/*Wiese*, § 87 Rn. 275 ff.
[22] *BAG* vom 20. 4. 1999, NZA 1999, 887, 890 ff.; vgl. zum Unterlassungsanspruch auch oben Fall 1 Rn. 49 ff.
[23] *BAG* vom 4. 8. 1993, NZA 1994, 34, 35; *BAG* vom 10. 12. 1997, NZA 1998, 484, 485; *BAG* vom 7. 11. 2001, NZA 2002, 748, 749; *Löwisch/Rieble*, TVG, § 3 Rn. 82; Jacobs/Krause/Oetker/*Oetker*, § 6 Rn. 43.

I. Kollektivrechtliche Lage hinsichtlich der tarifgebundenen Arbeitnehmer

Die Übertragung des bereits bisher in München-Schwabing zusammengefassten 17
Vertriebs auf eine neu zu gründende GmbH könnte einen Betriebsübergang darstellen
und die Fortgeltung des Tarifvertrages auf der Grundlage des § 613 a I 2 bis 4 BGB
zur Folge haben. Diese Vorschrift schafft einen Interessenausgleich zwischen dem
Bestandsinteresse der Belegschaft und dem Ablöseinteresse des neuen Arbeitgebers.

1. Anwendbarkeit des § 613 a BGB

Der Tatbestand des § 613 a BGB geht davon aus, dass der Übergang des Betriebs 18
oder Betriebsteils „durch Rechtsgeschäft" erfolgt. Die hier vom Vorstand ins Auge
gefasste Maßnahme würde jedoch gesellschaftsrechtlich als Ausgliederung, also als
Unterfall der Spaltung (zur Neugründung) qualifiziert werden müssen (vgl. § 123 III
UmwG). Der übertragende Rechtsträger (die S) würde einen Teil seines Vermögens
ausgliedern, diesen Teil auf einen anderen, den übernehmenden Rechtsträger, überführen und dafür selbst Anteile dieses Rechtsträgers erhalten. Der Übergang würde
sich damit kraft Gesetzes im Wege der (partiellen) Gesamtrechtsnachfolge voll-
ziehen.[24] Die neu zu gründende GmbH träte also uno actu hinsichtlich des Vertriebs
an die Stelle der S, ohne dass es einzelner rechtsgeschäftlicher Übertragungsakte
bedürfte. Gleichwohl bestimmt § 324 UmwG, dass § 613 a I, IV bis VI BGB durch
die Wirkung der Eintragung u. a. einer Spaltung unberührt bleibt. Das bedeutet, dass
die Anwendbarkeit des § 613 a BGB in den Fällen der Gesamtrechtsnachfolge nicht
an dem fehlenden Merkmal einer Übertragung „durch Rechtsgeschäft" scheitert. Im
Übrigen handelt es sich bei § 324 UmwG um eine Rechtsgrundverweisung.[25] Erforderlich ist demnach, dass infolge der Umwandlungsmaßnahme ein Betrieb oder
Betriebsteil auf einen anderen Rechtsträger übergeht.

2. Tatbestandliche Voraussetzungen des Betriebsübergangs

a) Übergang eines Betriebsteils

Bei dem in München-Schwabing zusammengefassten Vertrieb handelt es sich um 19
einen Betriebsbereich, der zwar auf den Zweck des Hauptbetriebs in München-
Obermenzing ausgerichtet und in dessen Organisation eingegliedert ist, auf der
anderen Seite ihm gegenüber organisatorisch abgrenzbar und relativ verselbständigt
ist. Es handelt sich mithin um einen Betriebsteil i. S. d. § 4 I BetrVG und erst recht
i. S. d. § 613 a BGB. Dieser Betriebsteil soll en bloc, also unter Übertragung aller
konstitutiven Betriebsmittel sächlicher, immaterieller und personeller Art, auf die
GmbH überführt werden. Darin läge ein die Identität der wirtschaftlichen Einheit
bewahrender Übergang.

b) Übergang auf einen anderen Inhaber

§ 613 a I 1 BGB setzt des Weiteren voraus, dass der Betriebsteil auf einen anderen 20
Inhaber übergeht. Das bedeutet, dass es zu einem Wechsel des Rechtsträgers kommen
muss. Hier soll der Vertrieb von der S auf eine neu zu gründende GmbH, also auf eine
andere juristische Person übertragen werden. Dass es sich bei der GmbH um eine
100 prozentige Tochtergesellschaft der S handeln soll, ist insoweit nicht von Belang.

---

[24] Zum Konzept der partiellen Gesamtrechtsnachfolge im Umwandlungsrecht *K. Schmidt*, S. 357 f.
[25] *BAG* vom 25. 5. 2000, NZA 2000, 1115, 1117; ErfKomm/*Preis*, § 613 a BGB Rn. 181; Semler/
Stengel/*Simon*, § 324 Rn. 3.

3. Individualrechtliche Rechtsfolgen des Betriebsübergangs

21 Der Betriebsübergang hat individual- und kollektivrechtliche Konsequenzen. Zunächst werden die individualrechtlichen Folgen erörtert, um sodann auf dieser Grundlage den ggfs. kollektivrechtlich geprägten Inhalt der (übergegangenen) Arbeitsverhältnisse zu bestimmen. Zunächst einmal tritt der Erwerber, das wäre hier die neu zu gründende GmbH, in die Rechte und Pflichten aus allen Arbeitsverhältnissen ein, die im Zeitpunkt des Übergangs bestehen und dem übergegangenen Betrieb, hier dem Vertrieb in München-Schwabing, zuzuordnen sind (§ 613 a I 1 BGB).

22 Allerdings müsste der Vorstand hier die Möglichkeit in Rechnung stellen, dass einzelne oder auch zahlreiche Arbeitnehmer dem Übergang ihres Arbeitsverhältnisses widersprechen (§ 613 a VI BGB). Das Widerspruchsrecht besteht auch im Falle einer Spaltung, verweist § 324 UmwG doch ausdrücklich auch auf § 613 a VI BGB. Bei einem ordnungs- und fristgerechten Widerspruch würden die Arbeitsverhältnisse der widersprechenden Arbeitnehmer zum bisherigen Arbeitgeber, der S, weiter bestehen bleiben. Die S könnte in diesem Fall wegen der weggefallenen Arbeitsplätze im Vertrieb betriebsbedingte Kündigungen gegenüber den widersprechenden Arbeitnehmern in Erwägung ziehen. Solche Kündigungen wären keine Kündigungen wegen des Betriebsübergangs (§ 613 a IV 1 BGB), sondern solche aus anderen Gründen (§ 613 a IV 2 BGB). Der Betriebsübergang wäre hier nur äußerer Anlass, nicht jedoch der tragende Grund für die Kündigung. Allerdings müssten die auszusprechenden Kündigungen in jeder Hinsicht den Voraussetzungen des Kündigungsschutzgesetzes entsprechen. Daraus folgt u. a., dass S betriebsbedingte Kündigungen nur aussprechen dürfte, wenn keine anderweitigen Beschäftigungsmöglichkeiten im Unternehmen vorhanden sind. Eine weitere Erschwerung des Ausspruchs betriebsbedingter Kündigungen ergibt sich aus den in § 1 III KSchG normierten Grundsätzen zur Sozialauswahl. Der Vorstand wird insoweit die neueste Rechtsprechung des BAG in Rechnung zu stellen haben, der zufolge sich auch die widersprechenden Arbeitnehmer auf eine mangelhafte Sozialauswahl berufen können, ohne dass es hierfür auf die dem Widerspruch zugrunde liegenden Beweggründe ankommt.[26] Die widersprechenden Arbeitnehmer werden in dieser Hinsicht also wie jeder andere Arbeitnehmer auch behandelt. Es sind allerdings nach Ansicht des BAG Fälle denkbar, in denen durch den Widerspruch etwa einer größeren Anzahl von Arbeitnehmern gegen einen Betriebsteilübergang und der in ihrer Folge vom Arbeitgeber durchzuführenden Sozialauswahl tiefgreifende Umorganisationen notwendig werden, die zu schweren betrieblichen Ablaufstörungen führen können, so dass über § 1 III 2 KSchG Teile der vom Betriebsteilübergang nicht betroffenen Arbeitnehmer nicht in die Sozialauswahl einzubeziehen wären. Ob hier eine solche Konstellation eintreten würde, lässt sich derzeit nicht sicher prognostizieren. Wichtig ist jedenfalls, dass die nach § 613 a V BGB gebotene Unterrichtung der Arbeitnehmer über ihr Widerspruchsrecht in jeder Hinsicht korrekt erfolgt,[27] da anderenfalls die einmonatige Widerspruchsfrist des § 613 a VI BGB nicht anlaufen würde.

4. Kollektivrechtliche Folgen des Betriebsübergangs

23 Im vorliegenden Fall interessiert nun vor allem das weitere Schicksal der kollektivrechtlichen Normen aus dem bislang normativ für die tarifgebundenen Arbeitnehmer geltenden Arbeitszeittarifvertrag, in dem die 35-Stunde-Woche festgeschrie-

---

[26] BAG vom 31. 5. 2007, NZA 2008, 33, 38 f.
[27] Vgl. zu den Anforderungen an eine ordnungsgemäße Unterrichtung nur BAG vom 21. 8. 2008, NZA-RR 2009, 62 ff.; BAG vom 24. 7. 2008, DB 2008, 2660.

ben war. Da dessen Normen nicht Bestandteil des Arbeitsvertrages sind, sondern von außen wie Gesetze auf das Arbeitsverhältnis einwirken, wäre die GmbH nicht etwa schon wegen des in § 613 a I 1 BGB angeordneten Vertragsübergangs an die tarifvertraglichen Bestimmungen gebunden. Maßgeblich sind insoweit die Sondervorschriften des § 613 a I 2 bis 4 BGB.

a) Anwendbarkeit der § 613 a I 2 bis 4 BGB

Diese Vorschriften sind nur dann anwendbar, wenn der bisherige Tarifvertrag nicht schon kraft beiderseitiger Tarifgebundenheit (§ 3 I TVG) auch für die Arbeitsverhältnisse beim neuen Arbeitgeber gilt. Dies ist vorliegend nicht schon deswegen der Fall, weil die neu zu gründende GmbH einer anderen Branche zugehören würde. Es erfolgte auch nicht etwa ein automatischer Eintritt der GmbH in den Arbeitgeberverband Ernährung und Genuss aufgrund der Eigenschaft als Tochtergesellschaft der S. Die GmbH wäre ein von S zu unterscheidender selbständiger Rechtsträger, der sich seinerseits auf die negative Koalitionsfreiheit berufen könnte (Art. 9 III, 19 III GG). 24

b) Transformation und Veränderungssperre (§ 613 a I 2 BGB)

Sind der Betriebserwerber, die neu zu gründende GmbH, und deren Arbeitnehmer nach dem Betriebsübergang nicht an denselben Tarifvertrag gebunden, so werden die Tarifbestimmungen im Falle des Betriebsübergangs grundsätzlich Bestandteil der Arbeitsverhältnisse zwischen den Arbeitnehmern und dem Betriebserwerber (§ 613 a I 2 BGB). Mit dem Verlust der kollektivrechtlichen Geltung verlieren die tarifvertraglichen Bestimmungen auch ihre unmittelbare und zwingende Wirkung, die ihnen als Tarifvertrag nach § 4 I TVG beim bisherigen Betriebsinhaber zukam. Nach der individualvertraglichen Transformation greift dann noch eine Veränderungssperre: Die Rechte und Pflichten aus dem ehemals normativ geltenden Tarifvertrag dürfen nicht vor Ablauf eines Jahres nach dem Zeitpunkt des Betriebsübergangs zum Nachteil des Arbeitnehmers geändert werden. 25

c) Ausnahme von der Transformation (§ 613 a I 3 BGB)

Die beim bisherigen Betriebsinhaber, der S, geltenden kollektivvertraglichen Regelungen, hier der Arbeitszeittarifvertrag, werden ausnahmsweise nicht nach § 613 a I 2 BGB aufrechterhalten, wenn die Rechte und Pflichten bei dem neuen Inhaber, das wäre hier die neu zu gründende GmbH, durch einen anderen Tarifvertrag oder eine andere Betriebsvereinbarung geregelt würden. Dabei gilt Folgendes: Die ablösenden Regelungen müssen nicht notwendig bereits im Zeitpunkt des Betriebsinhaberwechsels bestehen. Es ist anerkannt, dass auch nachträglich abgeschlossene Tarifverträge und Betriebsvereinbarungen Abs. 1 S. 3 BGB unterfallen.[28] Ferner besteht Einigkeit dahingehend, dass die ablösende Kollektivvereinbarung aus Arbeitnehmersicht auch ungünstiger sein darf als die abgelöste Regelung. Es gilt insoweit das Ordnungs- bzw. Ablösungsprinzip und nicht das Günstigkeitsprinzip.[29] 26

---

[28] *BAG* vom 20. 4. 1994, NZA 1994, 1140, 1142; *BAG* vom 16. 5. 1995, NZA 1995, 1166, 1167; *BAG* vom 11. 5. 2005, NZA 2005, 1362, 1365; HWK/*Willemsen/Müller-Bonanni*, § 613 a BGB Rn. 266.
[29] *BAG* vom 16. 5. 1995, NZA 1995, 1166, 1168; *BAG* vom 14. 8. 2001, NZA 2002, 276, 278; *Löwisch/Rieble*, TVG, § 3 Rn. 199; HWK/*Willemsen/Müller-Bonanni*, § 613 a BGB Rn. 266.

aa) „Über-Kreuz-Ablösung" durch Betriebsvereinbarung

27 Von daher ist die Ablösung der tariflichen Arbeitszeitbestimmungen durch eine Betriebsvereinbarung in Betracht zu ziehen. Das würde allerdings darauf hinauslaufen, dass durch eine Betriebsvereinbarung eine über § 613 a I 2 BGB transformierte Regelung tariflichen Ursprungs geändert würde. Im Schrifttum wird diese Möglichkeit verbreitet anerkannt.[30] Ob eine Betriebsvereinbarung sich in das Tarifgeschehen einmischen darf, regele § 77 III BetrVG. Diese Regelungssperre greife aber nicht ein, da es sich bei den transformierten Tarifnormen nicht mehr um tarifliche Regelungen handele und ihre Fortwirkung in dem Arbeitsverhältnis nicht mehr auf einer ausgeübten Tarifautonomie beruhe. Wolle man in § 613 a I 3 BGB eine weitergehende Sperre sehen, käme es zu problematischen Wertungswidersprüchen.

28 Das BAG hat demgegenüber jüngst einer solchen „Über-Kreuz-Ablösung" eine Absage erteilt.[31] Zwar schließe der Wortlaut des § 613 a I 3 BGB eine solche Ablösungsmöglichkeit nicht von vornherein aus. Gegen die Möglichkeit einer Ablösung vormals tariflicher Regelungen durch verschlechternde Regelungen einer Betriebsvereinbarung sprechen jedoch nach Ansicht des BAG entscheidend systematische und teleologische Gründe. Könnten ungünstigere Regelungen einer beim Erwerber geltenden Betriebsvereinbarung die Transformation tariflicher Regelungen in die Arbeitsverhältnisse nach § 613 a I 2 BGB verhindern oder später beseitigen, so würden die Betriebsparteien aus Anlass eines Betriebsübergangs in die Lage versetzt, tarifliche Arbeitsbedingungen zu verschlechtern. Außerhalb eines Betriebsübergangs verstieße dies gegen § 4 III TVG. Auch eine gemäß § 4 V TVG nur nachwirkende Tarifnorm könne zumindest außerhalb des Bereichs der zwingenden Mitbestimmung (Dauer der Arbeitszeit und Vergütungshöhe fallen vorliegend in diese Kategorie) nicht durch eine ungünstigere Betriebsvereinbarung abgelöst werden. Eine solche Betriebsvereinbarung sei wegen des Günstigkeitsprinzips auch unabhängig von § 77 III 1 BetrVG keine wirksame „andere Abmachung" i. S. v. § 4 V TVG, die in die aus dem ehemals normativ wirkenden Tarifvertrag abgeleiteten Rechtspositionen der Arbeitnehmer verschlechternd eingreifen könnte. Dem widerspräche es, wenn die Betriebsparteien im Zusammenhang mit einem Betriebsübergang eine solche Befugnis besäßen. Dies werde besonders deutlich, wenn die Betriebsvereinbarung erst einige Zeit nach dem Betriebsübergang geschlossen wird, so dass zunächst eine Transformation der beim Veräußerer normativ geltenden Tarifregelungen in die Arbeitsverhältnisse mit dem Erwerber i. S. v. § 613 a I 2 BGB stattgefunden hat. In die auf diese Weise entstandene individualrechtliche Position der Arbeitnehmer dürfte eine Betriebsvereinbarung grundsätzlich nicht verschlechternd eingreifen. Etwas anderes folge auch nicht aus dem Umstand, dass die Rechtspositionen der Arbeitnehmer einen kollektivrechtlichen Ursprung haben. Dieser Umstand berechtige zwar zu einer Ablösung von zuvor auf einer Betriebsvereinbarung beruhenden individualrechtlichen Positionen i. S. v. § 613 a I 2 BGB durch eine spätere, ungünstigere Betriebsvereinbarung beim Erwerber. Er könnte aber eine Ablösung individualrechtlicher Positionen, die auf einer Transformation von Tarifnormen gemäß § 613 a I 2 BGB beruhen, durch eine spätere, verschlechternde Betriebsvereinbarung beim Erwerber nicht rechtfertigen. Die Möglichkeit einer „Über-Kreuz-Ablösung" verstößt nach Ansicht des BAG auch gegen den Schutzzweck von § 613 a I BGB und der ihm zu

---

[30] *Löwisch/Rieble*, TVG, § 3 Rn. 206; Wiedemann/*Oetker*, § 3 Rn. 251.
[31] *BAG* vom 6. 11. 2007, NZA 2008, 542, 545 f.; ebenso zuvor bereits Staudinger/*Annuß*, § 613 a Rn. 274.

Grunde liegenden Richtlinie 77/187/EWG des Rates vom 14. 2. 1977 in ihrer Fassung durch die Richtlinie 2001/23/EG des Rates vom 12. 3. 2001.[32] Nach Art. 3 III Richtlinie 2001/23/EG „erhält der Erwerber (nach dem Übergang) die in einem Kollektivvertrag vereinbarten Arbeitsbedingungen bis zur Kündigung oder zum Ablauf des Kollektivvertrags bzw. bis zum Inkrafttreten oder bis zur Anwendung eines anderen Kollektivvertrags in dem gleichen Maße aufrecht, wie sie in dem Kollektivvertrag für den Veräußerer vorgesehen waren". Art. 3 der Richtlinie und § 613 a I BGB verfolgten ersichtlich das Ziel, die Rechtsstellung der Arbeitnehmer vor Verschlechterungen aus Anlass eines Betriebsübergangs weitgehend zu schützen. Dem widerspräche es, wenn es dem Erwerber ermöglicht würde, ursprünglich tariflich begründete Rechtsansprüche der Arbeitnehmer, die durch § 4 III TVG vor Verschlechterungen durch eine Betriebsvereinbarung geschützt waren, nach dem Betriebsübergang durch ungünstigere Regelungen einer Betriebsvereinbarung abzulösen. Im Rahmen einer gutachterlichen Stellungnahme für den Vorstand der S empfiehlt es sich, die Stellungnahme auf der Grundlage der höchstrichterlichen Rechtsprechung zu formulieren. Eine „Über-Kreuz-Ablösung" durch eine Betriebsvereinbarung sollte daher nicht weiter verfolgt werden.

bb) Ablösung durch Tarifvertrag für den Handel

Die bisherigen Darlegungen haben gezeigt, dass ehemals tarifliche Normen im Rahmen von § 613 a I 3 BGB nur durch tarifliche Normen ersetzt werden können. Es fragt sich, ob diese Option hier durch den ebenfalls von einem Vorstandsmitglied ins Spiel gebrachten Beitritt der GmbH zum für Vertriebsunternehmen zuständigen Arbeitgeberverband des Handels eröffnet werden kann. Der vorrangige Tarifvertrag wäre dann der Verbandstarifvertrag des Arbeitgeberverbandes des Handels mit der H-Gewerkschaft. Dessen Geltung hätte die Anhebung der Wochenarbeitszeit auf 38 Stunden zur Folge. Fraglich ist aber, ob für eine Ablösung nach § 613 a I 3 BGB die bloße Tarifgebundenheit des Arbeitgebers, hier der GmbH, genügt. Nach der Rechtsprechung des BAG[33] und der überwiegenden Meinung im Schrifttum[34] setzt die Ablösung eines vor dem Betriebsübergang normativ[35] geltenden Tarifvertrags durch einen „anderen Tarifvertrag" nach § 613 a I 3 BGB die kongruente Tarifgebundenheit des neuen Inhabers und des Arbeitnehmers voraus. Dafür spricht in der Tat, dass dem Arbeitnehmer anderenfalls der durch § 613 a I 2 BGB gewährleistete kollektive Inhaltsschutz entzogen würde, ohne dass er einem anderen Kollektivsystem unterfiele. Die kollektiv geregelten Arbeitsbedingungen würden ersatzlos entfallen – mit der Folge, dass das Arbeitsverhältnis inhaltslos würde.[36] Außerdem wäre die Möglichkeit einer Vereinbarung nach § 613 a I 4 BGB damit praktisch gegenstandslos. Das aber wäre mit dem Normzweck und dem systema-

29

---

[32] Richtlinie 2001/23/EG des Rates vom 12. 3. 2001 zur Angleichung der Rechtsvorschriften der Mitgliedstaaten über die Wahrung von Ansprüchen beim Übergang von Unternehmen, Betrieben oder Unternehmens- und Betriebsteilen, ABl. Nr. L 82, S. 16 ff. Die ursprüngliche Fassung ist veröffentlicht im ABl. Nr. L 61, S. 26 ff.
[33] *BAG* vom 30. 8. 2000, NZA 2001, 510, 512; *BAG* vom 11. 5. 2005, NZA 2005, 1362, 1364.
[34] *Kania*, DB 1994, 529, 530 f.; *Löwisch/Rieble*, TVG, § 3 Rn. 207; Wiedemann/*Oetker*, § 3 Rn. 253 f.; ErfKomm/*Preis*, § 613 a BGB Rn. 123; APS/*Steffan*, § 613 a BGB Rn. 135; einseitige Tarifbindung des Arbeitgebers lassen hingegen genügen *Henssler*, FS Schaub, 1998, S. 311, 319 f.; *Hromadka*, DB 1996, 1872, 1875 f.; *Seitz/Werner*, NZA 2000, 1257, 1267 f.; *Zöllner*, DB 1995, 1401, 1403 ff.; vgl. ferner *Heinze*, DB 1998, 1861, 1866.
[35] Die normative Geltung eines Tarifvertrags im Arbeitsverhältnis der Parteien vor Betriebsübergang ist unverzichtbare Voraussetzung, vgl. *BAG* vom 29. 8. 2007, NZA 2008, 364, 366.
[36] Staudinger/*Annuß*, § 613 a Rn. 282; ErfKomm/*Preis*, § 613 a BGB Rn. 123.

tischen Zusammenspiel des § 613 a I 2 bis 4 BGB schwerlich zu vereinbaren.[37] Kein durchschlagendes Gegenargument ist der Hinweis auf die unter Zugrundelegung des herrschenden Verständnisses sich einstellende Tarifpluralität.[38] § 613 a I 3 BGB stellt insoweit eine Sonderregelung dar, die eine Auflösung nach dem ohnehin umstrittenen Grundsatz der Tarifeinheit ausschließt. Folglich lässt sich eine Änderung der Arbeitsbedingungen hin zu einer 38-Stunden-Woche nur dadurch erreichen, dass die bisher in der Gewerkschaft NGG organisierten Arbeitnehmer in die H-Gewerkschaft übertreten. Ein solcher Gewerkschaftswechsel zur Erreichung schlechterer Arbeitsbedingungen ist praktisch nicht durchführbar.

d) Vereinbarung der Anwendung des Tarifvertrags für den Handel

30 § 613 a I 4 BGB eröffnet schließlich noch die Möglichkeit, arbeitsvertraglich (nach h. M. nicht durch Betriebsvereinbarung)[39] die Geltung eines anderen Tarifvertrages – hier desjenigen für den Handel – zu vereinbaren, ohne dass die Veränderungssperre des Satzes 2 dem entgegensteht. Die praktische Durchsetzbarkeit dieser Lösung ist jedoch problematisch, da die Arbeitnehmer zum Abschluss einer solchen Vereinbarung nicht verpflichtet sind[40] und sich angesichts der damit einhergehenden Verschlechterung auch nicht bewegen lassen. Ob der Betriebserwerber mit Änderungskündigungen die Vereinheitlichung der Arbeitsbedingungen durchsetzen kann, ist bislang nicht geklärt.[41] Allein das Argument, die Arbeitsbedingungen vereinheitlichen zu wollen, dürfte wohl nicht ausreichen.[42] Daher kann auch dieser Weg nicht empfohlen werden.

5. Zwischenergebnis

31 Eine einseitige Änderung der Arbeitsbedingungen der tarifgebundenen Arbeitnehmer wird durch die Überführung des Vertriebs in eine noch zu gründende GmbH nicht ermöglicht. Denn dieser Weg setzt die Kooperation der Arbeitnehmer voraus, die in eine entsprechende Vertragsänderung einwilligen müssten.

II. Rechtslage hinsichtlich der nicht tarifgebundenen Arbeitnehmer

32 Anders könnte sich die Rechtslage hinsichtlich der nicht tarifgebundenen Arbeitnehmer darstellen.

1. Keine Fortgeltung der in Bezug genommenen Tarifregelungen nach § 613 a I 2 bis 4 BGB

33 Denn anders als in der zuvor behandelten Konstellation greifen die Regelungen des § 613 a I 2 bis 4 BGB vorliegend nicht ein. Die in § 613 a I 2 BGB angeordnete individualrechtliche Fortgeltung setzt nämlich die bisherige normative Geltung des Tarifvertrages voraus,[43] von der ein Großteil der Arbeitnehmer mangels Tarifbindung nicht ergriffen würde.

---

[37] APS/*Steffan*, § 613 a BGB Rn. 135.
[38] *Seitz/Werner*, NZA 2000, 1257, 1267.
[39] MünchKomm-BGB/*Müller-Glöge*, § 613 a Rn. 138; *Kania*, DB 1995, 625, 626.
[40] ErfKomm/*Preis*, § 613 a BGB Rn. 122.
[41] Vgl. HWK/*Willemsen/Müller-Bonanni*, § 613 a BGB Rn. 280.
[42] HWK/*Willemsen/Müller-Bonanni*, § 613 a BGB Rn. 280; vgl. auch *Kania*, DB 1994, 529, 531.
[43] *BAG* vom 16. 10. 2002, NZA 2003, 390, 391 f.; Wiedemann/*Oetker*, § 3 Rn. 240; ErfKomm/*Preis*, § 613 a BGB Rn. 117.

2. Übergang der arbeitsvertraglich in Bezug genommenen Tarifbestimmungen gemäß § 613 a I 1 BGB

Die Fortgeltung der tarifvertraglichen Bestimmungen könnte sich hier allerdings aus § 613 a I 1 BGB ergeben. Vorliegend befindet sich in den Arbeitsverträgen der nicht tarifgebundenen Arbeitnehmer eine Klausel, welche die Tarifverträge der Getränkeindustrie in Bezug nimmt. Die Bestimmungen des Arbeitszeittarifvertrages könnten damit Eingang in den Arbeitsvertrag gefunden haben mit der Folge, dass der Erwerber (hier die neu zu gründende GmbH) in die hierdurch begründeten Rechte und Pflichten nach § 613 a I 1 BGB einträte. 34

Als klärungsbedürftig könnte sich die Frage erweisen, auf welche tarifliche Regelung die Bezugnahmeklausel nach dem Übergang der Arbeitsverhältnisse der nicht tarifgebundenen Arbeitnehmer auf die neu zu gründende GmbH verweisen würde. Anders formuliert lautet die Frage, ob die arbeitsvertraglich vereinbarte Bezugnahme weiterhin auf den alten Tarifvertrag der Getränkeindustrie verweist oder sogar – nach einem möglichen Beitritt der GmbH zum Arbeitgeberverband Handel – auch den Fall des Tarifwechsels des Arbeitgebers erfasst. Dies ist durch Auslegung der Verweisungsklausel zu ermitteln. Die Praxis kennt mehrere unterschiedliche Varianten. 35

a) Auslegung der Verweisungsklausel als statische Bezugnahme

Denkbar ist zunächst, dass die Bezugnahme lediglich auf die Anwendung eines bestimmten Tarifvertrags in einer bestimmten, meist zur Zeit der Bezugnahme geltenden Fassung gerichtet ist (sog. statische Bezugnahmeklausel). In diesem Fall würde der bisherige Arbeitszeittarifvertrag mit seiner 35-Stunden-Woche für die nicht tarifgebundenen Arbeitnehmer kraft arbeitsvertraglicher Inbezugnahme weitergelten.[44] 36

b) Auslegung der Verweisungsklausel als dynamische Bezugnahme

In Betracht kommt aber auch die Auslegung als dynamische Verweisung. Sie erfasst den Tarifvertrag dann in seiner jeweiligen Gestalt, nimmt also auch spätere Änderungen des Tarifvertrags in sich auf. Als große dynamische Bezugnahmeklausel kann sie sogar dazu führen, dass nach einem Verbandswechsel andere Tarifverträge zum Verweisungsziel werden, an die der Arbeitgeber normativ gebunden ist (daher auch Tarifwechselklausel). Solange die GmbH jedoch nicht dem Arbeitgeberverband Handel beitritt, gilt die 35-Stunden-Woche auf der Grundlage des bisherigen Arbeitszeittarifvertrages der Getränkeindustrie weiter, und zwar – wie gesehen – i. E. unabhängig davon, ob man die Verweisung als statisch oder halb- bzw. volldynamisch versteht. 37

c) Rechtslage im Falle des Beitritts der neu zu gründenden GmbH zum Arbeitgeberverband des Handels

Relevant wird die Qualifizierung der Bezugnahmeklausel jedoch, wenn die neu zu gründende GmbH dem Vorschlag eines Vorstandsmitglieds folgend dem Arbeitgeberverband Handel beitreten sollte. Die GmbH wäre dann tarifgebunden und der Tarifvertrag Handel könnte kraft arbeitsvertraglicher Bezugnahme für die nicht tarifgebundenen Arbeitnehmer verbindlich sein. Dafür dürfte allerdings keine statische Bezugnahme gegeben sein. Von einer solchen kann hier schon aufgrund des 38

---

[44] Eine statische Verweisung kann nicht zu einem Tarifwechsel führen, vgl. *Preis*, in: Preis, Arbeitsvertrag, II V 40 Rn. 107.

eindeutigen Wortlauts („in ihrer jeweils gültigen Fassung") nicht ausgegangen werden. Hinzu kommt, dass statische Bezugnahmen i. d. R. nicht interessengerecht sind, da sie Gefahr laufen, den wechselseitigen Bedürfnissen der Arbeitsvertragsparteien mit zunehmendem Zeitablauf nicht mehr gerecht zu werden.[45] Von daher sollte man im Zweifel ohnehin von einer dynamischen Verweisung ausgehen.[46]

39 Handelt es sich somit vorliegend um eine dynamische Verweisung, muss nunmehr geklärt werden, ob sie auch den Tarifwechsel im Falle eines Betriebsübergangs umfasst. Das läge jedenfalls dann besonders nahe, wenn die Verweisung im Arbeitsvertrag als große dynamische Bezugnahme qualifiziert werden könnte. Der Wortlaut spricht allerdings nicht für eine solche Sichtweise. Dazu hätte es etwa der Worte „die jeweils einschlägigen Tarifverträge" bedurft. Eine große dynamische Verweisungsklausel kann auch im Übrigen nach allgemeiner Ansicht nur bei Hinzutreten besonderer Umstände angenommen werden,[47] die belegen, dass darin auch die Vereinbarung enthalten ist, es sollten für den Betrieb oder Betriebsteil, in welchem der Arbeitnehmer beschäftigt ist, jeweils die fachlich-betrieblich einschlägigen Tarifverträge in ihrer jeweils geltenden Fassung anzuwenden sein. Solche weiteren Umstände müssen schon deshalb vorliegen, weil die Arbeitsvertragsparteien eben diese Rechtsfolge auch ausdrücklich im Arbeitsvertrag vereinbaren können, z. B. dass das Arbeitsverhältnis den für den Betrieb jeweils anzuwendenden „einschlägigen" Tarifverträgen unterstellt wird.[48]

40 Folglich ist vorliegend von einer sog. kleinen dynamischen Klausel auszugehen, bei der auf bestimmte Regelwerke, hier die Tarifverträge der Getränkeindustrie in der jeweils geltenden Fassung, verwiesen wird. Trotz aller Unsicherheiten im Hinblick auf die rechtliche Beurteilung von Bezugnahmeklauseln und der Änderung der Rechtsprechung in einigen wichtigen Punkten, entspricht es seit langem gefestigter Ansicht, dass eine kleine Bezugnahmeklausel nicht in der Lage ist, bei einem Betriebsübergang einen Tarifwechsel für die nicht tarifgebundenen Arbeitnehmer herbeizuführen, selbst dann nicht, wenn der Betriebserwerber tarifgebunden ist.[49]

III. Ergebnis

41 Die Gründung einer GmbH mit dem Ziel, den in München-Schwabing zusammengefassten Vertrieb auf diese zu überführen, ist nach alledem kein empfehlenswerter Weg, von der im Arbeitszeittarifvertrag der Getränkeindustrie verankerten 35-Stunde-Woche abzugehen. Diese Beurteilung schließt auch einen möglichen Beitritt der GmbH in den Arbeitgeberverband Handel ein. Im Hinblick auf die tarifgebundenen Arbeitnehmer gilt der Tarifvertrag individualvertraglich weiter und kann nicht vor Ablauf eines Jahres nach dem Zeitpunkt des Betriebsübergangs geändert werden (§ 613 a I 2 BGB). Die Überwindung der Veränderungssperre nach § 613 a I 4 Var. 2 BGB hängt von der Kooperation der Arbeitnehmer ab, die angesichts der dann eintretenden Verschlechterung nicht zu erwarten ist.

42 Für die nicht tarifgebundenen Arbeitnehmer würde der arbeitsvertraglich in Bezug genommene Arbeitszeittarifvertrag schon nach § 613 a I 1 BGB weiter fortgelten. Seine Bestimmungen könnten arbeitsvertraglich jederzeit abgeändert werden, also

---

[45] HWK/*Willemsen/Müller-Bonanni*, § 613 a BGB Rn. 272.
[46] *BAG* vom 16. 8. 1988, NZA 1989, 102, 103; *BAG* vom 20. 3. 1991, NZA 1991, 736, 738; *Preis*, in: Preis, Arbeitsvertrag, II V 40 Rn. 35.
[47] *BAG* vom 30. 8. 2000, NZA 2001, 510, 511; *BAG* vom 25. 9. 2002, NZA 2003, 807, 808; *BAG* vom 29. 8. 2007, NZA 2008, 364, 365; *BAG* vom 22. 10. 2008, NZA 2009, 151, 152 f.
[48] Vgl. *BAG* vom 30. 8. 2000, NZA 2001, 510, 511.
[49] Vgl. nur HWK/*Willemsen/Müller-Bonanni*, § 613 a BGB Rn. 273 ff. m. w. N.

nicht erst nach Ablauf eines Jahres wie bei den tarifgebundenen Kollegen. Hier wäre der Arbeitgeber jedoch auf das Einvernehmen der Arbeitnehmer angewiesen. Auf den beschwerlichen Weg massenhafter Änderungskündigungen wird er sich wohlweislich nicht einlassen.

Frage 3: Anspruch auf nachfolgende Tariflohnerhöhung in der Getränkeindustriebranche

Auch hinsichtlich der Frage, ob die nachfolgenden Tariflohnerhöhungen der Getränkeindustriebranche auch den in die GmbH übernommenen Arbeitnehmern zugute kommen, muss danach differenziert werden, ob die betreffenden Arbeitnehmer zuvor tarifgebunden waren oder ob der Tarifvertrag der Getränkeindustrie (nur) kraft arbeitsvertraglicher Bezugnahme galt. Darüber hinaus gibt es noch die Gruppe derjenigen Arbeitnehmer, für die der Tarifvertrag zuvor normativ gegolten hat, in deren Arbeitsvertrag sich aber zudem auch die besagte Bezugnahmeklausel findet. 43

I. Anspruch der bislang tarifgebundenen Arbeitnehmer auf den erhöhten Tariflohn

Mangels Mitgliedschaft der GmbH im Arbeitgeberverband Ernährung und Genuss erfasst der Tarifvertrag der Getränkeindustrie die Arbeitsverhältnisse der übernommenen Arbeitnehmer zwar nicht normativ. Wie oben gezeigt sind die ehemals normativ geltenden Rechte und Pflichten der Tarifverträge der Getränkeindustrie jedoch Inhalt der Arbeitsverhältnisse geworden (§ 613 a I 2 BGB), so dass sich der Anspruch auf den erhöhten Lohn aus dem Arbeitsvertrag (§ 611 I BGB) ergeben könnte. 44

Das setzt allerdings voraus, dass die übernommenen Arbeitnehmer auch an der Weiterentwicklung der Rechte und Pflichten durch nachfolgende Änderungen des transformierten Tarifvertrages teilnehmen. Der Gesetzeswortlaut spricht eher dagegen, denn aus ihm ergibt sich lediglich, dass die Rechte und Pflichten des im Zeitpunkt des Übergangs bestehenden Arbeitsverhältnisses übernommen werden müssen und als Rechtsnormen eines Tarifvertrages Inhalt des Arbeitsverhältnisses zwischen dem neuen Inhaber und dem Arbeitnehmer werden. Aber auch die tarifrechtliche Systematik spricht gegen eine in § 613 a I 2 BGB angelegte Dynamik. Eine Einwirkung späterer Tarifnormen wird nach der in § 613 a I 2 BGB angeordneten Transformation sogar noch stärker ausgeschlossen als durch die Regelungen in §§ 3 II und III, 4 V, 5 TVG. Es wird keine Fortgeltung der Normen als auf das Arbeitsverhältnis einwirkende Bestimmungen vorgeschrieben, sondern ein Eingang dieser Normen in das Arbeitsverhältnis gesetzlich festgelegt. Werden aber damit die bisherigen tarifvertraglichen Normen nunmehr Teil des Arbeitsvertrages, fehlt es an einer Einwirkungsmöglichkeit normativer Art, wie sie nur spätere Tarifnormen entfalten könnten. Das Fehlen der normativen Wirkung späterer Tarifnormen ist damit noch stärker ausgeprägt und scheitert dann an der fehlenden Tarifbindung. Für dieses Ergebnis spricht schließlich auch, dass der Gesetzgeber sowohl nach der Betriebsübergangs-Richtlinie (damals Nr. 77/187/EWG) als auch nach dem Entwurf zum arbeitsrechtlichen EG-Anpassungsgesetz lediglich einen Bestandsschutz gewähren, also lediglich sicherstellen wollte, dass bei einer Betriebsübernahme der kollektivrechtliche status quo aufrechterhalten bleiben soll.[50] 45

Da die individualrechtliche Fortgeltung der Tarifverträge der Getränkeindustrie nach § 613 a I 2 BGB nur eine statische ist, vermag sie die später erfolgten Änderun- 46

---

[50] Wie hier auch *BAG* vom 13. 11. 1985, NZA 1986, 422, 423; *BAG* vom 29. 8. 2001, NZA 2002, 513, 515; Jacobs/Krause/Oetker/*Oetker*, § 6 Rn. 120.

gen des Tariflohns nicht mehr zu transformieren. Es fehlt mithin an einer Rechtsgrundlage für einen Anspruch der tarifgebundenen Arbeitnehmer auf Weitergabe der Tariflohnerhöhungen.[51]

II. Anspruch der nicht tarifgebundenen Arbeitnehmer auf den erhöhten Tariflohn

47 Ein Anspruch der nicht tarifgebundenen Arbeitnehmer könnte sich aus ihren Arbeitsverträgen (§ 611 BGB) ergeben, die auf die Tarifverträge der Getränkeindustrie in ihrer jeweils gültigen Fassung verweisen. Durch die Bezugnahmeklauseln könnten die dort niedergelegten Rechte und Pflichten einschließlich der auch später noch vereinbarten Vergütungsregelungen in die Arbeitsverträge einbezogen sein. Ob sich die Bezugnahmeklausel auch auf die nach dem Betriebsübergang noch erfolgten Tariflohnerhöhungen erstreckt, muss im Weg der Auslegung geklärt werden.

1. Auslegung als Gleichstellungsabrede?

48 Nach der bisherigen Rechtsprechung des BAG[52] waren bei Tarifbindung des Arbeitgebers (kleine) dynamische Verweisungsklauseln i. d. R. als sog. Gleichstellungsabreden auszulegen. Dies beruhte auf der Vorstellung, dass mit einer solchen von einem tarifgebundenen Arbeitgeber gestellten Vertragsklausel lediglich die möglicherweise fehlende Tarifgebundenheit des Arbeitnehmers ersetzt – er also einem Gewerkschaftsmitglied gleichgestellt – werden solle, um jedenfalls zu einer vertraglichen Anwendung des einschlägigen Tarifvertrags zu kommen und damit zu dessen Geltung für alle Beschäftigten. Nach dem so verstandenen Sinn und Zweck der Klausel sollte das Arbeitsverhältnis an den dynamischen Entwicklungen des in Bezug genommenen Tarifvertrags so lange teilnehmen, wie der Arbeitgeber selbst tarifgebunden war. Endet die Tarifgebundenheit – z. B. mit einem Betriebsübergang in eine andere Branche – und gelten die Tarifnormen nach Transformation in das Arbeitsverhältnis für die tarifgebundenen Arbeitnehmer nur noch statisch fort (§ 613 a I 2 BGB), so sollte dies auch auf die Reichweite der Verweisungsklausel durchschlagen. Ihr Gleichstellungszweck gegenüber den nicht tarifgebundenen Arbeitnehmern konnte – so die damalige Rechtsprechung – nur dann erfüllt werden, wenn auch für diese die Normen des im Vertrag in Bezug genommenen Tarifvertrags nur statisch weitergalten.

2. Arbeitsvertragliche Inbezugnahme als unbedingte zeitdynamische Verweisung

49 Diese Rechtsprechung sah sich vor allem nach Inkrafttreten der Schuldrechtsmodernisierung zunehmender Kritik ausgesetzt. Im Mittelpunkt dieser Kritik stand der Einwand, dass die Auslegungsregel des BAG an einen Umstand anknüpfe, der im an sich eindeutigen Wortlaut dynamischer einzelvertraglicher Inbezugnahmen von Tarifverträgen keinen Anhalt finde. Die Unklarheitenregel des § 305 c II BGB streite nunmehr für eine Auslegung zu Ungunsten des Arbeitgebers und gegen eine durch das Ende einer ursprünglich bestehenden Tarifgebundenheit auflösend bedingten Dynamik in Bezug genommener Tarifverträge.

50 Diese Kritik hat der 4. Senat zum Anlass genommen, seine Rechtsprechung zu korrigieren. Diese Änderung ist in der Entscheidung vom 14. 12. 2005 angekündigt

---

[51] Zum Zusammentreffen mit einer arbeitsvertraglichen Bezugnahmeklausel vgl. noch unten Rn. 57 ff.
[52] *BAG* vom 19. 3. 2003, NZA 2003, 1207, 1208; *BAG* vom 1. 12. 2004, NZA 2005, 478, 479.

worden.⁵³ Dabei berief sich der Senat vor allem auf die Wertungen des Rechts der Allgemeinen Geschäftsbedingungen. Nicht nur die Unklarheitenregel des § 305 c II BGB, auch das Transparenzgebot des § 307 I 2 BGB und das Verbot der geltungserhaltenden Reduktion stritten als allgemeine Rechtsgrundsätze gegen eine wohlwollende Auslegung zu Gunsten des Klauselverwenders.

Vollzogen hat der Senat die angekündigte Rechtsprechungsänderung sodann in seinem Urteil vom 18. 4. 2007.⁵⁴ Der Senat hält eine einzelvertraglich vereinbarte dynamische Bezugnahme auf einen bestimmten Tarifvertrag nunmehr grundsätzlich für eine konstitutive Verweisungsklausel, die durch einen Wegfall der Tarifgebundenheit des Arbeitgebers nicht berührt werde. Das gelte nur dann nicht, wenn die Tarifgebundenheit des Arbeitgebers an den im Arbeitsvertrag genannten Tarifvertrag in einer für den Arbeitnehmer erkennbaren Weise zur auflösenden Bedingung der Vereinbarung gemacht worden ist. Die Korrektur war in der Tat spätestens nach der Erstreckung des AGB-Rechts auf vorformulierte Arbeitsvertragsbedingungen unabweisbar, dürfte aber auch auf individuell ausgehandelte Bezugnahmen zu erstrecken sein. Das BAG macht zu Recht deutlich, dass sich die Auslegung in erster Linie am Wortlaut der Verweisungsklausel zu orientieren hat. Soweit ein Vertragspartner vom Wortlaut abweichende Regelungsziele verfolge, könnten diese nur dann in die Auslegung eingehen, „wenn sie für den anderen Vertragspartner mit hinreichender Deutlichkeit zum Ausdruck kommen". Anderenfalls könne die Bezugnahmeklausel bei einer etwaigen Tarifgebundenheit des Arbeitgebers an den im Arbeitsvertrag genannten Tarifvertrag grundsätzlich keine andere Wirkung haben als bei einem nicht tarifgebundenen Arbeitgeber. Zwar liege es bei einem tarifgebunden Arbeitgeber nahe, in der beabsichtigten Gleichstellung tarifgebundener und nicht tarifgebundener Arbeitnehmer ein Motiv für das Stellen einer Verweisungsklausel zu sehen. Eine korrigierende Auslegung der dem Wortlaut nach eindeutigen Verweisungsklausel wegen eines bloßen Motivs des Arbeitgebers sei jedoch nicht geboten, zumal diesem eine seinem eigentlich Regelungsziel „entsprechende Vertragsgestaltung ohne Schwierigkeiten möglich wäre". 51

3. Rückwirkung der Rechtsprechungsänderung – Vertrauensschutz

Bei S handelt es sich ausweislich des Sachverhalts um ein traditionsreiches Unternehmen, bei dem also zahlreiche Arbeitnehmer schon über lange Jahre hinweg tätig sein werden. Vor diesem Hintergrund stellt sich die Frage, ob die geänderte rechtliche Bewertung der in den Arbeitsverträgen der nicht tarifgebundenen Arbeitnehmer enthaltenen Verweisungsklauseln auch auf solche Arbeitsverhältnisse zurückwirkt, die bereits vor geraumer Zeit begründet worden sind. Immerhin ist zu berücksichtigen, dass die frühere Auslegungsregel in jahrelanger Rechtsprechung entwickelt und immer wieder bestätigt worden war; die Praxis hatte sich hierauf eingestellt. Das könnte für eine nur begrenzte Rückwirkung sprechen. Ausgangspunkt ist jedoch die Erkenntnis, dass höchstrichterliche Urteile lediglich auf Grund eines – prinzipiell irrtumsanfälligen – Erkenntnisprozesses das geltende Recht feststellen. Vollzieht die höchstrichterliche Rechtsprechung eine Änderung, so muss die bessere Erkenntnis grundsätzlich auch auf in der Vergangenheit angelegte Fallkonstellationen angewendet werden.⁵⁵ Gleichwohl kann die Einschränkung einer Rückwirkung geboten sein, wenn und soweit die von der Rückwirkung nachteilig betroffene Partei auf die Wei- 52

---

⁵³ *BAG* vom 14. 12. 2005, NZA 2006, 607, 609 ff.
⁵⁴ *BAG* vom 18. 4. 2007, NZA 2007, 965, 967 ff.
⁵⁵ *BAG* vom 18. 4. 2007, NZA 2007, 965, 969.

terführung der bisherigen Rechtsprechung vertrauen durfte. Denn die materielle Gerechtigkeit verkörpert einen dem Grundsatz der Rechtssicherheit mindestens ebenbürtigen Bestandteil des Rechtsstaatsprinzips. Ob der nachteilig betroffenen Partei Vertrauensschutz zu gewähren ist, hängt von einer Abwägung der beiderseitigen berechtigten Interessen ab.[56] Mit dem BAG wird man den betroffenen Arbeitgebern hier grundsätzlich Vertrauensschutz zu gewähren haben. Denn angesichts der Dispositionen, die die Arbeitgeber insoweit im Vertrauen auf den Bestand der immer wieder bestätigten Rechtsprechung bei unveränderter Rechtslage getroffen haben, wäre ein derart tiefgreifender Einschnitt auch unter Beachtung der entgegenstehenden berechtigten Interessen der Arbeitnehmer nicht gerechtfertigt und würde überdies zu einer großen Verunsicherung in den Betrieben führen.[57] Auf der anderen Seite gilt es zu bedenken, dass die von der früheren Rechtsprechung praktizierte Auslegung dynamischer Verweisungen als Gleichstellungsabreden nicht unumstritten war und die Kritik mit Inkrafttreten der Schuldrechtsreform immer deutlicher zu vernehmen war.[58] Das ist ein Umstand, der prinzipiell geeignet ist, das Ausmaß des Vertrauens in die Aufrechterhaltung der Rechtsprechung zu verringern. Den Ausgleich der widerstreitenden Interessen und Prinzipien hat der 4. Senat in einer Stichtagsregelung gefunden, die den Vorteil einer klaren und rechtssicheren Grenzlinie für sich reklamieren kann.[59] Als Stichtag, ab dem die neue Rechtsprechung gelten soll, hat der Senat den Zeitpunkt des Inkrafttretens der Schuldrechtsreform (1. 1. 2002) bestimmt. Er markiere die Zeitgrenze, die auch und gerade im Arbeitsrecht bei der Festlegung von Vertrauensschutz zu einer Gewichtung der beiderseitigen berechtigten Interessen führen müsse. Der Gesetzgeber habe mit der Schuldrechtsnovelle u. a. eine erneute nachhaltige Aufforderung an die Verwender von Formularverträgen erhoben, das von ihnen Gewollte auch in der entsprechenden verständlichen (§ 307 I 2 BGB) Form eindeutig zum Ausdruck zu bringen. Diese Festsetzung ist im Schrifttum mit beachtlichen Gründen kritisiert worden.[60] Sie ist jedoch im Rahmen eines für den Vorstand zu erstellenden Gutachtens als Richtlinie zu Grunde zu legen.

53 Die Konsequenz für den vorliegend zu beurteilenden Fall liegt in einer rechtlichen Spaltung der auf die GmbH übergegangenen, nicht tarifgebundenen Belegschaft je nach Zeitpunkt ihres Eintritts in das Unternehmen der S. Bei denjenigen nicht tarifgebundenen Arbeitnehmern, deren Vertragsschluss vor dem 1. 1. 2002 liegt, ist die im Arbeitsvertrag enthaltene Verweisungsklausel noch entsprechend der früheren Rechtsprechung aus Gründen des Vertrauensschutzes als Gleichstellungsabrede auszulegen. An den nachfolgenden Tariflohnerhöhungen in der Getränkeindustrie nehmen sie daher – ebenso wie die tarifgebundenen Arbeitnehmer – nicht mehr teil. Diejenigen nicht tarifgebundenen Arbeitnehmer, deren Arbeitsverhältnis erst nach dem 31. 12. 2001 begründet worden ist,[61] profitieren hingegen von den Tariflohn-

---

[56] *BAG* vom 18. 4. 2007, NZA 2007, 965, 970.
[57] *BAG* vom 18. 4. 2007, NZA 2007, 965, 971.
[58] Vgl. z. B. *Bayreuther*, DB 2002, 1008 ff.; *Däubler*, NZA 1996, 225, 228; *Hanau*, NZA 2005, 489, 490 f.; *Thüsing/Lambrich*, RdA 2002, 193, 196 ff. Aus der Instanzrechtsprechung u. a. *LAG Hessen* vom 23. 3. 1999, NZA-RR 2000, 93, 94 ff.; *LAG Hamburg* vom 15. 11. 2000, NZA 2001, 562, 565 ff.
[59] *BAG* vom 14. 12. 2005, NZA 2006, 607, 610; *BAG* vom 18. 4. 2007, NZA 2007, 965, 971 f.
[60] Die Literatur (*Bayreuther*, DB 2007, 168; *Giesen*, NZA 2006, 625, 628 f.; ErfKomm/*Preis*, § 611 BGB Rn. 230; *Simon/Kock/Halbsguth*, BB 2006, 2354, 2355 f.) plädiert überwiegend und zu Recht für eine Erstreckung des Vertrauensschutzes bis zum 14. 12. 2005, dem Tag der Verkündung des Urteils, in dem der 4. Senat die Änderung seiner Rechtsprechung ankündigte.
[61] Beachte: Auch Vertragsänderungen aus anderem Anlass nach dem Stichtag, die die bereits in einem früheren Vertrag enthaltene Verweisungsklausel wörtlich wiederholen, gelten als Neuverträge i. S. d. geänderten Rechtsprechung, vgl. *BAG* vom 18. 4. 2007, NZA 2007, 965, 972.

erhöhungen in der Getränkeindustrie. Die in ihren Arbeitsverträgen enthaltenen Bezugnahmen sind als unbedingte zeitdynamische Verweisungen auszulegen.

4. Europarechtskonformität der neueren Rechtsprechung des BAG

Die aufgezeigte rechtliche Bewertung solcher dynamischen Verweisungsklauseln in den Arbeitsverträgen der nicht tarifgebundenen Arbeitnehmer dürfte allerdings nicht gegen gemeinschaftsrechtliche Vorgaben verstoßen. Dies soll hier sowohl im Hinblick auf die Behandlung der Altverträge als auch hinsichtlich der Neubewertung der nach dem 31. 12. 2001 vereinbarten Bezugnahmen überprüft werden. 54

Mit dem Betriebsübergang befasst sich die Richtlinie 2001/23/EG des Rates vom 12. März 2001 zur Angleichung der Rechtsvorschriften der Mitgliedstaaten über die Wahrung von Ansprüchen beim Übergang von Unternehmen, Betrieben oder Unternehmens- oder Betriebsteilen.[62] Maßgebend ist hier insoweit Art. 3 der Richtlinie. Hiernach gehen die Rechte und Pflichten des Veräußerers aus einem zum Zeitpunkt des Übergangs bestehenden Arbeitsvertrag oder Arbeitsverhältnis aufgrund des Übergangs auf den Erwerber über. Aus dieser Richtlinienbestimmung ergibt sich nach Ansicht des EuGH[63] nicht, dass der Gemeinschaftsgesetzgeber den Erwerber durch andere Kollektivverträge als die zum Zeitpunkt des Übergangs geltenden binden und demnach verpflichten wollte, die Arbeitsbedingungen später durch die Anwendung eines neuen, nach dem Übergang geschlossenen Kollektivvertrags zu ändern. Das entspreche auch dem Ziel der Richtlinie, die nur bezwecke, die am Tag des Übergangs bestehenden Rechte und Pflichten der Arbeitnehmer zu wahren. Dagegen wolle die Richtlinie nicht bloße Erwartungen und somit hypothetische Vergünstigungen schützen, die sich aus zukünftigen Entwicklungen der Kollektivverträge ergeben könnten. Soweit die Rechtsprechung des BAG zu einer lediglich statischen Weitergeltung der tarifvertraglichen Bestimmungen gelangt – betrifft die vor dem 1. 1. 2002 vereinbarte kleine dynamische Verweisung bei Arbeitgebern, die vor dem Betriebsübergang tarifgebunden waren – steht dies folglich im Einklang mit der Richtlinie. 55

Soweit umgekehrt die Bezugnahmeklausel nach der Rechtsprechung auch nach dem Betriebsübergang dynamisch wirkt (tarifgebundene Arbeitgeber, wenn die Bezugnahme aus der Zeit nach dem 31. 12. 2001 datiert), hindert die Richtlinie die Besserstellung der Arbeitnehmer nicht (vgl. Art. 8 RL 2001/23/EG). Wohl aber könnte insoweit die Vereinigungsfreiheit des neuen Arbeitgebers tangiert sein. Die Vereinigungsfreiheit ist in Art. 11 EMRK verankert und gehört zu den Grundrechten, die nach ständiger Rechtsprechung des EuGH in der Gemeinschaftsrechtsordnung geschützt werden.[64] Die Vereinigungsfreiheit umfasst auch das Recht, einer Vereinigung nicht beizutreten.[65] Insofern ergibt sich ein Gleichlauf mit der verfassungsrechtlichen Garantie der Koalitionsfreiheit in Art. 9 III GG. Das Recht, von einem Tarifvertrag nicht erfasst zu werden, ist Inhalt der negativen Koalitionsfreiheit. Die neue Interpretation von Bezugnahmeklauseln beim vormals tarifgebundenen Arbeitgeber i. S. e. unbedingten zeitdynamischen Verweisung (seit dem 1. 1. 2002) dürfte trotz der insoweit missverständlichen Formulierung des EuGH in der Werhof-Entscheidung[66] keinen Verstoß gegen die negative Vereinigungsfreiheit darstellen. Denn die negative 56

---

[62] ABl. Nr. L 82, S. 16.
[63] *EuGH* vom 9. 3. 2006, NZA 2006, 376, 378 – Werhof.
[64] *EuGH* vom 15. 12. 1995, NZA 1996, 191, 196 – Bosman; *EuGH* vom 6. 3. 2001, Slg. 2001, I-1611 – Connolly – unter Hinweis auf Art. 6 II EU; *EuGH* vom 9. 3. 2006, NZA 2006, 376, 378 – Werhof.
[65] *EuGH* vom 9. 3. 2006, NZA 2006, 376, 378 m. w. N. – Werhof.
[66] *EuGH* vom 9. 3. 2006, NZA 2006, 376, 378 – Werhof.

Vereinigungsfreiheit schützt ebenso wie die verfassungsrechtlich in Art. 9 III GG verankerte negative Koalitionsfreiheit den Arbeitgeber allenfalls davor, normativ an Tarifverträge gebunden zu werden, die von einem Verband abgeschlossen werden, in dem er nicht Mitglied ist. Die Wirksamkeit der individualvertraglichen Inbezugnahme von Tarifverträgen als Ausdruck privatautonomer Gestaltungsmacht ist dadurch nicht berührt.[67]

III. Anspruch der tarifgebundenen Arbeitnehmer, in deren Arbeitsvertrag sich zugleich eine Bezugnahmeklausel befindet

57 Abschließend gilt es noch die Konstellation zu untersuchen, dass tarifgebundene Arbeitnehmer gegenüber der GmbH die Weitergabe der Tariflohnerhöhungen in der Getränkeindustrie verlangen und sich hierfür auf die auch in ihren Arbeitsverträgen befindlichen Bezugnahmeklauseln berufen. Dass sich auch in den Arbeitsverträgen der nicht tarifgebundenen Arbeitnehmer Bezugnahmeklauseln gleichen Inhalts befinden, liegt nahe und ist in der Praxis sogar der Regelfall. Anderenfalls müsste sich der Arbeitgeber im Zuge des Vertragsschlusses nach der Gewerkschaftszugehörigkeit erkundigen und daraufhin dann den Arbeitsvertrag ausrichten. Eine solche Vorgehensweise ist in der Praxis unüblich, zumal vor Vertragsschluss die Frage nach der Gewerkschaftszugehörigkeit nicht gestellt werden darf.[68] Fraglich ist, ob das unter I. für die tarifgebundenen Arbeitnehmer auf der Grundlage des § 613 a I 2 BGB (statische Transformation) erzielte Ergebnis im Hinblick auf die auch in ihren Arbeitsverträgen enthaltenen Bezugnahmeklauseln (partiell) korrigiert werden muss.

58 Voraussetzung hierfür ist, dass die Bezugnahmeklauseln auch in dieser Konstellation konstitutiven Charakter haben. Davon ist auszugehen, da der Arbeitgeber bei Vertragsschluss i. d. R. nicht weiß, ob der Arbeitnehmer Mitglied der tarifschließenden Gewerkschaft ist oder nicht. Um sicher zu gehen, dass die Tarifverträge nicht nur für die tarifgebundenen Arbeitnehmer, sondern für die gesamte Belegschaft gelten, muss er der arbeitsvertraglichen Bezugnahme konstitutive Bedeutung beimessen. Allerdings hatte das BAG schon vor der jüngst eingeleiteten Rechtsprechungsänderung dynamische Bezugnahmeklauseln bei tarifgebundenen Arbeitnehmern als konstitutiv angesehen.[69] Gleichwohl endete unter der früheren Rechtsprechung die Dynamik wegen des Gleichstellungszwecks bei Wegfall der Tarifbindung des Arbeitgebers, also etwa bei einem Betriebsübergang.[70] Diese Sichtweise müsste das BAG nach dem oben Gesagten aus Vertrauensschutzgesichtspunkten für die vor dem 1. 1. 2002 begründeten Arbeitsverhältnisse weiter aufrechterhalten. Die bereits vor diesem Zeitpunkt eingestellten Arbeitnehmer haben – ungeachtet ihrer Gewerkschaftszugehörigkeit – keinen Anspruch auf Teilhabe an den nach dem Betriebsübergang vereinbarten Tariflohnerhöhungen. Es bleibt dabei: Nach § 613 a I 2 BGB gelten die Tarifbestimmungen lediglich statisch fort.

---

[67] So zutreffend *BAG* vom 18. 4. 2007, NZA 2007, 965, 969; ebenso i. E. zum Betriebsübergang *BAG* vom 19. 9. 2007, NZA 2008, 241, 244 sowie ErfKomm/*Preis*, § 611 BGB Rn. 230 mit der Feststellung, die Werhof-Entscheidung habe auf die allein nach nationalem Recht zu lösende Frage der Auslegung von Willenserklärungen keine Auswirkungen; anders hingegen *Nicolai*, DB 2006, 670, 672 f. und *Simon/Kock/Halbsguth*, ZIP 2006, 726, 727 f.
[68] *BAG* vom 20. 2. 2002, NZA 2003, 933, 934; HWK/*Thüsing*, § 123 BGB Rn. 14.
[69] *BAG* vom 20. 2. 2002, NZA 2003, 933, 934; *BAG* vom 19. 3. 2003, NZA 2003, 1207. Ebenso die aktuelle Rechtsprechung, vgl. *BAG* vom 29. 8. 2007, NZA 2008, 364, 365: „Die Wirkung einer Bezugnahmeklausel wird nicht dadurch berührt, dass der in Bezug genommene Tarifvertrag noch aus einem weiteren Grund für das Arbeitsverhältnis maßgebend ist."
[70] *BAG* vom 29. 8. 2001, NZA 2002, 513, 515.

Für die nach dem 31. 12. 2001 begründeten Arbeitsverhältnisse setzt sich hingegen die neuere Rechtsprechung durch, der zufolge die Bezugnahmeklausel als unbedingte zeitdynamische Verweisung zu verstehen ist. Die konstitutive Verweisung gilt dann als Bestandteil des Arbeitsvertrages gemäß § 613 a I 1 BGB in beiden Belegschaftsgruppen auch nach dem Betriebsübergang. Nach der Beendigung der Tarifbindung des Arbeitgebers besteht nunmehr in Gestalt der konstitutiven, unbedingten zeitdynamischen Bezugnahmeklausel ein eigenständiger Geltungsgrund, der die Dynamik aufrechtzuerhalten vermag.[71] Außenseiter und Gewerkschaftsangehörige haben einen Anspruch auf Weitergabe der Tariflohnerhöhungen, die erst nach dem Betriebsübergang erfolgen. Die GmbH müsste daher nicht nur die branchenfremden Löhne der Getränkeindustrie zahlen, sondern auch Tariflohnerhöhungen aus diesem Bereich weitergeben. Dies gilt für alle Gewerkschaftsangehörigen, deren Arbeitsverhältnis nach dem 31. 12. 2001 begründet worden ist. 59

IV. Ergebnis

Folgt man der neueren Rechtsprechung des BAG, so haben die Arbeitnehmer, deren Arbeitsvertrag eine unbedingte zeitdynamische Verweisung auf den Tarifvertrag der Getränkeindustrie enthält, nur dann einen Anspruch auf Teilhabe an den nach dem Betriebsübergang vereinbarten Tariflohnerhöhungen, wenn ihr Arbeitsvertrag nach dem 31. 12. 2001 abgeschlossen worden ist. Dies gilt unabhängig von ihrer Gewerkschaftszugehörigkeit. 60

Frage 4: Mitbestimmungsrechte und Sozialplanpflichtigkeit bei Ausgliederung des Vertriebs

Möglicherweise müssen im Zuge der ins Auge gefassten Übertragung des Betriebsteils in München-Schwabing auf die neu zu gründende GmbH Beteiligungsrechte des Betriebsrats oder anderer betriebsverfassungsrechtlicher Gremien gewahrt werden. Die Beteiligungsrechte des Betriebsrats ergeben sich aus dem Betriebsverfassungsgesetz. 61

I. Mitbestimmung in sozialen oder personellen Angelegenheiten

Die Mitbestimmung des Betriebsrats in sozialen Angelegenheiten ist in § 87 BetrVG geregelt. Die Vorschrift regelt den Kernbereich der Mitwirkung und Mitbestimmung der Arbeitnehmer. Allerdings sind die Angelegenheiten, in denen der Betriebsrat ein Mitbestimmungsrecht hat, dort abschließend aufgezählt. Ist – wie hier – keiner der dort aufgeführten Tatbestände verwirklicht, so muss der Betriebsrat unter diesem Gesichtspunkt auch nicht beteiligt werden. 62

Eine Mitbestimmung in personellen Angelegenheiten scheidet ebenfalls aus. Insbesondere kommt es für die bislang bei S beschäftigten Vertriebsmitarbeiter weder zu einer Versetzung noch zu einer Einstellung i. S. d. § 99 BetrVG. Der Betriebsübergang führt dazu, dass der Erwerber von Gesetzes wegen in das Arbeitsverhältnis eintritt, also ein bloßer Arbeitgeberwechsel stattfindet.[72] Eine Änderung des konkreten Arbeitsbereichs der betroffenen Arbeitnehmer geht damit nicht einher. 63

---

[71] *Bauer/Günther*, NZA 2008, 6, 10; *Klebeck*, NZA 2006, 15, 17.
[72] Daher liegt keine Einstellung vor. Vgl. *BAG* vom 7. 11. 1975, AP Nr. 3 zu § 99 BetrVG 1972; *Fitting*, § 99 Rn. 46; *Richardi/Thüsing*, § 99 Rn. 43.

II. Mitbestimmung in wirtschaftlichen Angelegenheiten

64 Beteiligungsrechte des Betriebsrates oder auch des Wirtschaftsausschusses könnten sich allerdings aus dem Abschnitt über die „wirtschaftlichen Angelegenheiten" (§§ 106 ff. BetrVG) ergeben.

1. Unterrichtung des Wirtschaftsausschusses

65 Zunächst könnte nach § 106 II BetrVG die Verpflichtung des Unternehmers, der S, bestehen, den Wirtschaftsausschuss rechtzeitig und umfassend über das ins Auge gefasste Vorhaben und die sich daraus ergebenden Auswirkungen auf die Personalplanung zu unterrichten.

66 Der Wirtschaftsausschuss ist ein Hilfsorgan des Betriebsrats, des eigentlichen Trägers der Mitbestimmungsrechte in wirtschaftlichen Angelegenheiten. Seine Errichtung durch den Betriebsrat ist zwingend vorgeschrieben, wenn der in § 106 I BetrVG genannte Schwellenwert von i. d. R. mehr als einhundert ständig beschäftigten Arbeitnehmern erreicht wird. Die S liegt mit 320 Arbeitnehmern weit über diesem Schwellenwert, so dass hier von der Errichtung eines Wirtschaftsausschusses ausgegangen werden kann.

67 Die Unterrichtungspflicht bezieht sich auf die „wirtschaftlichen Angelegenheiten" (§ 106 II 1 BetrVG). Fraglich ist, ob es sich bei der auf der Vorstandsebene erwogenen Übertragung des Vertriebs auf eine neu zu gründende GmbH um eine solche „wirtschaftliche Angelegenheit" handelt. Im Katalog des § 106 III BetrVG werden beispielhaft die wichtigsten wirtschaftlichen Angelegenheiten aufgezählt. Vorliegend könnte § 106 III Nr. 8 BetrVG einschlägig sein. Als wirtschaftliche Angelegenheit wird dort u. a. die Spaltung von Unternehmen oder Betrieben bezeichnet. Hier steht – wie bereits dargelegt wurde – eine solche Spaltung des Unternehmens in Form einer Ausgliederung nach dem Umwandlungsgesetz zur Debatte. Der Wirtschaftsausschuss muss über dieses Vorhaben bereits im Planungsstadium unterrichtet werden und zwar spätestens dann, wenn sich die Planungen konkretisiert haben und das Stadium bloßer Vorüberlegungen überschritten ist.[73] Die Unterrichtung muss umfassend sein, also sich u. a. dazu verhalten, welcher Betriebsteil und welche Arbeitsverhältnisse infolge der Spaltung auf welchen Rechtsträger übergehen, ob mit dem Übergang ein Wechsel in einen anderen Tarifbereich verbunden ist und welche sonstigen Folgen die Maßnahme für die Arbeitnehmer und ihre Vertretung haben wird.[74]

2. Unterrichtung des Betriebsrats nach dem Umwandlungsgesetz

68 Neben die Unterrichtungspflicht des Unternehmers gegenüber dem Wirtschaftsausschuss nach § 106 II BetrVG tritt hier ferner eine spezielle Unterrichtungspflicht gegenüber dem Betriebsrat nach dem Umwandlungsgesetz.[75] Nach § 136 S. 1 UmwG hat das Vertretungsorgan des übertragenden Rechtsträgers – hier der Vorstand der S – einen Spaltungsplan aufzustellen. § 136 S. 2 UmwG ordnet sodann an, dass dieser Spaltungsplan an die Stelle des Übernahme- und Spaltungsvertrags tritt. Für diesen – und damit auch für den Spaltungsplan – gilt nach § 126 III UmwG, dass dieser spätestens einen Monat vor der Beschlussfassung dem zuständigen Betriebsrat des Rechtsträgers zuzuleiten ist. In dem Spaltungsplan müssen die

---

[73] HWK/*Willemsen/Lembke*, § 106 BetrVG Rn. 80.
[74] *Fitting*, § 106 Rn. 50.
[75] Für ein Nebeneinander beider Unterrichtungsansprüche Wlotzke/Preis/*Preis*, § 106 Rn. 18; Richardi/*Thüsing*, § 106 Rn. 54.

Folgen der Spaltung für die Arbeitnehmer und ihre Vertretungen sowie die insoweit vorgesehenen Maßnahmen enthalten sein (§ 126 I Nr. 11 UmwG). Insoweit entfalten die umwandlungsrechtlichen Vorschriften eine Art „Vorwirkung".[76]

3. Unterrichtung des Betriebsrats nach § 111 S. 1 BetrVG

Ferner verpflichtet § 111 S. 1 BetrVG den Unternehmer, den Betriebsrat über geplante Betriebsänderungen rechtzeitig und umfassend zu unterrichten und die geplanten Betriebsänderungen mit dem Betriebsrat zu beraten, die wesentliche Nachteile für die Belegschaft oder erhebliche Teile der Belegschaft zur Folge haben können. Der für dieses Beteilungsrecht notwendige Schwellenwert von i. d. R. mehr als zwanzig wahlberechtigten Arbeitnehmern im Unternehmen ist bei S mit 320 Arbeitnehmern deutlich überschritten. 69

Zu prüfen ist somit, ob es sich bei der in Aussicht genommenen Übertragung des Vertriebs auf die neu zu gründende GmbH um eine Betriebsänderung handelt. Der Begriff ist in § 111 BetrVG zwar nicht legaldefiniert, wohl aber sind die wichtigsten Fälle in Satz 3 dieser Vorschrift genannt. Bei den dort aufgeführten Tatbeständen ist nicht zu prüfen, ob die Maßnahmen wesentliche Nachteile für die Belegschaft oder erhebliche Teile derselben zur Folge haben können. Diese werden insoweit fingiert.[77] Vorliegend könnte die Betriebsänderung aufgrund von § 111 S. 3 Nr. 3 BetrVG anzunehmen sein. Als Betriebsänderung gilt hiernach u. a. die Spaltung von Betrieben. Anders als bei § 106 III Nr. 8 BetrVG würde eine Spaltung von Unternehmen hier nicht ausreichen. Diese Differenz spielt hier jedoch keine Rolle, da zugleich auch eine Spaltung des Betriebs vorliegt. Die derzeitige betriebliche Struktur (Hauptbetrieb mit Hauptverwaltung und Produktion in München-Obermenzing und Vertrieb als Betriebsteil in München-Schwabing) würde durch die in Aussicht genommene Überführung des Vertriebs in eine GmbH ihre Identität verlieren, da es zu einer Abspaltung eines Betriebsteils und dessen Übertragung auf einen neuen Betriebsinhaber käme.[78] Das ist eine Betriebsänderung i. S. v. Nr. 3, ohne dass es insoweit darauf ankommt, ob es sich bei dem abgespaltenen Teil um einen wesentlichen oder erheblichen Teil des Betriebs handelt,[79] was hier im Übrigen ohne weiteres zu bejahen wäre. 70

Somit ist S verpflichtet, den Betriebsrat rechtzeitig und umfassend zu unterrichten und die geplante Betriebsänderung mit ihm zu beraten. Rechtzeitig ist die Unterrichtung, wenn sie den Betriebsrat in die Lage versetzt, noch auf das Ob und Wie der geplanten Betriebsänderung Einfluss nehmen zu können. Nach der gesetzlichen Konzeption (vgl. § 108 IV BetrVG) ist die Unterrichtung des Wirtschaftsausschusses derjenigen des Betriebsrats zeitlich vorgelagert.[80] Denn wirtschaftliche Angelegenheiten i. S. d. § 106 III BetrVG sollen in einem möglichst frühen Stadium zunächst mit dem besonders kompetenten Gremium beraten werden, bevor die konkretisierten Überlegungen dem Betriebsrat unterbreitet werden. 71

---

[76] So treffend HWK/*Willemsen/Lembke*, § 106 BetrVG Rn. 80.
[77] Ob tatsächlich solche Nachteile eingetreten sind, ist erst bei Aufstellung des Sozialplans zu prüfen, vgl. *BAG* vom 10. 12. 1996, NZA 1997, 898, 899.
[78] Es ist allgemein anerkannt, dass ein Betriebsteilübergang – im Gegensatz zu einem Betriebsübergang – regelmäßig mit einer mitbestimmungspflichtigen Spaltung des Betriebs i. S. v. § 111 S. 3 Nr. 3 BetrVG verbunden ist; vgl. *BAG* vom 10. 12. 1996, NZA 1997, 898, 899; *BAG* vom 25. 1. 2000, NZA 2000, 1069, 1070; *Fitting*, § 111 Rn. 50, 52; ErfKomm/*Kania*, § 111 BetrVG Rn. 10.
[79] *BAG* vom 10. 12. 1996, NZA 1997, 898, 899.
[80] *Fitting*, § 106 Rn. 22; GK-BetrVG/*Oetker*, § 106 Rn. 81; HWK/*Willemsen/Lembke*, § 106 BetrVG Rn. 12.

4. Unterrichtung des Betriebsrats nach § 80 II BetrVG

72 Fraglich ist, ob darüber hinaus der Betriebsrat auch auf der Grundlage seines allgemeinen Informationsrechts nach § 80 II BetrVG Unterrichtung verlangen kann. Hiernach ist der Betriebsrat zur Durchführung seiner Aufgaben nach dem Betriebsverfassungsgesetz rechtzeitig und umfassend unter Vorlage der erforderlichen Urkunden vom Arbeitgeber zu unterrichten. Zwar statuiert § 80 II BetrVG eine allgemeine Unterrichtungspflicht in Form einer Generalklausel. Die umwandlungsrechtlichen Vorschriften wird man gleichwohl nicht als leges speciales ansehen können, da sie lediglich dem Vorstand bestimmte Vorgaben für die Abfassung des Spaltungsberichts machen und ihn verpflichten, diesen Bericht dem Betriebsrat zuzuleiten. Um eine Unterrichtungspflicht i. e. S., die strukturell der Informationspflicht des § 80 II BetrVG entspricht, handelt es sich hierbei nicht.

73 Auch scheidet § 80 II BetrVG als Grundlage für einen Unterrichtungsanspruch richtiger Ansicht nach nicht schon deswegen aus, weil eine solche Verpflichtung des Arbeitgebers bereits gegenüber dem Wirtschaftsausschuss besteht.[81] Doch kann dies hier letztlich offen bleiben, da die allgemeine Informationspflicht nach § 80 II BetrVG jedenfalls durch die insoweit speziellere Unterrichtungspflicht bei Betriebsänderungen nach § 111 S. 1 BetrVG verdrängt wird.[82]

III. Sozialplanpflichtigkeit der Übertragung des Vertriebs auf die GmbH

74 Abschließend ist zu untersuchen, ob die Übertragung etwa im Hinblick auf die geringere Kapitalausstattung der Tochter-GmbH möglicherweise die Aufstellung eines teuren Sozialplans erfordern könnte. Das richtet sich nach § 112 BetrVG. Hiernach kann der Betriebsrat unter den dort genannten Voraussetzungen die Aufstellung eines Sozialplans verlangen. Kommt eine Einigung mit dem Unternehmer nicht zustande, so entscheidet die Einigungsstelle mit bindender Wirkung (§ 112 IV BetrVG). Als Sozialplan bezeichnet das Gesetz eine Einigung über den Ausgleich oder die Milderung der wirtschaftlichen Nachteile, die den Arbeitnehmern infolge der geplanten Betriebsänderung entstehen (§ 112 I 2 BetrVG).

75 Aus dieser Legaldefinition lässt sich entnehmen, dass grundlegende Voraussetzung für einen erzwingbaren Sozialplan das Vorliegen einer geplanten Betriebsänderung ist, wobei § 112 a BetrVG Ausnahmen vorsieht, bei denen trotz Vorliegens einer Betriebsänderung kein Sozialplan erzwungen werden kann. Dass die vom Vorstand erwogene Ausgliederung des Vertriebs in eine neu zu gründende GmbH eine Betriebsänderung i. S. d. § 111 BetrVG darstellt, ist in diesem Gutachten[83] bereits dargelegt worden. Hieran kann für die Beurteilung der Sozialplanpflichtigkeit im Rahmen des § 112 BetrVG angeknüpft werden. Die Ausnahmetatbestände nach § 112 a BetrVG sind vorliegend erkennbar nicht verwirklicht.

76 Weiterhin kann der Betriebsrat im Wege eines Sozialplans nur den Ausgleich oder die Milderung solcher wirtschaftlichen Nachteile durchsetzen, die infolge der geplanten Betriebsänderung entstehen. Erforderlich ist ein Zusammenhang von Grund und Folge zwischen der geplanten Betriebsänderung und den wirtschaftlichen Nachteilen. Wirtschaftliche Nachteile aus Vorgängen, die selbst keine Betriebs-

---

[81] *BAG* vom 5. 2. 1991, NZA 1991, 644, 645; *Fitting*, § 80 Rn. 48; GK-BetrVG/*Kraft/Weber*, § 80 Rn. 66; HWK/*Willemsen/Lembke*, § 106 BetrVG Rn. 11; für ein Konkurrenzverhältnis i. S. d. Spezialität des § 106 II BetrVG jedoch ErfKomm/*Kania*, § 80 BetrVG Rn. 17.
[82] ErfKomm/*Kania*, § 80 BetrVG Rn. 17; GK-BetrVG/*Kraft/Weber*, § 80 Rn. 53; Wlotzke/Preis/*Preis*, § 80 Rn. 24; a. A. *Fitting*, § 80 Rn. 48.
[83] Vgl. oben Rn. 70 f.

änderung und auch nicht deren notwendige Folge darstellen, sind hingegen keiner erzwingbaren Regelung – ggfs. durch Spruch der Einigungsstelle – zugänglich.[84] Als relevanter Nachteil kommt hier insbesondere die geringere Haftungsmasse der neu zu gründenden GmbH in Betracht. Außerdem ist zu bedenken, dass sich die tarifrechtliche Lage auf längere Sicht infolge des Branchenwechsels jedenfalls für einen Teil der Belegschaft verschlechtern wird. Ferner könnte man auch an die befristete Befreiung der GmbH von der Sozialplanpflichtigkeit nach § 112 a II 1 BetrVG denken. Allerdings gilt diese Privilegierung nicht für Neugründungen im Zusammenhang mit der rechtlichen Umstrukturierung von Unternehmen (§ 112 a II 2 BetrVG). Es verbleibt damit bei den beiden zuvor genannten Anknüpfungspunkten für wirtschaftliche Nachteile, nämlich der geringeren Kapitalausstattung der GmbH und der Verschlechterung der tarifrechtlichen Lage.

Hinsichtlich dieser Nachteile ist allerdings zu konstatieren, dass sich diese allein aus dem Übergang des Betriebsteils auf den neuen Betriebsinhaber, die GmbH, ergeben würden. Sie wären also Folgen des Rechtsträgerwechsels, nicht aber der Spaltung des Betriebes. Der Umstand, dass beide Vorgänge zeitlich zusammenfallen können, ändert nichts daran, dass sie weder rechtlich noch tatsächlich notwendigerweise zusammengehören.[85] Auch im Übrigen ist im Falle eines Betriebsübergangs davon auszugehen, dass die betroffenen Arbeitnehmer auf einem zumutbaren Arbeitsplatz weiterbeschäftigt werden können; für die Zumutbarkeit spricht hier insbesondere, dass den Arbeitnehmern ihr bisher innegehabter Arbeitsplatz in dem identischen Betrieb erhalten bleibt. Und selbst für den hier nicht gegebenen Fall, dass die Arbeitsverhältnisse beim Betriebserwerber gem. § 613 a I 3 BGB durch einen anderen – ungünstigeren – Tarifvertrag geregelt werden, würden dadurch die Arbeitsplätze beim Betriebserwerber noch nicht unzumutbar. Einmal erreichte Arbeitsbedingungen sind nicht auf Dauer garantiert. Auch der bisherige Betriebsinhaber könnte durch Verbandsaustritt und Eintritt in einen anderen Arbeitgeberverband die Tarifbindung ändern und die Geltung anderer Tarifverträge herbeiführen bzw. durch eine Vereinbarung mit dem Betriebsrat andere Rechtsgrundlagen für die Arbeitsbedingungen schaffen.[86]

Da mithin durch die Überführung des Vertriebs auf die neu zu gründende GmbH keine durch einen Sozialplan ausgleichspflichtigen Nachteile für die betroffenen Arbeitnehmer zu erwarten sind, ist die vom Vorstand aufgeworfene Frage, ob die Betriebsänderung einen teuren Sozialplan nach sich ziehen würde, zu verneinen.

---

[84] *BAG* vom 10. 12. 1996, NZA 1997, 898, 899.
[85] Wie hier gegen die Annahme ausgleichspflichtiger Nachteile *BAG* 10. 12. 1996, NZA 1997, 898, 900 mit einer sehr klaren Unterscheidung zwischen spaltungsbedingten Nachteilen und denjenigen Nachteilen, die auf den Teilbetriebsübergang zurückzuführen sind; ferner *BAG* vom 25. 1. 2000, NZA 2000, 1069, 1070; Richardi/*Annuß*, § 112 Rn. 87; HWK/*Hohenstatt/Willemsen*, § 112 BetrVG Rn. 36; ErfKomm/*Kania*, §§ 112, 112 a BetrVG Rn. 37; a. A. *Hanau*, FS Gaul, 1992, S. 287, 295.
[86] So *BAG* vom 5. 2. 1997, NZA 1998, 158, 159 f.

Fall 5. Go West

Nach BAG vom 24. 4. 2007, NZA 2007, 987 ff. sowie BAG vom 10. 12. 2002, NZA 2003, 734 ff.

Sachverhalt

Die H-AG (H) produziert Druckmaschinen, u. a. in ihrem Werk in Hamburg. Da sich dieser Betrieb im internationalen Vergleich als unrentabel erweist, beschließt der Vorstand die Schließung und die Verlagerung der Produktion in die USA; von den rund 1000 in Hamburg Beschäftigten sind ca. 560 von der Kündigung aufgrund der Betriebsverlagerung bedroht. Mit dem Betriebsrat werden Verhandlungen zu einem Interessensausgleich/Sozialplan aufgenommen.

Während dieser Verhandlungen erhält der Arbeitgeberverband, in dem H Mitglied ist, von der IG Metall ein Schreiben, in dem die gemeinsame Verantwortung der Tarifvertragsparteien für den Standorterhalt des Hamburger Werkes betont und sodann für den Fall, dass es letztlich doch zur Betriebsverlagerung und betriebsbedingten Kündigungen kommen sollte, die Forderung nach einem firmenbezogenen Verbandstarifvertrag erhoben wird mit folgendem Inhalt:

„1. Für betriebsbedingte Kündigungen durch den Arbeitgeber gilt eine Grundkündigungsfrist von drei Monaten zum Quartalsende. Die Grundkündigungsfrist verlängert sich um jeweils zwei Monate für jedes volle Jahr des Bestehens des Arbeitsverhältnisses.

2. Beschäftigte, die betriebsbedingt gekündigt werden, haben nach Ablauf der Kündigungsfrist Anspruch auf eine Abfindung i. H. v. zwei Monatsentgelten pro Beschäftigungsjahr."

Die die tariflichen Kündigungsfristen enthaltende Bestimmung des Manteltarifvertrages war von der IG Metall im Vorfeld bereits form- und fristgerecht gekündigt worden. Diese Möglichkeit der Kündigung sieht der Manteltarifvertrag ausdrücklich vor. Die Tarifvertragsparteien verhandeln derzeit über eine Neufassung der entsprechenden Tarifregeln. Im Übrigen kennen weder der geltende Manteltarifvertrag noch andere tarifliche Vorschriften Regelungen dieses oder ähnlichen Inhalts.

Als der Arbeitgeberverband unter Hinweis auf die laufenden betrieblichen Verhandlungen zum Interessenausgleich, die tariflichen Verhandlungen zur Neufassung des MTV und die Satzung des Arbeitgeberverbandes, wonach die Mitglieder keine Haustarifverträge schließen dürfen, diese Forderung zurückweist, ruft die IG Metall durch ihren Bezirksleiter – der nach der Satzung der IG Metall Beauftragter des Vorstandes ist – die Beschäftigten der H zum unbefristeten Streik auf. Zugleich macht sich die IG Metall in Flugblättern und der gemeinsam mit dem Betriebsrat herausgegebenen Werkszeitung für den Standorterhalt stark. Aufgrund dieses Streiks entstehen Produktionsausfälle und Lieferengpässe. Einige Druckmaschinen, die nur mit Verspätung gefertigt werden können, müssen zur Einhaltung der mit dem

Kunden vereinbarten Lieferfristen mit Luftfracht versendet werden, was gegenüber der ansonsten möglichen Seefracht Mehrkosten i. H. v. 50 000 € verursacht.
1. Der Vorstand der H verlangt von der IG Metall Schadensersatz i. H. v. 50 000 €. Mit Recht?
2. Dem seit vielen Jahren bei H tätigen Arbeitnehmer A, der sich bei der Organisation des Streiks erkennbar hervortut, wird ohne Anhörung des Betriebsrats (i. Ü. formell einwandfrei) als „Rädelsführer" unter Einhaltung der Kündigungsfrist gekündigt. Kann dieser sich mit Erfolg gegen die Kündigung wehren?

Gliederung

Rn.

Frage 1: Ansprüche der H gegen die IG Metall auf Schadensersatz
- I. Anspruch aus § 280 I 1 BGB 1
    1. Bestehen eines Schuldverhältnisses 2
        a) Begriff der Friedenspflicht 3
        b) Verstoß der Friedenspflicht des deutschen Arbeitskampfrechts gegen die Europäische Sozialcharta (ESC)? 4
        c) Umfang der Friedenspflicht 6
    2. Verletzung einer schuldvertraglichen Pflicht 8
        a) Neuregelung der Kündigungsfristen 9
        b) Übrige Forderungen 11
        c) Friedenspflicht aufgrund laufender Verhandlungen? ... 12
    3. Ergebnis 13
- II. Anspruch aus §§ 823 I, 31 BGB 14
    1. Anwendbarkeit des § 31 BGB 15
    2. Organ 16
    3. Verletztes Recht 17
    4. Rechtswidrigkeit 18
        a) Tariflich regelbares Ziel 19
            aa) Standorterhalt 20
            bb) Verlängerte Kündigungsfristen 22
            cc) Abfindungszahlungen 25
            dd) Sperrwirkung der §§ 111 ff. BetrVG 26
            ee) Zwischenergebnis 29
        b) Friedenspflicht 30
        c) Arbeitskampf zwischen Tarifvertragsparteien; Erstreikbarkeit eines firmenbezogenen Verbandstarifvertrags? 31
        d) Verhältnismäßigkeit (ultima ratio) 36
        e) Arbeitskampfparität 38
            aa) Schwächung der Solidarität der Verbandsmitglieder 39
            bb) Störung der Kampfparität durch tariflichen Sozialplan 41
        f) Zwischenergebnis zur Rechtmäßigkeit des Streiks 44
    5. Ergebnis 45
- III. Anspruch aus § 823 II BGB i. V. m. § 240 StGB 46
- IV. Anspruch aus § 831 I BGB 47
- V. Ergebnis 48

Frage 2: Kündigungsschutzklage des A
  I. Zulässigkeit der Klage 50
   1. Rechtsweg zu den Arbeitsgerichten und richtige Verfahrensart 50
   2. Örtliche Zuständigkeit 51
   3. Klageart 52
   4. Übrige Sachurteilsvoraussetzungen 53
  II. Begründetheit der Klage 55
   1. Ordnungsgemäße Kündigungserklärung 56
   2. Einhaltung der Klagefrist 57
   3. Betriebsratsanhörung, § 102 I BetrVG 58
   4. Kündigungsschutz nach dem KSchG 61
     a) Anwendbarkeit des KSchG 62
     b) Soziale Rechtfertigung 66
  III. Ergebnis 67

Lösung

Frage 1: Ansprüche der H gegen die IG Metall auf Schadensersatz

I. Anspruch aus § 280 I 1 BGB

1   H könnte von der IG Metall aus § 280 I 1 BGB Schadensersatz i.H.v. 50 000 € für die durch den Streik verurachten Mehrkosten bei der Versendung der Druckmaschinen verlangen.

1. Bestehen eines Schuldverhältnisses

2   Der Anspruch aus § 280 I BGB setzt zunächst ein zwischen den Beteiligten bestehendes Schuldverhältnis voraus. Dies könnte hier die tarifvertragliche Friedenspflicht sein.

a) Begriff der Friedenspflicht

3   Jedem Tarifvertrag wohnt die schuldrechtliche Verpflichtung der Tarifvertragsparteien inne, während der Laufzeit des Tarifvertrages Arbeitskampfmaßnahmen über im Tarifvertrag enthaltene Angelegenheiten zu unterlassen.[1] Diese sog. relative Friedenspflicht verbietet die kampfweise Durchsetzung von Forderungen, deren Gegenstand inhaltlich im Tarifvertrag bereits geregelt ist oder die mit bereits geregelten Fragen dergestalt in sachlichem Zusammenhang stehen, dass ihre Erfüllung die wirtschaftliche Ausgewogenheit der in dem bisherigen Tarifvertrag festgelegten Bedingungen verändert.[2]

b) Verstoß der Friedenspflicht des deutschen Arbeitskampfrechts gegen die Europäische Sozialcharta (ESC)?

4   Die Friedenspflicht des deutschen Arbeitskampfrechts könnte aber – wie andere Einschränkungen des Streikrechts auch (insbesondere das Erfordernis eines gewerk-

---
[1] *Kissel*, § 26 Rn. 1 ff.
[2] Eine absolute Friedenspflicht des Inhaltes, jeglichen Arbeitskampf ohne Rücksicht auf das mit ihm verfolgte Ziel zu unterlassen, besteht nur bei ausdrücklicher Vereinbarung; eine solche liegt hier nicht vor.

schaftsgetragenen Streiks³) – gegen die Europäische Sozialcharta verstoßen. Diese, für die Bundesrepublik Deutschland 1965 in Kraft getreten,⁴ enthält die wirtschaftlichen und sozialen Grundrechte der Mitgliedstaaten des Europarates. Teil II Art. 6 Nr. 4 ESC normiert eine ausdrückliche „Anerkennung des Rechts der Arbeitnehmer und der Arbeitgeber auf kollektive Maßnahmen einschließlich des Streikrechts im Falle von Interessenkonflikten, vorbehaltlich etwaiger Verpflichtungen aus geltenden Gesamtarbeitsverträgen".

Fraglich ist, ob die genannte Vorschrift von deutschen Gerichten unmittelbar 5 anzuwenden ist. Ein Teil der Literatur sieht diese Norm unter Berufung auf das Wort „anerkennen" als geltendes innerstaatliches Recht an.⁵ Nach Auffassung des BAG handelt es sich hingegen bei der Europäischen Sozialcharta um eine (transformationsbedürftige) völkerrechtliche Verpflichtung der Bundesrepublik Deutschland, die die Gerichte beachten müssen, wenn sie Gesetzeslücken anhand von Wertentscheidungen der Verfassung auffüllen; die Europäische Sozialcharta ist danach lediglich als Auslegungshilfe heranzuziehen.⁶ Einzelne können sich jedoch nicht unmittelbar darauf berufen, eine unmittelbare Anwendung durch die Gerichte scheidet aus.⁷ Die Frage kann hier aber dahinstehen, da selbst bei Annahme der unmittelbaren Anwendbarkeit kein Verstoß gegen die Europäische Sozialcharta festgestellt werden kann. Denn bei der tariflichen Friedenspflicht handelt es sich jedenfalls um eine Verpflichtung aus einem Gesamtarbeitsvertrag i. S. d. Vorschrift, so dass der ausdrückliche Vorbehalt zur Anwendung kommt.⁸

c) Umfang der Friedenspflicht

Die Friedenspflicht bindet nur die vertragsschließenden Tarifparteien, im Falle des 6 Branchentarifvertrages – wie hier – aber nicht das tarifgebundene Unternehmen. Dennoch kann sich das einzelne tarifgebundene Unternehmen auf eine Verletzung der Friedenspflicht überhaupt berufen, denn der Tarifvertrag ist in seinem schuldrechtlichen Teil ein Vertrag zu Gunsten Dritter; die Friedenspflicht ist daher für die Mitglieder der Tarifparteien drittschützend.⁹ Das verbandsangehörige Unternehmen ist daher durch die sich aus dem Verbandstarifvertrag ergebende Friedenspflicht gegen einen Streik geschützt, der auf den Abschluss von Firmen- oder firmenbezogenen Verbandstarifverträgen über dieselbe Regelungsmaterie gerichtet ist.¹⁰

Mit der tarifvertraglichen Friedenspflicht besteht daher ein Schuldverhältnis 7 zwischen H und der IG Metall.

2. Verletzung einer schuldvertraglichen Pflicht

Die von der IG Metall erhobenen Forderungen könnten eine Verletzung der 8 Friedenspflicht darstellen:

---

³ Ein nichtgewerkschaftlicher, sog. „wilder" Streik ist immer rechtswidrig. Grundlegend *BAG* vom 20. 12. 1963, BAGE 15, 174, 194, seitdem st. Rspr.
⁴ Einzelheiten bei *Kissel*, § 20 Rn. 5 ff.
⁵ Vgl. dazu die Nachweise bei *Otto*, § 4 Rn. 55.
⁶ *BAG* vom 10. 12. 2002, NZA 2003, 734, 739 nachdem zuvor vom *BAG* vom 12. 3. 1984, NZA 1984, 393, 398 diese Frage noch offen gelassen worden war. Vgl. zum Ganzen auch *Kissel*, § 20 Rn. 13 ff.
⁷ *BVerwG* vom 18. 12. 1992, BVerwGE 91, 327, 330 f.; *Otto*, § 4 Rn. 55 m. w. N. auch zur Gegenmeinung.
⁸ *BAG* vom 19. 6. 2007, NZA 2007, 1055, 1057; *BAG* vom 10. 12. 2002, NZA 2003, 734, 739.
⁹ *BAG* vom 31. 10. 1958, AP Nr. 2 zu § 1 TVG – Friedenspflicht; *Kissel*, § 26 Rn. 51; *Löwisch/ Rieble*, TVG, § 1 Rn. 386.
¹⁰ *BAG* vom 10. 12. 2002, NZA 2003, 734, 738.

a) Neuregelung der Kündigungsfristen

9 Die bestehenden tariflichen Regeln zu den arbeitsvertraglichen Kündigungsfristen sind von der Gewerkschaft gekündigt worden. Zwar ist grundsätzlich eine Teilkündigung eines Tarifvertrags nicht möglich, da ein Tarifvertrag ein einheitliches und in seinen Teilen aufeinander abgestimmtes Regelwerk darstellt.[11] Die Tarifvertragsparteien können aber, wie hier, die Möglichkeit der Teilkündigung ausdrücklich vorsehen.[12] Danach ist die Teilkündigung wirksam erfolgt. Sie ist auch nicht rechtsmissbräuchlich und damit gemäß § 242 BGB unwirksam, denn selbst wenn sie allein zu dem Zweck erklärt worden sein sollte, aus arbeitskampftaktischen Gründen die bestehende Friedenspflicht zu beseitigen, ohne die gekündigten Regelungen wirklich ersetzen zu wollen, ist ein solches Verhalten von Art. 9 III GG gedeckt.[13]

10 Zwar wirken die gekündigten Bestimmungen nach § 4 V TVG nach, nachwirkende Normen sind aber von der Friedenspflicht nicht mehr erfasst.[14]

b) Übrige Forderungen

11 Der Gegenstand der übrigen Forderungen ist tariflich noch nicht geregelt, insofern wurde die Friedenspflicht nicht verletzt.

c) Friedenspflicht aufgrund laufender Verhandlungen?

12 Die Friedenspflicht könnte aber deswegen verletzt sein, weil die Tarifvertragsparteien gerade Verhandlungen über einen Flächentarifvertrag mit zumindest teilweise gleichem Gegenstand (Neufassung der Kündigungsfristen) führen. Die Friedenspflicht aus dem gekündigten Tarifvertrag ist jedoch mit Wirksamwerden der Kündigung entfallen, die Friedenspflicht aus einer neuen tariflichen Vereinbarung entsteht erst mit Abschluss dieses Tarifvertrags. Zudem schließen Verhandlungen auf Flächentarifvertragsebene nicht Streiks zur Erzwingung eines firmenbezogenen Verbandstarifvertrages aus.[15]

3. Ergebnis

13 Die Friedenspflicht als schuldrechtliche Pflicht wurde nicht verletzt. Somit besteht kein Schadensersatzanspruch aus § 280 I 1 BGB.

II. Anspruch aus §§ 823 I, 31 BGB

14 Der H könnte gegen die IG Metall jedoch ein deliktischer Schadensersatzanspruch aus §§ 823 I, 31 BGB zustehen.

---

[11] *Löwisch/Rieble*, TVG, § 1 Rn. 509.
[12] Allgemeine Meinung, vgl. nur *Löwisch/Rieble*, TVG, § 1 Rn. 509. Streitig ist, ob die Teilkündigung auch ohne entsprechende tarifvertragliche Regelung zulässig ist; offengelassen in *BAG* vom 3. 5. 2006, NZA 2006, 1125 ff.
[13] *BAG* vom 24. 4. 2007, NZA 2007, 987, 998.
[14] *Otto*, § 7 Rn. 10.
[15] Unzulässig ist aber der Streik gegen einen verbandsangehörigen Arbeitgeber mit dem Ziel, einen Firmentarifvertrag abzuschließen, wenn der geltende (ungekündigte!) Verbandstarifvertrag inhaltlich bereits eine Regelung enthält, die mit der angestrebten in einem innerlichen Zusammenhang steht, *BAG* vom 10. 12. 2002, NZA 2003, 734, 738.

1. Anwendbarkeit von § 31 BGB

§ 31 BGB, der die Haftung eines Vereins für zum Schadensersatz verpflichtende 15
Handlungen eines Organs regelt, setzt nach seinem Wortlaut einen rechtsfähigen
Verein voraus; die IG Metall ist jedoch (wie die allermeisten Gewerkschaften mit
Ausnahme von ver.di) aus historischen Gründen[16] als nicht rechtsfähiger Verein
verfasst. Nach ständiger Rechtsprechung der Zivil-[17] und Arbeitsgerichtsbarkeit[18]
ist die Vorschrift jedoch auf den nicht rechtsfähigen Verein analog anwendbar.

2. Organ

Der Bezirksleiter ist nach der Satzung der IG Metall „Beauftragter des Vorstan- 16
des" und damit ein verfassungsmäßig berufener Vertreter (ebenso wie der örtliche
Streikleiter); er unterfällt daher dem Anwendungsbereich des § 31 BGB.

3. Verletztes Recht

Als verletztes Recht kommt hier das Recht am eingerichteten und ausgeübten 17
Gewerbebetrieb nach Art. 14 I GG in Betracht. Dieses ist ein sonstiges Recht i. S. v.
§ 823 I BGB.[19]

4. Rechtswidrigkeit

Die Verletzung muss rechtswidrig sein. Dies ist dann der Fall, wenn der Arbeits- 18
kampf rechtswidrig war. Die Rechtmäßigkeit eines Streiks beurteilt sich nach
folgenden Kriterien:

a) Tariflich regelbares Ziel

Ein rechtmäßiger Arbeitskampf setzt voraus, dass er um einen Gegenstand 19
geführt wird, der gemäß § 1 I TVG tariflich regelbar ist.[20] Dabei sind die unterschiedlichen Forderungen der Gewerkschaft zu betrachten, wobei bereits ein rechts-
widriges Kampfziel auch bei i. Ü. zulässigen weiteren Kampfzielen den gesamten
Arbeitskampf rechtswidrig macht:[21] Denn es handelt sich nicht um mehrere Arbeitskämpfe um einzelne Tarifziele, sondern um einen Arbeitskampf für einen
einheitlichen Tarifvertrag.

aa) Standorterhalt

Die Frage des Standortes ist kein tariflich regelbares Ziel, sondern liegt allein in 20
der Entscheidungsmacht des Arbeitgebers. Ein darauf gerichteter Streik („ob" der
Verlagerung) wäre als unzulässiger Eingriff in den durch Art. 12 I GG geschützten

---

[16] Die preußische Verwaltung konnte die Eintragung eines Vereins mit sozialpolitischen Zwecken verhindern. Um sich dieser Kontrolle nicht zu unterwerfen, verzichteten die Gewerkschaften bei ihrer Gründung auf Eintragung. Näheres bei *Kittner*, S. 271 ff.
[17] *BGH* vom 6. 10. 1964, BGHZ 42, 210, 216; *BGH* vom 11. 7. 1968, BGHZ 50, 325, 329.
[18] *BAG* vom 21. 6. 1988, NZA 1988, 846, 850.
[19] St. Rspr. seit *BAG* vom 4. 5. 1955, AP Nr. 2 zu Art. 9 GG – Arbeitskampf.
[20] St. Rspr., zuletzt *BAG* vom 10. 12. 2002, NZA 2003, 734, 740.
[21] *Kissel*, § 24 Rn. 11 („Rühreitheorie"); *Otto*, § 5 Rn. 25; in diese Richtung auch *BAG* vom 4. 5. 1955, AP Nr. 2 zu Art. 9 GG – Arbeitskampf; *BAG* vom 27. 6. 1989, AP Nr. 113 zu Art. 9 GG – Arbeitskampf; *BAG* vom 10. 12. 2002, NZA 2003, 734, 741 (jedenfalls bei Hauptforderungen).

Bereich der Unternehmensautonomie²² rechtswidrig.²³ Fraglich ist jedoch, ob hier eine solche Forderung erhoben wurde.

21 Entscheidend ist dabei allein auf den gewerkschaftlichen Streikbeschluss abzustellen. Mangels anderer Informationen ist hier davon auszugehen, dass er bzgl. des Kampfzieles inhaltlich dem Schreiben an den Arbeitgeberverband entsprach. Dort wurde die Forderung nach Standorterhalt aber nicht erhoben. Andere Äußerungen zur Thematik, wie z. B. in der Werkszeitung und in Flugblättern, sind nach Auffassung der Rechtsprechung unmaßgeblich und ohne Einfluss auf den durch den Streikbeschluss festgelegten Forderungskatalog.²⁴ Daher ist davon auszugehen, dass die (rechtswidrige) Forderung nach einem Standorterhalt nicht Gegenstand des Arbeitskampfes war.

bb) Verlängerte Kündigungsfristen

22 Kündigungsfristen sind als Beendigungsnormen gem. § 1 I TVG tariflich regelbar (vgl. auch § 622 IV BGB). Die Länge der Fristen könnte hier aber zum Leerlaufen der grundrechtlich durch Art. 12 I GG geschützten Unternehmensautonomie führen. Der Kernbereich der Unternehmensautonomie (Entscheidung über Betriebsschließung, -veräußerung, -verlagerung, Personalabbau, Investitionen, Strukturen etc.) ist unantastbar. Diesen Kernbereich einschränkende Maßnahmen sind rechtswidrig. Somit stehen sich hier Art. 12 I GG auf der einen und Art. 9 III GG auf der anderen Seite gegenüber; der Ausgleich ist im Wege der praktischen Konkordanz zu suchen.

23 Für die Rechtswidrigkeit der Forderung nach solchen extrem langen Kündigungsfristen ließe sich die Rechtsprechung des BAG zur Kündigung tarifvertraglich Unkündbarer anführen.²⁵ Demnach sind Kündigungsbeschränkungen, die den Arbeitgeber verpflichten, ein unzumutbares Arbeitsverhältnis aufrecht zu erhalten, verfassungswidrig. Im konkreten Fall hielt es das BAG für unzumutbar, einen Arbeitnehmer noch für 5 Jahre bezahlen zu müssen, obwohl es keinerlei Verwendung mehr für seine Arbeitskraft gab, und ließ eine außerordentliche Kündigung mit sozialer Auslauffrist zu. Wenn dies schon bei der Kündigung nur eines Arbeitsverhältnisses gelte, müsse dieser Grundsatz erst Recht Anwendung finden, wenn es um die betriebsbedingte Kündigung einer Vielzahl von Arbeitsverhältnissen gehe.²⁶ Zudem wird im Schrifttum darauf hingewiesen, dass Tarifforderungen den gleichen Maßstäben unterlägen wie Tarifverträge. Eine Tarifforderung müsse so gestellt sein, dass die Gegenseite mit einem bloßen „Ja" den Tarifvertrag zustandekommen lassen könnte. Sei aber schon eine Forderung rechtswidrig mit der Folge, dass ein entsprechender Tarifvertrag rechtswidrig wäre, dann sei der ganze Arbeitskampf rechtswidrig.²⁷

24 Die Rechtsprechung stellt demgegenüber nur auf die Tarifforderung ab, nicht aber auf einen möglichen, darauf beruhenden Tarifvertrag. Das Aufstellen von Maximalforderungen sei in Tarifverhandlungen üblich. Entscheidend sei allein, was im Ver-

---

²² *Höfling*, ZfA 2008, 1, 20 f. mit umfangreichen Nachweisen.
²³ *LAG Hamm* vom 31. 5. 2000, NZA-RR 2000, 535; *Gamillscheg*, S. 339; *Nicolai*, SAE 2004, 240, 241; *Reichold*, BB 2004, 2814, 2816; a. A. *Kühling/Bertelsmann*, NZA 2005, 1017, 1021 ff.
²⁴ *BAG* vom 24. 4. 2007, NZA 2007, 987, 997; abl. *Gaul*, RdA 2008, 13, 19. Ist der Streikbeschluss allerdings *inhaltlich* eindeutig, kann er der Arbeitgeberseite auch über die Medien mitgeteilt werden: BAG vom 23. 10. 1996, AP Nr. 146 zu Art. 9 GG – Arbeitskampf.
²⁵ *BAG* vom 5. 2. 1998, NZA 1998, 771.
²⁶ *Nicolai*, SAE 2004, 240, 243; weitergehend *Löwisch*, BB 1998, 877, 880 f., dass der vollständige Ausschluss betriebsbedingter Kündigungen verfassungsrechtlich nicht zulässig sei.
²⁷ *Bauer/Krieger*, NZA 2004, 1019, 1022; vgl. zum Ganzen auch *Brox/Rüthers*, § 8 Rn. 138 ff.

handlungswege herauskomme. Der Arbeitskampf sei nur rechtswidrig, wenn qualitativ unzulässige Forderungen erhoben würden, d. h. bei einem auf ein tariflich nicht regelbares Ziel gerichteten Streik. Auf tariflich regelbare Gegenstände gerichtete Streikforderungen unterlägen keiner gerichtlichen Übermaßkontrolle, dies sei als Tarifzensur durch die Gerichte ein Verstoß gegen Art. 9 III GG. Eine Übermaßkontrolle der Forderung sei auch nicht zum Schutz der Grundrechte des Koalitionspartners geboten, da von der bloßen Forderung als solcher noch keine den Gegner beeinträchtigende Wirkung ausgehe. Die Rechtskontrolle liefe auf die Prüfung einer nur potentiellen Norm in Unkenntnis ihrer späteren Konkretisierung hinaus. Die Grenze sei erst bei einem auf wirtschaftliche Existenzvernichtung des Gegners gerichteten Streik erreicht. Demnach ist auf der Grundlage der BAG-Rechtsprechung hier die Forderung nach verlängerten Kündigungsfristen rechtmäßig.[28]

cc) Abfindungszahlungen

Regelungen zu Abfindungszahlungen sind Beendigungsnormen gemäß § 1 I TVG und damit einem Tarifvertrag zugänglich. 25

dd) Sperrwirkung der §§ 111 ff. BetrVG

Bei der Schließung des Werkes und der Verlagerung der Produktion handelt es 26 sich um eine Betriebsänderung gemäß § 111 S. 3 Nr. 1 und 2 BetrVG.[29] Der tariflichen Regelbarkeit der erhobenen Forderungen könnte dann aber entgegenstehen, dass die §§ 111 ff. BetrVG für die hier vorliegende Situation der Betriebsänderung bereits detaillierte Regelungen enthalten und die dort vorgesehenen Instrumente zur Milderung sozialer Nachteile für die Arbeitnehmer (Interessenausgleich, Sozialplan) abschließend sind.

Für eine Sperrwirkung sprechen folgende Argumente: Der Vorrang des Tarif- 27 vertrages würde dazu führen, dass sinnvolle Verhandlungen über den vom Betriebsverfassungsgesetz eigentlich vorgesehenen Sozialplan letztlich unmöglich würden, da erst nach Abschluss des Tarifvertrag klar wäre, was im Sozialplan noch vereinbart werden kann. Letztlich wäre sogar eine vollständige Ersetzung möglich, oder im Sozialplan würde durch die Gewerkschaft das auch noch durchgesetzt, was im Tarifvertrag nicht durchgesetzt werden konnte.[30] Ein betrieblicher Sozialplan ist für Arbeitnehmer vorteilhafter: zum einen ist der Betriebsrat sachnäher als die Gewerkschaft. Zudem hat nur der betriebliche Sozialplan die Wirkung einer Betriebsvereinbarung (§ 112 I 3 BetrVG) und wirkt damit zwingend und unmittelbar auf alle Arbeitsverhältnisse, der Tarifvertrag dagegen nur auf diejenigen der Tarifgebundenen, was eine Ungleichbehandlung der von der Betriebsänderung gleichermaßen betroffenen Arbeitnehmer darstellt.[31] Beteiligungsrechte des Betriebsrats können zum anderen durch Tarifvertrag nicht eingeschränkt werden; ein freiwilliger Verzicht des Betriebsrats ist unbeachtlich, weil es sich bei den gesetzlichen Mitbestimmungsrechten um unverzichtbare Rechte handelt.[32] Der Tarifsozialplan belässt dem Sozialplan aber letztlich keinen Regelungsbereich mehr; der Betriebsrat würde in einem gesetzlich zwingend vorgeschriebenen Verfahren funk-

---

[28] *BAG* vom 24. 4. 2007, NZA 2007, 987, 996 f.
[29] Ausführlich dazu Fall 4 Rn. 70 ff.
[30] *Nicolai*, RdA 2006, 33 f.; *Rolfs/Clemens*, NZA 2004, 410, 414 f.
[31] *Nicolai*, RdA 2006, 33, 35.
[32] *BAG* vom 26. 4. 2005, NZA 2005, 892; *BAG* vom 14. 11. 2006, NZA 2007, 399, 403; *Gamillscheg*, S. 155.

tionslos gestellt.³³ Die faktische Entwertung der Mitbestimmung wäre aber genauso unzulässig wie eine ausdrückliche Beschränkung.

28 Das BAG³⁴ und mit ihm ein Teil des Schrifttums lehnen eine solche Sperrwirkung der §§ 111 ff. BetrVG für die Regelungskompetenz der Tarifvertragsparteien jedoch ab. § 112 I 4 BetrVG zeige, dass dem Gesetzgeber das Nebeneinander betrieblicher und tariflicher Regeln im Gegenstandsbereich eines Sozialplans bewusst war; gleichwohl habe er keine Kollisionsregel geschaffen. Daher seien ein Tarifvertrag, der ohne weiteres nur für Organisierte gelte, und ein Sozialplan, der für alle Arbeitnehmer gelte, nebeneinander möglich. Die Konkurrenz sei ggfs. nach dem Günstigkeitsprinzip zu lösen. Eine Besserstellung der Gewerkschaftsmitglieder gegenüber den Nichtorganisierten sei dem geltenden Tarifrecht systemimmanent.³⁵ Tarif- und Betriebsverfassungsrecht seien unterschiedliche Systeme, die jeweils eigenen Regeln unterlägen. Daher wäre eine Einschränkung der Regelungsbefugnis der Tarifvertragsparteien durch das BetrVG systemfremd; für eine solche Einschränkung der grundgesetzlich geschützten Tarifautonomie gebe es keine Rechtsgrundlage, im Gegenteil, § 2 III BetrVG besage ausdrücklich, dass die Aufgaben der Koalitionen durch das Betriebsverfassungsgesetz nicht berührt werden.³⁶ Daher ist auf der Grundlage der höchstrichterlichen Rechtsprechung davon auszugehen, dass die tarifliche Regelbarkeit trotz der §§ 111 ff. BetrVG gegeben ist, diese betriebsverfassungsrechtlichen Normen also keine Sperrwirkung für tarifliche Regelungen entfalten.

ee) Zwischenergebnis

29 Der Arbeitskampf ist auf tariflich regelbare Ziele gerichtet.

b) Friedenspflicht

30 Die Friedenspflicht ist nicht verletzt.³⁷

c) Arbeitskampf zwischen Tarifvertragsparteien; Erstreikbarkeit eines firmenbezogenen Verbandstarifvertrags?

31 Die Rechtmäßigkeit eines Arbeitskampfes setzt weiter voraus, dass es sich bei den daran Beteiligten um tariffähige Vereinigungen (§ 2 TVG) handelt und diese die Befugnis zum Abschluss des umkämpften Tarifvertrages besitzen. Formal handelt es sich hier um einen Arbeitskampf gegen den Arbeitgeberverband. Allerdings geht es allein um einen firmenbezogenen Verbandstarifvertrag (nicht um einen Firmentarifvertrag), also einen Tarifvertrag, der zwar mit dem Arbeitgeberverband abgeschlossen wird, aber letztlich nur auf einen einzigen Arbeitgeber anwendbar sein soll.

32 Fraglich ist, ob der Verband einen solchen, auf nur ein einziges Mitgliedsunternehmen beschränkten Tarifvertrag überhaupt schließen kann. Dem könnte zum einen die Betätigungsfreiheit des einzelnen Arbeitgebers entgegenstehen (Art. 9 III, 12 GG); zum anderen könnte der vereinsrechtliche Gleichheitssatz verletzt sein.

---

[33] *LAG Hamm* vom 31. 5. 2000, NZA-RR 2000, 535, 537; *Lieb*, DB 1999, 2058, 2067 f.
[34] *BAG* vom 6. 12. 2006, NZA 2007, 821, 824; *BAG* vom 24. 4. 2007, NZA 2007, 987, 995.
[35] *Fischinger*, NZA 2007, 310, 312; a. A. *Lobinger*, Arbeitskämpfe und Standortschließungen und -verlagerungen, ZAAR-Schriftenreihe, Bd. 2, 2005, Rn. 51; *Schiefer/Worzalla*, DB 2006, 46, 47.
[36] *Kühling/Bertelsmann*, NZA 2005, 1017, 1019; abw. *Franzen*, Kampfverbot für einzelne Tarifinhalte?, in: Zukunft des Arbeitskampfes – 1. Ludwigsburger Rechtsgespräch, 2005, Rn. 29 f., der eine Parallele zu den tariflich nicht regelbaren personellen Maßnahmen i. S. d. §§ 93 – 95 BetrVG zieht.
[37] Siehe oben Rn. 8 ff.

In der Literatur wird geltend gemacht, dass dem Verband die Legitimation fehle, 33
einen gegen den Willen des alleinigen betroffenen Unternehmens gerichteten Tarifvertrag zu schließen, da dies dem Zweck des Art. 9 III GG geradezu entgegenstehe.
Ein solches Legitimationsdefizit im Innenverhältnis habe auch Außenwirkung.[38]
Dem kann jedoch entgegengehalten werden, dass die Tarifvertragsparteien in Ausübung ihrer Tarifautonomie selbst über den Geltungsbereich der von ihnen geschlossenen Tarifverträge bestimmen können. Der einzelne Arbeitgeber wird in
seiner grundrechtlich garantierten Betätigungsfreiheit nicht beeinträchtigt, denn er
hat sich durch seinen Beitritt zum Arbeitgeberverband dessen Tarifvertragsabschlusskompetenz auch für Firmentarifverträge unterworfen.[39]

Im Abschluss eines solchen nur für ein einziges Mitgliedsunternehmen geltenden 34
Tarifvertrages liegt auch kein die Unwirksamkeit herbeiführender Verstoß gegen
den vereinsrechtlichen Gleichbehandlungsgrundsatz, da dieser lediglich Vereinsbinnenrecht ist ohne Außenwirkung; auch ein gegen die Satzung des Arbeitgeberverbandes verstoßender Tarifvertrag ist wirksam.[40]

Ein solcher Tarifvertrag ist auch erstreikbar: Aus Art. 9 III GG folgt nicht, dass 35
Gewerkschaften nur Tarifverträge fordern könnten, die für alle Verbandsmitglieder
gelten sollen. Die kollektive Betätigungsfreiheit des Arbeitgeberverbandes ist erst
verletzt, wenn der Streik gerade darauf gerichtet ist, das Unternehmen zur Aufgabe
seiner Verbandsmitgliedschaft zu bewegen[41] (was hier nicht der Fall ist). Die
individuelle Koalitionsfreiheit des Unternehmens ist auch nicht verletzt: gilt dies
schon beim Firmentarifvertrag,[42] dann erst recht beim firmenbezogenen Verbandstarifvertrag.[43]

d) Verhältnismäßigkeit (ultima ratio)

Arbeitskampfmaßnahmen dürfen erst ergriffen werden, wenn ohne sie ein Tarif- 36
abschluss im Verhandlungswege nicht zu erwirken ist; sie stehen unter dem Gebot
der Verhältnismäßigkeit.[44] Hier werden parallel gerade Verhandlungen auf Flächentarifebene geführt. Damit könnte die Gewerkschaft verpflichtet sein, zur Erstreikung eines firmenbezogenen Verbandstarifvertrags erst einmal abzuwarten, bis die
parallel geführten Verhandlungen auf Flächentarifebene gescheitert sind.

Das BAG hat eine solche Verpflichtung jedoch verneint. Verhandlungen alleine 37
begründeten weder eine Friedenspflicht noch eine vorvertragliche Verpflichtung
und Selbstbindung der Tarifvertragsparteien, den betreffenden Gegenstand ausschließlich im Rahmen eines Flächentarifvertrages zu regeln. Aus der Bereitschaft
zu Verhandlungen über die Regelung einer Materie im Flächentarifvertrag folge
nicht, dass der Arbeitgeberverband bereit wäre, auch über die nur für ein bestimmtes Mitglied geforderten Sonderregeln mit Wirkung für alle seine Mitglieder zu
verhandeln, und deshalb der Streik für einen firmenbezogenen Verbandstarifvertrag
nicht mehr erforderlich wäre.[45] Auf dieser Grundlage ist der Streik daher nicht als
unverhältnismäßig anzusehen, da der Arbeitgeberverband den Abschluss des geforderten Tarifvertrages abgelehnt hat.

---

[38] *Höfling*, ZfA 2008, 1, 13 ff.; *Lobinger*, RdA 2006, 12, 20 f.
[39] *Kissel*, § 26 Rn. 135.
[40] *BAG* vom 10. 12. 2002, NZA 2003, 734, 737.
[41] *BAG* vom 10. 12. 2002, NZA 2003, 734, 738.
[42] *BAG* vom 10. 12. 2002, NZA 2003, 734.
[43] *BAG* vom 24. 4. 2007, NZA 2007, 987, 992 f.
[44] *BAG (GS)* vom 21. 4. 1971, AP Nr. 43 zu Art. 9 GG – Arbeitskampf.
[45] *BAG* vom 24. 4. 2007, NZA 2007, 987, 993.

e) Arbeitskampfparität

38 Die dem Tarifvertrag innewohnende Richtigkeitsgewähr des Tarifvertrags setzt ein Gleichgewicht der Verhandlungspartner voraus; dadurch soll sichergestellt werden, dass möglichst gleiche Verhandlungschancen bestehen und nicht eine Seite der anderen ihren Willen aufzwingen kann (Arbeitskampfparität).[46]

aa) Schwächung der Solidarität der Verbandsmitglieder

39 Die Parität könnte aber dadurch gestört sein, dass die durch firmenbezogene Verbandstarifverträge gebundenen Mitgliedsunternehmen an der Abwehr einer später durch die Gewerkschaft angestrebten Regelung in einem Flächentarifvertrag kein Interesse mehr hätten. Die Gewerkschaft könnte also in der Fläche ihre Forderungen leichter durchsetzen, je mehr Unternehmen bereits durch firmenbezogene Verbandstarifverträge gebunden sind.

40 Das BAG nimmt hier jedoch keine Störung der Kampfparität an, da zum einen die befürchtete Abnahme der Solidarität nicht den Arbeitskampf um den hier vorliegenden Tarifsozialplan, sondern allenfalls den (möglicherweise später stattfindenden) Arbeitskampf um den Flächentarifvertrag betreffe, zum anderen die Solidarisierung und Mobilisierung der Mitglieder im Falle eines Arbeitskampfes Sache des Verbandes sei und außerhalb der Verantwortung der staatlichen Gerichte liege.[47]

bb) Störung der Kampfparität durch tariflichen Sozialplan

41 Im konkreten Fall des Arbeitskampfes um einen tariflichen Sozialplan könnte die Kampfparität gleichwohl gestört sein. Denn der betriebliche Sozialplan ist gemäß § 112 IV BetrVG auf jeden Fall erzwingbar. Insofern stellt sich die Situation anders dar als bei normalen Tarifverhandlungen: Dort kann der Arbeitgeber die gewerkschaftlichen Forderungen ablehnen und versuchen, den Arbeitskampf zu gewinnen; hier ist aber die Forderung auf jeden Fall spätestens über den Weg des betrieblichen Sozialplans erzwingbar. Der Arbeitgeber kann also einer Regelung letztlich nicht entgehen[48] („Der Arbeitgeber wird von zwei Seiten in die Zange genommen"). Daraus lässt sich der Schluss ziehen, dass sich der Gesetzgeber – wenn schon nicht gegen den Sozialtarifvertrag insgesamt – mit der Normierung des betriebsverfassungsrechtlichen Einigungsstellenverfahrens aber jedenfalls gegen das Mittel des Arbeitskampfes entschieden hat, soweit es um die Durchsetzung von Sozialplaninhalten geht.[49]

42 Die Rechtsprechung sieht darin jedoch keine Störung der Arbeitskampfparität. Das Verhandlungsgleichgewicht werde nicht strukturell zu Lasten des Verbandes verschoben, seine Verteidigungsmöglichkeiten würden dadurch nicht berührt. Da der Streik um tarifliche Abfindungsansprüche wirtschaftlich betrachtet mit dem Ziel der Aufstockung betrieblich begründeter Ansprüche geführt werde und die Betriebsparteien durch entsprechende Regelungen im Sozialplan eine Kumulation der Ansprüche vermeiden könnten, vermöge sich die kampflose Erzwingbarkeit eines betrieblichen Sozialplanes sogar negativ auf die Streikwilligkeit der Arbeitnehmer auszuwirken. Auf jeden Fall aber könne die Wahrung der Kampfparität zwar zu

---

[46] *BAG (GS)* vom 21. 4. 1971, AP Nr. 43 zu Art. 9 GG – Arbeitskampf; *BAG* vom 10. 6. 1980, AP Nr. 64 zu Art. 9 GG – Arbeitskampf.
[47] *BAG* vom 24. 4. 2007, NZA 2007, 987, 994.
[48] *Nicolai*, RdA 2006, 33, 38 f.; *Schiefer/Worzalla*, DB 2006, 46, 49.
[49] So auch *Bauer/Krieger*, NZA 2004, 1019, 1023; *Hohenstatt/Schramm*, DB 2004, 2214, 2216 ff.; *Willemsen/Stamer*, NZA 2007, 413, 414 f.

Einschränkungen der Mitbestimmungsrechte des Betriebsrats führen, aber sie könne nicht umgekehrt zur Beschränkung der verfassungsrechtlich geschützten Koalitionsfreiheit der Tarifvertragsparteien zu Gunsten des Betriebsrats führen. Daher müsse die Gewerkschaft mit dem Streik auch nicht abwarten, bis das betriebliche Sozialplanverfahren abgeschlossen sei, denn beide Möglichkeiten stünden unabhängig nebeneinander.[50]

Auf der Grundlage der Rechtsprechung des BAG[51] ist im vorliegenden Fall die Arbeitskampfparität nicht gestört. 43

f) Zwischenergebnis zur Rechtmäßigkeit des Streiks

Der Streik ist auf der Grundlage der höchstrichterlichen Rechtsprechung als rechtmäßig zu werten.[52] 44

5. Ergebnis

Ein Schadensersatzanspruch nach §§ 823 I, 31 BGB ist nicht gegeben. 45

III. Anspruch aus § 823 II BGB i. V. m. § 240 StGB

Ein Schadensersatzanspruch könnte sich aus § 823 II BGB ergeben, wenn der Streik eine Nötigung gemäß § 240 I, II StGB darstellt. Der rechtswidrige Streik kann strafrechtlich als Nötigung gewertet werden, da der Arbeitgeber durch die mit dem rechtswidrigen Streik verursachte Druckausübung und Schadenszufügung zu einem bestimmten Verhalten beim Tarifabschluss gezwungen werden soll.[53] Hier war der Streik aber rechtmäßig. Die Druckausübung war von der Rechtsordnung gebilligt und kann damit nicht die Voraussetzungen eines Straftatbestandes erfüllen.[54] Ein Anspruch aus §§ 823 II BGB, 240 I StGB besteht daher nicht. 46

IV. Anspruch aus § 831 I BGB

Der Bezirksleiter der IG Metall ist Organ, nicht lediglich Verrichtungsgehilfe (anders z. B. für bloße Streikposten[55]), und handelte im Übrigen nicht rechtswidrig. 47

V. Ergebnis

Ein Schadensersatzanspruch der H gegen die IG Metall besteht nicht. 48

Frage 2: Kündigungsschutzklage des A

Die Kündigungsschutzklage des A wird Erfolg haben, wenn sie zulässig und begründet ist. 49

---

[50] *BAG* vom 24. 4. 2007, NZA 2007, 987, 996.
[51] *BAG* vom 24. 4. 2007, NZA 2007, 987; ebenso *LAG Schleswig-Holstein* vom 27. 3. 2003, NZA-RR 2003, 592; *LAG Niedersachsen* vom 2. 6. 2004, NZA-RR 2005, 200; *LAG Hessen* vom 2. 2. 2006, LAGE Nr. 75 zu Art. 9 GG – Arbeitskampf.
[52] Beachte aber *LAG Berlin-Brandenburg* vom 28. 9. 2007, LAGE Nr. 78 a zu Art. 9 GG – Arbeitskampf: Bei einem bestehenden tariflichen Rationalisierungsschutzabkommen ist der Streik um den Tarifsozialplan rechtswidrig, weil insoweit die Friedenspflicht entgegensteht; dazu *Lindemann/Dannhorn*, BB 2008, 1226.
[53] *Kissel*, § 47 Rn. 40.
[54] Beachte: Dies gilt nur für die Rechtmäßigkeit des Streiks an sich. Anlässlich des (rechtmäßigen) Streiks begangene Exzesshandlungen Einzelner können sehr wohl Straftatbestände wie diejenigen der Beleidigung, Nötigung, Körperverletzung etc. erfüllen.
[55] *BAG* vom 21. 6. 1988, NZA 1988, 846, 850.

I. Zulässigkeit der Klage

1. Rechtsweg zu den Arbeitsgerichten und richtige Verfahrensart

50 Die Zulässigkeit des Rechtweges zu den Gerichten für Arbeitssachen und die Zuweisung der Streitigkeit in das Urteilsverfahren ergibt sich aus § 2 I Nr. 3 b) ArbGG, da Streitgegenstand mit der Frage der Wirksamkeit der Kündigung der Bestand des Arbeitsverhältnisses zwischen den Parteien ist.

2. Örtliche Zuständigkeit

51 Das Arbeitsgericht Hamburg ist nach § 48 Ia S. 1 ArbGG (Gerichtsstand des Arbeitsortes) zuständig.[56]

3. Klageart

52 Die Klageart ist die Feststellungsklage, gerichtet auf die Feststellung, dass das Arbeitsverhältnis nicht durch die (mit Datum bezeichnete) Kündigung beendet wurde (punktueller Streitgegenstand).

4. Übrige Sachurteilsvoraussetzungen

53 Die übrigen Sachurteilsvoraussetzungen (Partei-, Prozess- und Postulationsfähigkeit, Feststellungsinteresse, keine anderweitige Rechtshängigkeit oder entgegenstehende Rechtskraft, instanzielle Zuständigkeit des Arbeitsgerichts) sind ohne weiteres gegeben.[57]

54 Wenn A die Klage in der gebotenen Form (§§ 46 II ArbGG, 253 ZPO) ordnungsgemäß erhebt, ist diese zulässig.

II. Begründetheit der Klage

55 Die Kündigungsschutzklage ist begründet, wenn die Kündigung unwirksam war und das Arbeitsverhältnis nicht beendet hat.

1. Ordnungsgemäße Kündigungserklärung

56 Von der ordnungsgemäßen Erklärung der ordentlichen Kündigung (Schriftform nach § 623 BGB, wirksame Vertretung der AG, Zugang bei A) ist mangels entgegenstehender Informationen im Sachverhalt auszugehen.

2. Einhaltung der Klagefrist

57 Die Einhaltung der bei jeder Kündigung zu beachtenden dreiwöchigen Klagefrist des § 4 S. 1 KSchG ist eine Frage der Begründetheit, nicht der Zulässigkeit, da bei Versäumen der Frist die Kündigung gemäß § 7 KSchG als von Anfang an rechtswirksam gilt (materielle Ausschlussfrist). A muss also die Kündigungsschutzklage innerhalb von drei Wochen nach Zugang der Kündigung erheben, um die Wirksamkeitsfiktion nicht eintreten zu lassen.

---

[56] Im Übrigen besteht der allgemeine Gerichtsstand am – hier nicht im Sachverhalt angegebenen – Sitz des Arbeitgebers (§§ 46 II ArbGG, 17 I ZPO) sowie der besondere Gerichtsstand des vertraglichen Erfüllungsortes (§§ 46 II ArbGG, 29 ZPO), der hier ebenfalls Hamburg ist. Bei mehreren möglichen Gerichtsständen hat der klagende Arbeitnehmer die Wahl (§ 35 ZPO).

[57] Ausführlich zu den Zulässigkeitsvoraussetzungen der Kündigungsschutzklage *Junker*, Fälle zum Arbeitsrecht, 2005, Fall 1.

3. Betriebsratsanhörung, § 102 I BetrVG

Die Kündigung könnte unwirksam sein, weil der Betriebsrat vor Ausspruch der Kündigung nicht gemäß § 102 I BetrVG angehört wurde. Grundsätzlich ist eine solche Kündigung gemäß § 102 I 3 BetrVG unheilbar unwirksam. 58

Das Beteiligungsrecht des Betriebsrats könnte aber wegen des Arbeitskampfes suspendiert sein. Das Betriebsverfassungsgesetz enthält dazu keine Regelung. Zu berücksichtigen ist aber die typische Konfrontation zwischen Betriebsrat und Arbeitgeber im Arbeitskampf. Der Betriebsrat könnte versucht sein, seine Beteiligungsrechte zu Lasten des Arbeitgebers auszunutzen (Interessenkonflikt). In diesem Fall käme es zu einer Störung der Arbeitskampfparität. Daher hat der Betriebsrat eines unmittelbar kampfbetroffenen Betriebs für die Dauer des Arbeitskampfes bei arbeitskampfbedingten personellen Maßnahmen keine Beteiligungsrechte.[58] 59

Hier erfolgte die Kündigung als Reaktion auf den Arbeitskampf („Kampfkündigung"). Damit war der Betriebsrat nicht nach § 102 I BetrVG zu hören, die Kündigung ist damit nicht wegen fehlender Anhörung unwirksam. 60

4. Kündigungsschutz nach dem KSchG

Die Kündigung könnte jedoch sozial ungerechtfertigt und damit gemäß § 1 KSchG unwirksam sein. 61

a) Anwendbarkeit des KSchG

Die Anwendbarkeitsvoraussetzungen gemäß §§ 1 I, 23 I KSchG (Dauer des Arbeitsverhältnisses, Betriebsgröße) sind gegeben. Allerdings sind gemäß § 25 KSchG arbeitskampfbedingte Kündigungen ausdrücklich vom Anwendungsbereich des Gesetzes ausgenommen; dies würde bedeuten, dass A eine Berufung auf das KSchG hier verwehrt wäre. 62

Die Vorschrift wird mittlerweile jedoch nicht mehr angewandt. Dies hat historische Hintergründe: Zur Zeit der Schaffung des KSchG 1951 herrschte ein individualrechtliches Verständnis des Arbeitskampfes. Der Arbeitnehmer musste vor Streikteilnahme kündigen; der Arbeitgeber musste seinerseits den Arbeitnehmern kündigen, wenn er zum Mittel der Aussperrung greifen wollte. Damit wäre aber die Arbeitskampfparität durch das KSchG beeinträchtigt worden: denn die Arbeitnehmer hätten ohne jede Voraussetzung und nur unter Einhaltung der Kündigungsfrist kündigen und sich dann am Streik beteiligen können, während die Arbeitgeber die Kündigung und dann die Aussperrung nur unter den sehr eingeschränkten Voraussetzungen des KSchG hätten durchführen können. Diesen Wertungswiderspruch sollte § 25 (damals § 23) KSchG von vornherein ausschließen und die Arbeitskampfparität damit wahren. 63

Mit der Grundsatzentscheidung des BAG vom 28. 1. 1955[59] hat sich das Verständnis des Arbeitskampfes jedoch zu einer kollektivrechtlichen Auffassung gewandelt. Der rechtmäßige Streik suspendiert die gegenseitigen Hauptleistungspflichten.[60] Eine vorherige Kündigung ist zur Streikteilnahme bzw. Aussperrung nicht mehr notwendig. Damit wurde § 25 KSchG gegenstandslos, allerdings hat sich der Gesetzgeber bislang nicht zu einer Aufhebung durchringen können („heißes Eisen"). 64

---

[58] *BAG* vom 14. 2. 1978, AP Nr. 58 zu Art. 9 GG – Arbeitskampf; *BAG* vom 6. 3. 1979, AP Nr. 20 zu § 102 BetrVG 1972; *BAG* vom 10. 12. 2002, AP Nr. 59 zu § 80 BetrVG 1972. Beachte allerdings: Reine Informationsrechte des Betriebsrats bleiben erhalten, *BAG* vom 10. 12. 2002, NZA 2004, 223.
[59] *BAG* vom 28. 1. 1955, AP Nr. 1 zu Art. 9 GG – Arbeitskampf.
[60] *BAG (GS)* vom 21. 4. 1971, AP Nr. 43 zu Art. 9 GG – Arbeitskampf.

65 § 25 KSchG steht somit einer Anwendung des KSchG nicht im Wege.[61]

b) Soziale Rechtfertigung

66 Die Kündigung könnte als verhaltensbedingte Kündigung gemäß § 1 II KSchG sozial gerechtfertigt sein. Die Verweigerung der Arbeitsleistung kann eine Kündigung rechtfertigen. Durch den rechtmäßigen Streik wie hier werden aber die gegenseitigen arbeitsvertraglichen Hauptleistungspflichten suspendiert, so dass eine Arbeitsverweigerung keinen Bruch des Arbeitsvertrages mehr darstellt. Somit ist eine Kündigung dann nur wegen anlässlich des Streiks begangener rechtswidriger Handlungen denkbar (Streikexzesse[62]) oder im Falle eines rechtswidrigen Streiks (dann kann auch ohne Verletzung des Gleichheitssatzes nur einem einzelnen Arbeitnehmer gekündigt werden, sog. „herausgreifende Kündigung", wenn die Auswahl nach sachlichen Kriterien erfolgt, z. B. bei herausgehobener Kampfbeteiligung[63]). Dies lag hier aber nicht vor, so dass mangels eines verhaltensbedingten Grundes die Kündigung nicht sozial gerechtfertigt ist.

III. Ergebnis

67 Die Kündigung ist nicht sozial gerechtfertigt und daher unwirksam; sie hat das Arbeitsverhältnis nicht beendet. Die Kündigungsschutzklage des A wird Erfolg haben.

---

[61] Zum Ganzen *Kissel*, § 46 Rn. 87 ff.
[62] Ob hier wieder die Verpflichtung zur Anhörung des Betriebsrats besteht, ist streitig, vgl. *Kissel*, § 36 Rn. 74.
[63] *BAG* vom 21. 10. 1969, AP Nr. 41 zu Art. 9 GG – Arbeitskampf.

Fall 6. Fernbeziehung

Nach BAG vom 19. 6. 2007, NZA 2007, 1055 ff.; BAG vom 22. 12. 1980, AP Nr. 70 zu Art. 9 GG – Arbeitskampf sowie BAG vom 22. 12. 1980, AP Nr. 71 zu Art. 9 GG – Arbeitskampf.

Sachverhalt

Im Tarifgebiet der Metallindustrie Nordwürttemberg/Nordbaden gilt ein Tarifvertrag, wonach Arbeiter in bestimmten Arbeitssystemen Anspruch auf pauschale Erholzeiten haben. Nach Kündigung dieses Tarifvertrages und Auslaufen der Friedenspflicht kommt es zu als Warnstreiks bezeichneten mehrstündigen Arbeitsniederlegungen, zu denen die IG Metall zur Durchsetzung ihrer Forderung nach Wiederinkraftsetzung des gekündigten Tarifvertrages aufgerufen hat. Betroffen ist auch das Stuttgarter Werk des verbandsangehörigen Maschinenbauunternehmens L-AG (L) mit 5.000 Beschäftigten. Infolge der sich ohne Ergebnis hinziehenden Verhandlungen werden die Warnstreiks ohne vorherige Urabstimmung auf immer mehr Betriebe und auch in ihrer Dauer ausgeweitet, so dass im Werk schließlich der Bereich Maschinenproduktion mangels ausreichender Anzahl an arbeitswilligen Mitarbeitern für 2 Tage eingestellt wird. Dies wird einen Tag vorher allen Mitarbeitern, nicht aber der IG Metall und dem Betriebsrat, mitgeteilt.

A ist bei L in Stuttgart in der Maschinenproduktion (Montage) beschäftigt. Er ist Mitglied der IG Metall und beteiligt sich von Beginn an am Streik. Die Werksleitung hält den Streik wegen fehlender Urabstimmung jedoch für unzulässig und erteilt dem A wie den anderen Streikenden eine Abmahnung wegen Arbeitsverweigerung. A will das nicht hinnehmen, er verlangt unverzügliche Entfernung der Abmahnung aus seiner Personalakte.

B, kein Gewerkschaftsmitglied, arbeitet bei L im Bereich Instandhaltung; dort ist die Anzahl der Streikenden geringer. B beteiligt sich nicht am Streik, so dass eine Weiterbeschäftigung an sich möglich wäre. Da aber die Produktion steht, sieht die Werkleitung keinen Bedarf für Instandhaltungsarbeiten, so dass auch B wie alle anderen Instandhaltungsarbeiter nach Hause geschickt wird. B verlangt seinen Lohn für die ausgefallene Arbeitszeit. Er sei arbeitswillig gewesen und am ersten Tag am Arbeitsplatz erschienen, ihm sei jedoch unmissverständlich gesagt worden, dass er während des streikbedingten Produktionsstillstandes nicht eingesetzt werde und zuhause bleiben könne. Seiner Auffassung nach hätte er jedoch trotz des Stillstandes der Produktion sehr wohl sinnvoll eingesetzt werden können, nämlich in der ohnehin nötigen Wartung der stillstehenden Produktionsanlagen.

Die S-AG (S) ist Mitglied im Arbeitgeberverband der Metall- und Elektroindustrie Nordrhein-Westfalen. Dieser ist, ebenso wie der baden-württembergische Verband, Mitglied bei Gesamtmetall, dem Dachverband der Metallindustrie auf Bundesebene. Die S stellt in ihrem in Nordrhein-Westfalen gelegenen Betrieb Spritzgussteile für die Maschinenbauindustrie her. Zu den Hauptabnehmern gehören die im Raum Stuttgart (Tarifgebiet Nordwürttemberg/Nordbaden) ansässigen

Hersteller. Infolge der durch die Arbeitsniederlegungen bewirkten Produktionsausfälle bei ihren Kunden kann S ihre Spritzgussteile nicht mehr absetzen. Da infolge der Verkettung der Produktion (just-in-time-Lieferungen) eine Produktion „auf Halde" ausscheidet und die Mitarbeiter somit nicht mehr in wirtschaftlich sinnvoller Weise eingesetzt werden können, stellt auch S die Produktion im Bereich Spritzgussteile komplett ein. Die Werkleitung informiert den Betriebsrat darüber einen Tag vorher. Es wäre allerdings auch möglich gewesen, aufgrund des absehbaren Abnahmestops die Produktion durch schrittweise Arbeitszeitverkürzung langsam zu reduzieren und damit noch für einige Tage in reduziertem Umfang aufrecht zu erhalten.

Der bei S im Bereich Spritzgussteile beschäftigte Arbeiter D unterstützt die Forderung der Kollegen in Stuttgart, wofür er auch zu streiken bereit wäre. Da es aber im Tarifgebiet NRW einen vergleichbaren Tarifvertrag nicht gibt, findet dort auch kein Arbeitskampf statt. Auch D verlangt den Lohn für die wegen der Produktionseinstellung ausgefallene Arbeitszeit.

1. Bestehen die von A und B geltend gemachten Ansprüche?
2. Hat D einen Lohnanspruch gegen seinen Arbeitgeber für die ausgefallene Arbeitszeit?
3. Könnte die Gewerkschaft im Betrieb der S zu einem eintägigen Streik zur Unterstützung der Kollegen in Baden-Württemberg aufrufen?

Gliederung

	Rn.
Frage 1: Ansprüche von A und B gegen L	
I. Anspruch des A auf Entfernung der Abmahnung aus seiner Personalakte, §§ 1004 I 1 i. V. m. 242 BGB analog	1
1. Anwendbarkeit	2
2. Rechtmäßigkeit der Abmahnung wegen Arbeitsverweigerung: Suspendierung der Hauptleistungspflichten durch rechtmäßigen Streik?	4
a) Tariflich regelbares Ziel	5
b) Friedenspflicht	6
c) Tariffähige Parteien	7
d) Arbeitskampfbeschluss	8
e) Verhältnismäßigkeit (ultima ratio)	9
3. Ergebnis	14
II. Ansprüche des B auf Arbeitslohn für die Streiktage, §§ 611 I, 615 S. 1 BGB i. V. m. dem Arbeitsvertrag	15
1. Bestehendes Arbeitsverhältnis	16
2. Verhältnis des § 615 S. 1 BGB zu den Unmöglichkeitsvorschriften	17
3. Angebot der Arbeitsleistung	19
4. Nichtannahme der Arbeitsleistung	20
5. Suspendierung der gegenseitigen Hauptleistungspflichten	21
a) Suspendierung durch Streik	22
b) Suspendierung durch Aussperrung	23
c) Suspendierung durch Betriebsstilllegung	24
6. Ergebnis	32

Fall 6. Fernbeziehung

Frage 2: Lohnanspruch des D gegen S aus §§ 611 I, 615 S. 1 BGB i. V. m. dem Arbeitsvertrag

I. Bestehendes Arbeitsverhältnis	34
II. Nichtannahme der ordnungsgemäß angebotenen Arbeitsleistung	35
III. Suspendierung der gegenseitigen Hauptleistungspflichten: Betriebsstilllegung im mittelbar streikbetroffenen Betrieb	36
1. Zuweisung des Arbeitskampfrisikos (Fernwirkungen)	37
2. Dogmatische Begründung der Befugnis zur Betriebsstilllegung	39
a) Sphärentheorie	40
b) Partizipationsprinzip	41
c) Paritätsprinzip (BAG)	42
3. Voraussetzungen der Betriebsstilllegung	45
a) Weiterbeschäftigung unmöglich oder unzumutbar	46
b) Keine unternehmerische Fehldisposition	47
c) Beteiligung des Betriebsrats	48
aa) Mitbestimmungsrecht gemäß § 87 I Nr. 3 BetrVG	49
bb) Arbeitskampfbedingte Einschränkung des Mitbestimmungsrechts	50
cc) Umfang des Mitbestimmungsrechts	51
dd) Rechtsfolge der Verletzung des Mitbestimmungsrechts	53
IV. Weitere Voraussetzungen des Annahmeverzugs	55
V. Ergebnis	57

Frage 3: Streikaufruf der Gewerkschaft im Betrieb der S zur Unterstützung der in Baden-Württemberg erhobenen Forderungen

I. Friedenspflicht	59
II. Tariflich regelbare Forderung	60
1. Bisherige Rechtsprechung	61
2. Neue Rechtsprechung	63
3. Stellungnahme	64
III. Ergebnis	69

Lösung

Frage 1: Ansprüche von A und B gegen L

I. Anspruch des A auf Entfernung der Abmahnung aus seiner Personalakte aus §§ 1004 I 1 i. V. m. 242 BGB analog

A könnte gegen seine Arbeitgeberin einen Anspruch auf Entfernung der Abmahnung aus seiner Personalakte aus §§ 1004 I 1 i. V. m. 242 BGB analog haben. 1

1. Anwendbarkeit

Nach seinem Wortlaut ist § 1004 I 1 BGB, der auf eine Beeinträchtigung des 2 Eigentums abstellt, nicht anwendbar. Die Rechtsprechung nimmt aber für die vorliegende Fallkonstellation eine analoge Anwendung an:[1] Mit einer Abmahnung übt ein

---

[1] St. Rsp., s. nur *BAG* vom 30. 5. 1996, NZA 1997, 145; *BAG* vom 11. 12. 2001, NZA 2002, 965, 966.

Arbeitgeber seine arbeitsvertraglichen Gläubigerrechte aus. Er weist den Arbeitnehmer als seinen Schuldner auf dessen vertragliche Pflichten hin; zugleich fordert er ihn für die Zukunft zu einem vertragstreuen Verhalten auf und kündigt individualrechtliche Konsequenzen für den Fall einer erneuten Pflichtverletzung an. Eine zur Personalakte genommene Abmahnung ist geeignet, den Arbeitnehmer in seinem beruflichen Fortkommen und seinem Persönlichkeitsrecht dauerhaft zu beeinträchtigen. Der Arbeitgeber muss daher im Rahmen seiner allgemeinen Fürsorgepflicht dafür Sorge tragen, dass die Personalakte ein zutreffendes Bild des Arbeitnehmers vermittelt.[2] Daher kann der Arbeitnehmer aus § 1004 I BGB, der nach ständiger Rechtsprechung über seinen Wortlaut hinausgehend auf alle nach § 823 BGB geschützten Rechtspositionen und damit auch das allgemeine Persönlichkeitsrecht entsprechend anwendbar ist,[3] i. V. m. § 242 BGB die Entfernung einer Abmahnung verlangen, die zu Unrecht erteilt wurde. Dies ist nicht nur dann der Fall, wenn die Abmahnung unzutreffende Tatsachenbehauptungen enthält, sondern auch, wenn sie auf einer unzutreffenden rechtlichen Bewertung des Verhaltens des Arbeitnehmers beruht.

3   §§ 1004 I 1 BGB i. V. m. 242 BGB ist daher im vorliegenden Fall die anzuwendende Anspruchsgrundlage.

2. Rechtmäßigkeit der Abmahnung wegen Arbeitsverweigerung: Suspendierung der Hauptleistungspflichten durch rechtmäßigen Streik?

4   Materielle Rechtmäßigkeitsvoraussetzung[4] der Abmahnung ist ein vertragswidriges Verhalten des Arbeitnehmers. Die Verletzung einer arbeitsvertraglichen Pflicht könnte hier darin liegen, dass A seine Hauptleistungspflicht, die Arbeitsleistung, nicht erbracht hat. Die Verpflichtung zur Arbeitsleitung könnte jedoch durch die Streikteilnahme entfallen sein; denn diese suspendiert die gegenseitigen vertraglichen Hauptleistungspflichten, vorausgesetzt, der Streik war rechtmäßig.[5] Dies hängt von folgenden Voraussetzungen ab:

a) Tariflich regelbares Ziel

5   Ein rechtmäßiger Arbeitskampf setzt voraus, dass er um einen Gegenstand geführt wird, der gemäß § 1 I TVG tariflich regelbar ist. Die Frage bezahlter Erholpausen betrifft den Inhalt von Arbeitsverhältnissen und ist damit gemäß § 1 I TVG tariflich regelbar.

b) Friedenspflicht

6   Die Friedenspflicht ist mit dem Wirksamwerden der Kündigung des Tarifvertrages abgelaufen.

c) Tariffähige Parteien

7   Der Arbeitskampf wird von der Gewerkschaft IG Metall gegen den Arbeitgeberverband und damit von tariffähigen Parteien i. S. v. § 2 I TVG geführt.

---

[2] *BAG* vom 27. 11. 1985, NZA 1986, 227, 228. Daher wird die Klagemöglichkeit gegen die Abmahnung auch nicht dadurch ausgeschlossen, dass diese in einem späteren Kündigungsschutzprozess ohnehin auf ihre Berechtigung zu überprüfen wäre, *BAG* vom 5. 8. 1992, NZA 1993, 838.
[3] MünchKomm-BGB/*Medicus*, § 1004 Rn. 6.
[4] Zu den formellen Voraussetzungen, zu denen der Sachverhalt keine Angaben enthält, vgl. *Junker*, Fälle zum Arbeitsrecht, 2005, Fall 9 Rn. 36 ff.
[5] *BAG (GS)* vom 21. 4. 1971, AP Nr. 43 zu Art. 9 GG – Arbeitskampf. Die Nebenpflichten werden dagegen vom Arbeitskampf nicht berührt, *BAG* vom 3. 8. 1999, NZA 2000, 487, 488.

d) Arbeitskampfbeschluss

Der Beschluss zum Arbeitskampf muss dem Arbeitskampfgegner bekannt gegeben werden, so dass dieser daraus eindeutig das Ziel, den zeitlichen Rahmen und den zur Teilnahme aufgerufenen Arbeitnehmerkreis erkennen kann.[6] Mangels entgegenstehender Hinweise im Sachverhalt ist hier vom Vorliegen dieser Voraussetzungen auszugehen. Allerdings liegt diesem Beschluss keine von der Gewerkschaft durchgeführte Urabstimmung zugrunde. Dies ist eine von der Satzung vorgesehene Abstimmung der Mitglieder der streikaufrufenden Gewerkschaft über den Streik. Üblicherweise ist dabei eine bestimmte Zustimmungsquote erforderlich (bei der IG Metall 75 %). Die Urabstimmung ist jedoch keine Rechtmäßigkeitsvoraussetzung, sondern lediglich eine innerverbandliche Regelung der Gewerkschaft. Als solche hat sie – wie auch die Satzungsregeln der Arbeitgeberverbände – keine Außenwirkung. Ihr Fehlen allein macht den Streik daher nicht zu einem rechtswidrigen.[7]

e) Verhältnismäßigkeit (ultima ratio)

Jede Arbeitskampfmaßnahme darf nur nach Ausschöpfung aller Verständigungsmöglichkeiten ergriffen werden; der Arbeitskampf muss das letzte mögliche Mittel (ultima ratio) sein.[8] Problematisch ist hier allerdings, dass die Verhandlungen um den Flächentarifvertrag noch gar nicht gescheitert sind, sondern andauern, und damit der Erfolg der gewerkschaftlichen Forderungen derzeit nicht absehbar ist. Somit könnte der Streik deshalb rechtswidrig sein, weil es sich nicht um das letzte Mittel handelt. Die arbeitskampfrechtliche Würdigung dieses verhandlungsbegleitenden „Warnstreiks" ist umstritten.[9] Das BAG unterwirft nunmehr – nach anderslautenden Entscheidungen in der Vergangenheit, die den kurzzeitigen Warnstreik gegenüber dem unbefristeten Erzwingungsstreik privilegierten, indem sie ihn ausdrücklich vom Erfordernis der ultima ratio ausnahmen[10] – auch den Kurzzeitstreik dem ultima-ratio-Grundsatz. Auch der Warnstreik ist letztlich ein Erzwingungsstreik. Dem wird in der Literatur im Wesentlichen zugestimmt.[11]

Umstritten ist jedoch, wann der das Merkmal des ultima-ratio-Prinzips erfüllende Zeitpunkt, also die erfolglose Ausschöpfung aller Verständigungsmöglichkeiten, erreicht ist. Das BAG geht davon aus, dass die Gewerkschaft selbst darüber entscheiden kann, wann sie Verhandlungen ohne weiteren Streikdruck noch für aussichtsreich hält: Dabei verlange das ultima-ratio-Prinzip nicht, dass die Tarifverhandlungen förmlich für gescheitert erklärt würden. In der Einleitung von Arbeitskampfmaßnahmen liege vielmehr die freie und nicht nachprüfbare Entscheidung der Gewerkschaft, dass sie die Verhandlungsmöglichkeiten ohne begleitende Arbeitskampfmaßnahme als ausgeschöpft ansehe.[12] Eine zeitliche Obergrenze für den Warnstreik lehnt das BAG (anders als in früheren Entscheidungen) ebenfalls ab.[13]

Ein Teil des Schrifttums fordert demgegenüber eine Erklärung des Scheiterns der Verhandlungen. Da diese allerdings auch konkludent erfolgen kann, dürfte i. E. der

---

[6] *Otto*, § 7 Rn. 38 f.
[7] So die h. M., *Kissel*, § 40 Rn. 16 m. w. N. A. A. *Hanau/Adomeit*, Rn. 294.
[8] *BAG (GS)* vom 21. 4. 1971, AP Nr. 43 zu Art. 9 GG – Arbeitskampf.
[9] Zum Meinungsstand *Kissel*, § 41; MünchArbR/*Otto*, § 286 Rn. 10 ff.
[10] *BAG* vom 17. 12. 1976, NJW 1977, 1079; *BAG* vom 12. 9. 1984, NZA 1984, 393, 397; *BAG* vom 29. 1. 1985, NZA 1985, 508.
[11] Vgl. *Kissel*, § 41 Rn. 30, 32.
[12] *BAG* vom 21. 6. 1988, NZA 1988, 846, 849.
[13] *BAG* vom 21. 6. 1988, NZA 1988, 846, 849.

Unterschied zur Auffassung des BAG minimal sein.[14] Schwerer wiegt jedoch der Einwand, dass das BAG in der Sache das ultima-ratio-Prinzip weitgehend aufgegeben hat.[15] Zudem wirkt die Argumentation des BAG, welches aus der Tatsache, dass gestreikt wird, auf das Scheitern der Verhandlungen schließt und somit den Warnstreik zulässt, zirkulär. Im Schrifttum werden daher bei grundsätzlicher Anerkennung des Warnstreiks Begrenzungen vorgeschlagen, um dem Verhältnismäßigkeitsgrundsatz gerecht zu werden: zum einen zeitliche Grenzen (in der Regel max. 1 Stunde, in Ausnahmefällen bis 3 Stunden), zum anderen das Verbot der Wiederholung eines Warnstreiks in demselben Betrieb.[16]

12 Unter Zugrundelegung der Rechtsprechung des BAG ist das ultima-ratio-Prinzip im vorliegenden Fall jedoch gewahrt, da die Gewerkschaft durch die Einleitung von Arbeitskampfmaßnahmen zu verstehen gegeben hat, dass sie weitere Verhandlungen ohne Streikdruck als nicht erfolgversprechend ansieht und diese Entscheidung keiner inhaltlichen Überprüfung durch die Gerichte unterliegt.

13 Der Streik ist damit rechtmäßig.

3. Ergebnis

14 Durch die Teilnahme am rechtmäßigen Streik waren die gegenseitigen Hauptleistungspflichten suspendiert. Damit durfte A die Arbeit niederlegen, ohne damit seine arbeitsvertragliche Pflicht zur Erbringung der Arbeitsleistung zu verletzen; die Abmahnung wegen Arbeitsverweigerung war rechtswidrig. A kann daher von L die Entfernung der ihm erteilten Abmahnung aus seiner Personalakte verlangen.

II. Anspruch des B auf Arbeitslohn für die Streiktage, §§ 611 I, 615 S. 1 BGB i. V. m. dem Arbeitsvertrag

15 B könnte von L den Arbeitslohn für die Tage verlangen, in denen er aufgrund der streikbedingten Einstellung der Produktion nicht zur Arbeitsleistung herangezogen wurde, wenn L dadurch in Annahmeverzug gekommen ist.

1. Bestehendes Arbeitsverhältnis

16 B hatte einen Arbeitsvertrag mit L. Damit ist der Lohnanspruch entstanden.

2. Verhältnis des § 615 S. 1 BGB zu den Unmöglichkeitsvorschriften

17 Da die Verpflichtung zur Arbeitsleistung absolute Fixschuld[17] ist, führt jeder Verzug bei deren Annahme unweigerlich zur Unmöglichkeit. Verzug und Unmöglichkeit schließen sich im Schuldrecht jedoch gegenseitig aus. Dies würde konsequent zu Ende gedacht dazu führen, dass § 615 BGB im Arbeitsrecht überhaupt keinen Anwendungsbereich hätte und stets allein § 326 II BGB zur Anwendung gelänge.

18 Die Rechtsprechung versucht dieses Dilemma dadurch zu beheben, dass sie § 615 BGB dann anwendet, wenn der Dienstberechtigte sich weigert, die an sich erbringbare Leistung zuzulassen, dagegen Unmöglichkeit annimmt, wenn trotz Annahmebereitschaft die Leistung nicht erbracht werden kann (sog. Abstrahierungsformel).[18] Vorzugswürdig erscheint jedoch demgegenüber die im Schrifttum überwiegend ver-

---

[14] Vgl. *Kissel*, § 41 Rn. 35.
[15] *Otto*, § 10 Rn. 15.
[16] *Otto*, § 10 Rn. 28 ff. m. w. N.
[17] Allgemeine Meinung, vgl. nur ErfKomm/*Preis*, § 615 BGB Rn. 7.
[18] *BAG* vom 24. 11. 1960, AP Nr. 18 zu § 615 BGB.

tretene Lehre von der Annahmeunmöglichkeit.[19] Sie lehnt im Rahmen des § 615 BGB die These von der Alternativität von Unmöglichkeit und Annahmeverzug ab. Die Norm regle vielmehr alle Fälle einer „Annahmeunmöglichkeit", gleichgültig, ob der Arbeitgeber nicht willens oder nicht in der Lage sei, die Leistung anzunehmen. Grundlage dieser Ansicht ist die Überlegung, dass die Mitwirkung des Dienstberechtigten unverzichtbare Voraussetzung der Vertragserfüllung durch den Dienstverpflichteten ist. Denn § 615 BGB beruht darauf, dass die Dienstleistungsschuld eine zeitbezogene Leistung darstellt. Die mangelnde Mitwirkung des Gläubigers beseitigt zugleich die Möglichkeit der Leistungserbringung.[20] Aus welchem Grund die Mitwirkung des Dienstberechtigten unterbleibt, ist daher unerheblich. Dies erlaubt eine Gleichbehandlung beider Fälle und damit die Anwendung des § 615 BGB.[21] Letztlich kann die Entscheidung des Meinungsstreites jedoch dahinstehen, da hier L die Dienste des B nicht annehmen wollte. Daher ist der Anwendungsbereich des § 615 BGB auch auf der Grundlage der Rechtsprechung eröffnet.

3. Angebot der Arbeitsleistung

Gemäß § 294 BGB ist grundsätzlich ein tatsächliches Angebot der Leistung erforderlich. Dieses liegt hier darin, dass B am Arbeitsplatz arbeitsbereit erschienen ist. 19

4. Nichtannahme der Arbeitsleistung

L hat die Arbeitsleistung nicht angenommen. 20

5. Suspendierung der gegenseitigen Hauptleistungspflichten

Die L ist aber dann nicht in Annahmeverzug gekommen, wenn sie die Arbeitsleistung des B gar nicht mehr annehmen musste. Dies ist dann der Fall, wenn die gegenseitigen vertraglichen Hauptleistungspflichten suspendiert waren und eine Arbeitsverpflichtung des B überhaupt nicht mehr bestand. Ist der Arbeitnehmer von der Arbeitspflicht befreit, schuldet er dem Arbeitgeber keine Dienste, dem Arbeitgeber obliegt keine Mitwirkungshandlung i. S. v. § 296 BGB.[22] 21

a) Suspendierung durch Streik

Die Suspendierung könnte durch den Streik erfolgt sein. Dies setzt aber die Streikteilnahme des Arbeitnehmers voraus,[23] die subjektive Entscheidung des Arbeitnehmers bleibt beachtlich. B hat sich jedoch am Streik nicht beteiligt. 22

b) Suspendierung durch Aussperrung

Sodann könnte die Suspendierung durch Aussperrung der Arbeitnehmer bewirkt worden sein. Die Aussperrung ist die vom Arbeitgeber vorgenommene planmäßige Ausschließung der Arbeitnehmer von der Arbeitsleistung und der daraus folgenden Verweigerung der Lohnzahlung an sie. Es handelt sich um ein Mittel der kollektiven Druckausübung durch Lohnverlust gegenüber den Ausgesperrten, um die 23

---

[19] Grundlegend *Picker*, JZ 1979, 285, 292 ff.; *ders.*, JZ 1985, 641 ff. und 693 ff.
[20] *Richardi*, NZA 2002, 1004, 1008.
[21] MünchKomm-BGB/*Henssler*, § 615 Rn. 8; ebenso ErfKomm/*Preis*, § 615 BGB Rn. 4 ff.
[22] BAG vom 23. 1. 2001, NZA 2001, 597.
[23] *Otto*, § 14 Rn. 3 ff.

Arbeitnehmerseite von der Durchsetzung ihres Kampfzieles abzubringen.[24] Sie hat als Reaktion auf den Streik wie dieser suspendierende Wirkung. Sie richtet sich nicht gegen die aktiv am Streik beteiligten Arbeitnehmer, deren Arbeitspflicht ja bereits suspendiert ist, sondern gerade gegen die Arbeitswilligen, die weiterhin zur Arbeitsleitung verpflichtet wären. Dadurch soll kampftaktisch das Druckpotential erhöht werden.[25] Die Aussperrung bedarf jedoch beim Arbeitskampf um einen Flächentarifvertrag eines Beschlusses des Arbeitgeberverbandes als kampfführender Tarifpartei;[26] ein solcher liegt hier nicht vor. Es handelt sich daher nicht um eine Aussperrung.

c) Suspendierung durch Betriebsstilllegung

24 Die Suspendierung könnte aber aufgrund der Stilllegung des Betriebs durch die L eingetreten sein. Fraglich ist, ob der unmittelbar streikbetroffene Arbeitgeber die Befugnis hat, einseitig den Betrieb stillzulegen und damit sowohl den Beschäftigungs- als auch den Entgeltzahlungsanspruch der arbeitswilligen Arbeitnehmer zu beseitigen.

25 Der Arbeitgeber hat verschiedene Möglichkeiten, auf einen ihn unmittelbar treffenden Streik zu reagieren: Er kann versuchen, den Betrieb aufrechtzuerhalten, und dort, wo es möglich ist, weiterarbeiten lassen. Den arbeitswilligen Mitarbeitern gegenüber, die er nicht einsetzen kann, kann er sich auf den Wegfall seiner Lohnzahlungspflicht berufen. Der unmittelbar bestreikte Arbeitgeber hat nach der Rechtsprechung des BAG zudem das Recht zur (Teil-)Betriebsstilllegung mit der Folge der Suspendierung der Beschäftigungs- und Lohnzahlungspflicht auch gegenüber den arbeitswilligen Arbeitnehmern.[27] Dies gilt unabhängig davon, ob die Aufrechterhaltung des Betriebs technisch unmöglich oder betriebswirtschaftlich unzumutbar[28] ist oder ob die betroffenen Arbeitnehmer objektiv sinnvoll hätten eingesetzt werden können.

26 In der Literatur ist dies auf Kritik gestoßen. Die intendierte Rechtsfolge des Freiwerdens von der Lohnzahlungspflicht auch gegenüber Streikunbeteiligten sei über die Aussperrung[29] und nur bei Einhaltung der für diese geltenden (strengen) Voraussetzungen zu erreichen. Für einen derartigen Eingriff in das arbeitsvertragliche Synallagma bestehe daher weder ein Bedürfnis noch eine individual- oder kollektivrechtliche Grundlage.[30] Kritisiert wird außerdem die unverhältnismäßige Belastung der Außenseiter mit dem Entgeltrisiko („Zwangssolidarisierung" mit den Streikenden).[31] Auch B gehört im vorliegenden Fall keiner Gewerkschaft an.

27 Dem ist jedoch mit dem BAG entgegenzuhalten, dass der Arbeitgeber nicht zur (teilweisen) Aufrechterhaltung des Betriebs verpflichtet ist: Das Arbeitskampfrecht kennt keine Pflicht zur aktiven Abwehr von Kampfmaßnahmen. Es obliegt allein dem Arbeitgeber zu entscheiden, ob er die Fortführung für sinnvoll hält oder nicht. Eine vermeintliche „Zwangssolidarisierung" spricht ebenfalls nicht als grundsätzliches Argument gegen die Befugnis zur Betriebsstilllegung. Zwar haben die Au-

---

[24] *Kissel*, § 51 Rn. 1.
[25] *Kissel*, § 55 Rn. 2.
[26] *BAG* vom 31. 10. 1995, NZA 1996, 389. Beim Arbeitskampf um einen Firmentarifvertrag steht die Aussperrungskompetenz folgerichtig dem einzelnen Arbeitgeber zu, vgl. *BAG* vom 11. 8. 1992, NZA 1993, 39, 40 ff.
[27] *BAG* vom 22. 3. 1994, NZA 1994, 1097; *BAG* vom 11. 7. 1995, NZA 1996, 214, 216.
[28] Bei bestehender Unmöglichkeit oder Unzumutbarkeit der Fortführung des unmittelbar bestreikten Betriebs entfällt der Lohnanspruch ipso iure: *BAG* vom 11. 7. 1996, NZA 1996, 212, 213.
[29] *Otto*, § 11 Rn. 24 bezeichnet daher die Betriebsstilllegung als „light-Version" der Aussperrung.
[30] *Kissel*, § 33 Rn. 114.
[31] Vgl. MünchKomm-BGB/*Henssler*, § 615 Rn. 108 m.w.N.

ßenseiter keinen Einfluss auf die Willensbildung der den Arbeitskampf führenden Tarifvertragspartei, und der umkämpfte Tarifvertrag wäre auf sie nicht gemäß §§ 3 I, 4 I TVG anwendbar. Jedoch ist zu berücksichtigen, dass aufgrund der weit verbreiteten Anwendung von Tarifverträgen auch auf Außenseiter im Wege vertraglicher Vereinbarung (Tariferstreckungsklausel) diese mittelbar so gut wie immer von den Ergebnissen des Arbeitskampfes profitieren. Ihnen wird daher auch das Recht zur Streikteilnahme zuerkannt.[32] Daher ist es gerechtfertigt, sie auch in die Risiken des Arbeitskampfes einzubeziehen und sie mit Streikfolgen zu belasten, da die damit verbundenen Nachteile durch die Vorteile einer für die Arbeitnehmerseite effizienten Tarifpolitik aufgewogen werden.[33]

Das BAG weist schließlich zu Recht darauf hin, dass der Arbeitgeber „mit der Stilllegung im Umfang des gewerkschaftlichen Streikbeschlusses nur das vollzieht, was die kampfführende Arbeitnehmerseite anstrebt: die vollständige Arbeitsniederlegung durch alle Arbeitnehmer des Betriebes – organisierte wie anders- und nichtorganisierte[34]". Deswegen liegt darin auch keine eigenständige Arbeitskampfmaßnahme, über die zu entscheiden nur den Arbeitskampfparteien obläge. 28

Daher ist mit dem BAG eine Stilllegungsbefugnis des unmittelbar streikbetroffenen Arbeitgebers zu bejahen. Die Stilllegungsbefugnis ist durch den zeitlichen und räumlichen Rahmen der gegnerischen Kampfmaßnahme begrenzt;[35] dies unterscheidet sie auch von der Aussperrung. Die Entscheidung des Arbeitgebers ist gerichtlicher Nachprüfung entzogen.[36] Ein Mitbestimmungsrecht des Betriebsrats nach § 87 I Nr. 3 BetrVG besteht dabei im unmittelbar kampfbetroffenen Betrieb nicht.[37] Erforderlich ist lediglich die Erklärung der Stilllegung (nicht die Begründung) gegenüber den betroffenen Arbeitnehmern, nicht dagegen gegenüber dem Betriebsrat oder der kampfführenden Gewerkschaft. 29

In casu lag in der der Belegschaft mitgeteilten Entscheidung, sowohl die Produktion einzustellen als auch sämtliche Mitarbeiter der Instandhaltung nach Hause zu schicken, eine Betriebsstilllegung. 30

Damit waren die gegenseitigen Hauptleistungspflichten suspendiert mit der Folge, dass den Arbeitnehmer keine Leistungspflicht mehr traf und folglich der Arbeitgeber auch nicht in Annahmeverzug geraten konnte.[38] 31

6. Ergebnis

B kann von L keinen Arbeitslohn für die zwei Tage verlangen, an denen er aufgrund der streikbedingten Stilllegung des Betriebes nicht arbeiten konnte. 32

Frage 2: Lohnanspruch des D gegen S aus §§ 611 I, 615 S. 1 BGB i. V. m. dem Arbeitsvertrag

D könnte von S Bezahlung seines Lohnes für die Tage verlangen, während derer er wegen der Stilllegung des Betriebes nicht arbeiten konnte, wenn S diesbezüglich in Annahmeverzug war. 33

---

[32] Allgemeine Meinung, s. nur *BAG* vom 29. 11. 1967, BAGE 20, 175, 195.
[33] *BAG* (GS) vom 21. 4. 1971, AP Nr. 43 zu Art. 9 GG – Arbeitskampf; *BAG* vom 22. 3. 1994, NZA 1994, 1097, 1099.
[34] *BAG* vom 22. 3. 1994, NZA 1994, 1097.
[35] *BAG* vom 27. 6. 1995, NZA 1996, 212, 214.
[36] *BAG* vom 27. 6. 1995, NZA 1996, 212, 214.
[37] Ausführlich Fall 5.
[38] *BAG* vom 23. 1. 2001, NZA 2001, 597.

I. Bestehendes Arbeitsverhältnis

34 Ein Arbeitsverhältnis besteht. Damit ist der Lohnanspruch zunächst seinem Grunde nach entstanden.

II. Nichtannahme der ordnungsgemäß angebotenen Arbeitsleistung

35 S hat die von D ordnungsgemäß angebotene Arbeitsleistung nicht entgegen genommen (§§ 293, 294 BGB).

III. Suspendierung der gegenseitigen Hauptleistungspflichten: Betriebsstilllegung im mittelbar streikbetroffenen Betrieb

36 Die S könnte aber durch Betriebsstilllegung die Hauptleistungspflichten suspendiert haben mit der Folge, dass sie nicht in Annahmeverzug gemäß §§ 293 ff. BGB geraten konnte.

1. Zuweisung des Arbeitskampfrisikos (Fernwirkungen)

37 Voraussetzung dafür ist, dass auch der lediglich mittelbar betroffene Arbeitgeber ein Recht zur Betriebsstilllegung mit der Folge des Entfalls der Lohnzahlungspflicht hat, ihm also das Risiko eines in einem anderen Betrieb geführten Arbeitskampfes abgenommen wird. Grundsätzlich trägt der Arbeitgeber das Betriebs- und Wirtschaftsrisiko. Das bedeutet, dass er den Lohn auch dann zahlen muss, wenn er die Belegschaft ohne sein Verschulden aus betriebstechnischen Gründen nicht beschäftigen kann (Betriebsrisiko) oder wenn die Fortsetzung des Betriebes wegen Auftrags- und Absatzmangels wirtschaftlich sinnlos wird (Wirtschaftsrisiko).[39] Ob davon im Falle der Fernwirkungen eines Arbeitskampfes eine Ausnahme zu machen ist, ist umstritten.[40] Ein Teil der Literatur lehnt dies ab und weist dem Arbeitgeber stets das Lohnrisiko zu, von dem er sich nur über (mitbestimmungspflichtige) Kurzarbeit oder Aussperrung lösen könne.[41] Dem steht auf der anderen Seite des Meinungsspektrums die Auffassung gegenüber, die alleine auf den Ursachenzusammenhang zwischen Arbeitskampf und Arbeitsausfall abstellt und daher in Fällen der Fernwirkung zu Gunsten des mittelbar betroffenen Arbeitgebers stets einen Wegfall des Lohnanspruches annimmt, wenn der Arbeitsausfall unter Anlegung wirtschaftlicher Kriterien für den Arbeitgeber unvermeidbar war.[42]

38 Die Rechtsprechung des BAG und mit ihr weite Teile des Schrifttums gehen einen Mittelweg: Grundsätzlich trägt der Arbeitgeber zwar das Wirtschaftsrisiko. Dies gilt aber nicht uneingeschränkt in Arbeitskämpfen: Diese führen zwangsläufig zu Störungen auch bei unbeteiligten Unternehmen, die mit den kampfbetroffenen zusammenarbeiten. Die Last der Beschäftigungs- und Lohnzahlungspflicht kann hier nicht uneingeschränkt dem Arbeitgeber aufgebürdet werden, der ebensowenig wie die Arbeitnehmer seines Betriebes mit dem Streikgeschehen unmittelbar zu tun hat. Er hat unter bestimmten Voraussetzungen die Möglichkeit, durch Betriebsstilllegung die gegenseitigen Hauptleistungspflichten zu suspendieren.[43]

---

[39] *BAG* vom 22. 3. 1994, NZA 1994, 1097.
[40] Übersicht bei MünchArbR/*Otto*, § 290.
[41] *Däubler/Colneric*, AKR, Rn. 604 ff.; weitere Nachweise bei MünchKomm-BGB/*Henssler*, § 615 Rn. 114.
[42] *Otto*, § 16 Rn. 15 ff. m. w. N.
[43] *BAG* vom 22. 12. 1980, AP Nr. 70 zu Art. 9 GG – Arbeitskampf; *BAG* vom 22. 12. 1980, AP Nr. 71 zu Art. 9 GG – Arbeitskampf. Ebenso *LAG Niedersachsen* vom 14. 8. 1987, NZA 1988, 408,

2. Dogmatische Begründung der Befugnis zur Betriebsstilllegung

Wie diese Befugnis des Arbeitgebers dogmatisch begründet werden kann, ist jedoch umstritten.

a) Sphärentheorie

Nach der sog. Sphärentheorie musste der einzelne Arbeitnehmer für alle Störungen, die von der kollektiv verstandenen Arbeitnehmerseite kamen, als solidarisches Glied einer Kette einstehen.[44] Danach wäre hier das Lohnrisiko von der Belegschaft der S zu tragen. Diese Auffassung wird heute aber als reine Fiktion und Ausdruck überwundenen Klassendenkens zu Recht allgemein abgelehnt.

b) Partizipationsprinzip

Denkbar ist es jedoch, auf den sog. Partizipationsgedanken abzustellen: Danach ist entscheidend, ob die Beschäftigten des mittelbar betroffenen Betriebes von einem Tarifabschluss im umkämpften Tarifgebiet partizipieren würden. Dies ist dann der Fall, wenn der umkämpfte Tarifvertrag auf sie anzuwenden wäre oder Modellcharakter hätte und seine tatsächliche Anwendung oder Inkraftsetzung zu erwarten wäre. Nur im Falle einer solchen Partizipation wäre das Arbeitskampfrisiko von den Arbeitnehmern zu tragen, da sie von einem erfolgreichen Abschluss auch profitieren würden.[45] Der Partizipationsgedanke liegt §§ 174 I, 146 III SGB III zugrunde. Die Bestimmungen regeln die Voraussetzungen, unter denen Beschäftigte, die mittelbar von einem Arbeitskampf betroffen sind, staatliche Hilfe in Form von Kurzarbeitergeld bzw. Arbeitslosengeld von der Agentur für Arbeit erhalten können. Legt man diesen Maßstab an, muss im vorliegenden Fall der Arbeitgeber das Risiko tragen, da die Mitarbeiter in Nordrhein-Westfalen unter keinem Gesichtspunkt von der nur in Baden-Württemberg geltenden Regelung profitieren könnten; D behielte seinen Lohnanspruch.

c) Paritätsprinzip (BAG)

Das BAG lehnt den Partizipationsgedanken jedoch ab.[46] Dieser sei allein Ausdruck der staatlichen Neutralitätspflicht, Vergütungsansprüche gegen den Arbeitgeber und staatliche Leistungen der Arbeitsagentur müssten keinesfalls in gleicher Weise begrenzt werden. Das BAG begründet die Verteilung des Arbeitskampfrisikos mit dem Grundsatz der Kampfparität. Das Gleichgewicht der Verhandlungspartner werde gestört, wenn die Rechtsordnung einer Seite so starke Kampfmittel zur Verfügung stelle, dass dem sozialen Gegenspieler keine gleichwertige Verhandlungschance bleibe. Soweit die Fernwirkungen eines Streiks für die kämpfenden Parteien Bedeutung gewinnen, weil sie deren Verhandlungsstärke beeinflussen, müssten sie berücksichtigt werden: „Insoweit kann den betroffenen Arbeitgebern das Beschäftigungs- und Lohnrisiko nicht aufgebürdet werden, weil sie sonst stärker belastet würden als die unmittelbar bestreikten Arbeitgeber. Insgesamt

---

409; *LAG Hamburg* vom 28. 5. 1984, NZA 1984, 404. Nachweise zum Schrifttum bei *Kissel*, § 33 Rn. 104 ff.
[44] *RG* vom 6. 2. 1923, RGZ 106, 272, 275 ff. – Kieler Straßenbahn.
[45] MünchKomm-BGB/*Henssler*, § 615 Rn. 119; *Kalb*, FS Stahlhacke, 1995, S. 213, 228.
[46] *BAG* vom 22. 12. 1980, AP Nr. 70 zu Art. 9 GG – Arbeitskampf; *BAG* vom 22. 12. 1980, AP Nr. 71 zu Art. 9 GG – Arbeitskampf. Ebenso *LAG Niedersachsen* vom 14. 8. 1987, NZA 1988, 408, 409 f.; *LAG Hamburg* vom 28. 5. 1984, NZA 1984, 404.

ergäbe sich ein wesentlicher kampftaktischer Vorteil für die Gewerkschaften. Diese könnten sich darauf beschränken, besonders wichtige Schlüsselbetriebe oder kleine Funktionseliten in einen Teilstreik zu führen, ohne die erheblichen Fernwirkungen einer solchen Kampftaktik mit Lohneinbußen erkaufen zu müssen; gleichzeitig stünden die bestreikten Arbeitgeber u. U. unter dem latenten oder sogar realen Druck der mittelbar betroffenen Arbeitgeber, den Forderungen der Gewerkschaft nachzugeben."[47]

43 Das BAG stellt daher auf der Grundlage einer typisierenden Betrachtungsweise darauf ab, inwieweit die Belastung des lediglich mittelbar betroffenen Arbeitgebers die Positionen der am eigentlichen Arbeitskampf beteiligten Parteien beeinflusst. Dies ist dann der Fall, wenn auf der Arbeitgeberseite ein Binnendruck dergestalt entstehen kann, dass die lediglich mittelbar betroffenen Arbeitgeber Druck auf die kampfführenden Unternehmen ausüben, den Arbeitskampf möglichst rasch zu beenden. Eine solche Drucksituation entsteht, wenn sowohl das unmittelbar wie das mittelbar kampfbetroffene Unternehmen derselben Branche, wenn auch in unterschiedlichen Tarifgebieten, angehören und eine verbandsmäßige Verflechtung besteht, denn dann kann davon ausgegangen werden, dass die mittelbar betroffenen Arbeitgeber ihre Einflussmöglichkeiten auf den Willensbildungsprozess im Verband nützen und auf ein schnelles Ende des Arbeitskampfes – möglicherweise wirtschaftlich zu Lasten der unmittelbar betroffenen Betriebe – drängen werden.[48]

44 Diese Voraussetzungen sind hier gegeben; die verbandsmäßige Verflechtung ergibt sich aus der Zugehörigkeit beider beteiligter Arbeitgeberverbände zum Dachverband Gesamtmetall. Schließlich ist mit der IG Metall auch dieselbe Gewerkschaft beteiligt. Damit ist die Paritätsrelevanz der mittelbaren Streikfolgen bei der im Tarifgebiet Nordrhein-Westfalen gelegenen S für den eigentlichen Arbeitskampf in Baden-Württemberg zu bejahen. Infolgedessen kann das Arbeitskampfrisiko der Arbeitnehmerseite zuzuordnen sein; die S hatte damit jedenfalls grundsätzlich die Möglichkeit, sich durch Betriebsstilllegung vom Lohnrisiko zu befreien.

3. Voraussetzungen der Betriebsstilllegung

45 Mit den Grundsätzen des Arbeitskampfrisikos ist jedoch nur der Rahmen vorgegeben, innerhalb dessen der Arbeitgeber zur Betriebsstilllegung berechtigt sein kann. Die S müsste im konkreten Fall die Voraussetzungen für eine Betriebsstilllegung erfüllt haben:[49]

a) Weiterbeschäftigung unmöglich oder unzumutbar

46 Die Weiterbeschäftigung der Arbeitnehmer muss für die S entweder wirtschaftlich unzumutbar oder technisch unmöglich gewesen sein. Ersteres ist laut Sachverhalt der Fall.[50]

---

[47] *BAG* vom 22. 12. 1980, AP Nr. 70 zu Art. 9 GG – Arbeitskampf.
[48] Des Weiteren können beachtliche Fernwirkungen in den durch die mittelbare Betroffenheit gestörten Vertragsbeziehungen des Betriebs und seiner Vertragspartner, in wirtschaftlichen Abhängigkeiten zwischen dem unmittelbar und dem mittelbar betroffenen Betrieb und in mangelnden Absatzmöglichkeiten liegen, vgl. *Kissel*, § 33 Rn. 20, 129.
[49] Die Beweislast für die Unvermeidlichkeit der Betriebsstilllegung trägt der Arbeitgeber.
[50] Hinweise für die Beurteilung dieser, in der Praxis äußerst schwierigen Frage enthält der Sammelerlass der Bundesagentur für Arbeit zum Kurzarbeitergeld, Stand: September 2006.

b) Keine unternehmerische Fehldisposition

Die Befugnis zur Betriebsstilllegung besteht nicht, wenn der Arbeitsausfall lediglich 47
Folge unternehmerischer Fehldisposition ist. Eine solche ist hier jedoch nicht zu
erkennen; insbesondere ist der Arbeitgeber nicht verpflichtet, auf Halde zu produzieren, außergewöhnliche Vorräte zu halten oder auf Ersatzlieferungen auszuweichen.

c) Beteiligung des Betriebsrats

Die arbeitskampfbedingte Einstellung der Produktion mit der beabsichtigten 48
Folge des Entfalls der Lohnansprüche könnte aber den Arbeitnehmern gegenüber
unwirksam sein, da der Betriebsrat hier nicht beteiligt wurde.

aa) Mitbestimmungsrecht gemäß § 87 I Nr. 3 BetrVG

Gemäß § 87 I Nr. 3 BetrVG hat der Betriebsrat bei der vorübergehenden Verkür- 49
zung der Arbeitszeit mitzubestimmen. Dies gilt auch bei der Verkürzung auf Null.

bb) Arbeitskampfbedingte Einschränkung des Mitbestimmungsrechts?

Das Mitbestimmungsrecht könnte hier allerdings eingeschränkt sein, da aufgrund 50
des arbeitskampftypischen Interessengegensatzes der Betriebsrat die gebotene Neutralität vermissen lassen könnte, was unvereinbar mit § 74 II BetrVG wäre.[51] Dies
gilt nach der Rechtsprechung des BAG jedoch nur im unmittelbar kampfbetroffenen Betrieb; beim nur mittelbar betroffenen fehle es an der arbeitskampftypischen
Konfrontation von Arbeitgeber und Belegschaft, da der Arbeitskampf, um dessen
Fernwirkungen es gehe, andere Unternehmen betreffe und oft auch ein anderes
Tarifgebiet.[52] Daher ist das Mitbestimmungsrecht des Betriebsrats der S nicht
eingeschränkt.

cc) Umfang des Mitbestimmungsrechts

Voraussetzung des Mitbestimmungsrechts ist, dass für die zu regelnde Frage über- 51
haupt noch ein Regelungsspielraum verbleibt. Dies war hier jedenfalls zunächst
gegeben, da statt der vollständigen Einstellung der Produktion auch eine Arbeitsstreckung mit lediglich verringerter Arbeitszeit möglich gewesen wäre.[53] Dabei bestimmt
sich die Reichweite des Mitbestimmungsrechts wie folgt: Die grundlegende Entscheidung des „ob" der Betriebsstilllegung wird allein vom Arbeitgeber getroffen und ist
mitbestimmungsfrei. Das Mitbestimmungsrecht bezieht sich aber auf die Frage der
Umsetzung der Betriebsstilllegung („wie"). Der Betriebsrat hat darüber mitzubestimmen, wie die vom Arbeitgeber festgesetzte Einsparung des Arbeitskräftebedarfs in
den betrieblichen Ablauf umzusetzen ist. Der dabei bestehende Regelungsspielraum
betrifft etwa die Frage, ob zunächst voll weitergearbeitet oder ob der zu erwartende
Arbeitskräfteüberhang zunächst durch Arbeitsstreckung ausgeglichen werden soll,
ferner die abstrakte Bestimmung des betroffenen Arbeitnehmerkreises.

---

[51] Vgl. Fall 5.
[52] *BAG* vom 22. 12. 1980, AP Nr. 70 zu Art. 9 GG – Arbeitskampf.
[53] Ist die vollständige Einstellung der Produktion dagegen die einzige Möglichkeit, entfällt mangels Regelungsspielraumes auch das Mitbestimmungsrecht. Die zunächst wegen fehlender Mitbestimmung unwirksame Maßnahme des Arbeitgebers kann im Laufe der Entwicklung wirksam werden mit der Folge, dass dann die Lohnzahlungspflicht nur pro rata temporis eintritt, *Kissel*, § 33 Rn. 216. A. A. Otto, § 16 Rn. 72, der den Arbeitgeber auf die Einigungsstelle oder den Antrag auf einstweilige Verfügung verweist.

52 Die Frage der Arbeitszeitreduzierung bezieht sich auf die Art und Weise der Umsetzung und unterfällt damit dem Mitbestimmungsrecht des Betriebsrats.

dd) Rechtsfolge der Verletzung des Mitbestimmungsrechts

53 Hier hat S den Betriebsrat nicht beteiligt. Nach der Theorie der Wirksamkeitsvoraussetzung sind den Arbeitnehmer belastende Maßnahmen, die unter Nichtbeachtung des Mitbestimmungsrechts zustandegekommen sind, individualrechtlich unwirksam.[54] Damit ist die Betriebsstilllegung gegenüber den Arbeitnehmern insoweit unwirksam, als die Hauptleistungspflichten nicht suspendiert wurden. Dies gilt jedenfalls für die Tage, in denen es noch einen Regelungsspielraum gab und die vollständige Einstellung der Produktion nicht die einzige Handlungsoption für den Arbeitgeber war.

54 Die Voraussetzungen zur Betriebsstilllegung waren daher nicht erfüllt. Damit waren die gegenseitigen Hauptleistungspflichten nicht suspendiert.

IV. Weitere Voraussetzungen des Annahmeverzuges

55 D war zur Arbeitsleistung bereit und imstande (§ 297 BGB). Der Umstand, dass S die Nichtannahme nicht zu vertreten hat, ist irrelevant. Der Annahmeverzug setzt (mit Ausnahme des in § 299 BGB geregelten Falles) kein Verschulden des Gläubigers voraus.

56 S befand sich daher in Annahmeverzug.

V. Ergebnis

57 D kann von S für die Zeit, in der er aufgrund der Einstellung der Produktion nicht eingesetzt werden konnte, Zahlung seiner Vergütung verlangen.

Frage 3: Streikaufruf der Gewerkschaft im Betrieb der S zur Unterstützung der in Baden-Württemberg erhobenen Forderungen

58 Die IG Metall kann zum Streik aufrufen, wenn dieser rechtmäßig ist. Problematisch ist hier jedoch, dass die Gewerkschaft in dem Tarifgebiet, in dem der Betrieb der S liegt, gar keine tariflichen Forderungen gegenüber dem dortigen Arbeitgeber(verband) durchsetzen, sondern einen von ihr in einem anderen Tarifgebiet gegen einen anderen Kampfgegner geführten Arbeitskampf unterstützen will. Dieser sog. Sympathiearbeitskampf oder Unterstützungsarbeitskampf[55] begegnet Bedenken.

I. Friedenspflicht

59 Der Sympathiearbeitskampf könnte gegen die Friedenspflicht verstoßen. Allerdings sind für das Tarifgebiet NRW keine Tarifverträge zu der in Baden-Württemberg in Streit stehenden Frage der bezahlten Ruhepausen, aus denen sich eine Friedenspflicht ergeben könnte, abgeschlossen worden. Die aus den ehemals für Baden-Württemberg geltenden Tarifverträgen resultierende Friedenspflicht ist, wie

---

[54] Ständige Rechtsprechung seit *BAG* vom 7. 9. 1956, AP Nr. 2 zu § 56 BetrVG und ganz h. M., vgl. nur *Fitting*, § 87 Rn. 599. A. A. Richardi/*Richardi*, § 87 Rn. 104 ff.

[55] In Abgrenzung zum „politischen Arbeitskampf", mit dem ein Handeln des staatlichen Gesetzgebers erzwungen werden soll.

gezeigt, infolge der Kündigung der Tarifverträge erloschen und hätte auch im Vorfeld der Kündigung nicht über das Tarifgebiet hinausgewirkt. Die tarifvertragliche Friedenspflicht ist daher nicht verletzt.[56]

II. Tariflich regelbare Forderung

Hier setzt die IG Metall einen Streik zur Durchsetzung tariflicher Forderungen ein, auf die der streikbetroffene Arbeitgeber bzw. dessen Verband in NRW aber überhaupt nicht reagieren kann, da von ihm der Abschluss eines Tarifvertrages überhaupt nicht gefordert wird. 60

1. Bisherige Rechtsprechung

Daher war nach früherer Rechtsprechung des BAG ein solcher Streik mangels 61 durch den Arbeitskampfgegner tariflich erfüllbarer Forderung grundsätzlich rechtswidrig. Der Arbeitskampf sei Hilfsinstrument der Tarifautonomie; er diene dem Ausgleich sonst nicht lösbarer tariflicher Interessenskonflikte und dürfe daher nur als Instrument zur Durchsetzung tariflicher Regelungen eingesetzt werden. Mit dieser Funktion sei der reine Sympathiearbeitskampf i. d. R. nicht zu vereinbaren.[57]

Allerdings hielt das BAG in bestimmten Fallkonstellationen die Rechtfertigung 62 des Sympathiestreiks für möglich, so wenn der betroffene Arbeitgeber zwar rechtlich selbstständig, wirtschaftlich betrachtet aber nur ein Betriebsteil des im Arbeitskampf befindlichen Unternehmens sei,[58] oder wenn der von der Kampfmaßnahme betroffene Arbeitgeber vorher seine „Neutralität" im Hauptarbeitskampf verletzt habe, etwa durch Übernahme der Produktion.[59]

2. Neue Rechtsprechung

Diese keinesfalls unbedenkliche, gleichwohl jedoch insgesamt noch restriktive 63 Linie hat das BAG jetzt aufgegeben und hält in einer Kehrtwendung seiner Rechtsprechung den Sympathiestreik nunmehr grundsätzlich für zulässig.[60] Auch dieser sei als koalitionsspezifische Betätigung vom Schutzbereich des Art. 9 III GG erfasst, denn er diene letztlich (mittelbar) ebenfalls der Durchsetzung tariflicher Forderungen. Alleiniger Prüfungsmaßstab für die Rechtmäßigkeit sei das Verhältnismäßigkeitsprinzip, wobei das BAG im Zweifel immer eine Einschätzungsprärogative der kampfführenden Gewerkschaft annimmt. Der Unterstützungsstreik sei angesichts des Umstandes, dass der betroffene Arbeitgeber die Forderungen nicht erfüllen kann, auch nicht ungeeignet, denn es gebe unabhängig von der formalen Verbandszugehörigkeit unterschiedliche „informelle, darum aber keineswegs weniger wirksame Einflussmöglichkeiten" im Wirtschaftsleben. Die Verhältnismäßigkeit i. e. S. (Proportionalität) will das BAG anhand einer Einzelfallbetrachtung feststellen. Kriterien hierbei seien: Rechtmäßigkeit des Hauptarbeitskampfes, wirtschaftliche Verflochtenheit der Arbeitgeber (insbesondere im Konzern, aber auch bei Produktions-, Dienstleistungs- und Lieferbeziehungen), Dauer und Umfang des Unterstützungsstreiks (Unverhältnismäßigkeit bei signifikanter Verlagerung des gesamten

---

[56] Zuletzt BAG vom 19. 6. 2007, NZA 2007, 1055, 1059; ebenso bereits BAG vom 5. 3. 1985, NZA 1985, 504, 506; Wiedemann/Thüsing, § 1 Rn. 886.
[57] BAG vom 5. 3. 1985, NZA 1985, 504, 507; bestätigt in BAG vom 12. 1. 1988, NZA 1988, 474.
[58] BAG vom 20. 12. 1963, AP Nr. 34 zu Art. 9 GG – Arbeitskampf.
[59] BAG vom 5. 3. 1985, NZA 1985, 504, 507.
[60] BAG vom 19. 6. 2007, NZA 2007, 1055, 1056, insb. S. 1059 ff.

Arbeitskampfes auf den Unterstützungsstreik) sowie die Frage, ob der Unterstützungsstreik einem eigenen Arbeitskampf der Gewerkschaft oder dem einer anderen Gewerkschaft diene.

3. Stellungnahme

64 Teile des Schrifttums[61] hatten bisher schon die Zulässigkeit des Sympathiestreiks vertreten und dies mit Art. 6 Nr. 4 ESC begründet, dem keine Begrenzung auf tariflich regelbare Ziele zu entnehmen sei.[62] Auch der Gedanke der Solidarität und der Kampfparität wird herangezogen: Angesichts der vielfachen Verflechtungen wirtschaftlicher Art verkenne die Beschränkung der Zulässigkeit des Arbeitskampfes auf den unmittelbaren tariflichen Gegenüber die gesamtwirtschaftlichen Zusammenhänge und beeinträchtige die Arbeitskampfparität der Arbeitnehmerseite im unmittelbaren und damit maßgeblichen Kampfgeschehen, was nur durch die Möglichkeit von tarifgebietsübergreifenden Kampfmaßnahmen ausgeglichen werden könne.[63]

65 Demgegenüber spricht für die Unzulässigkeit des Sympathiearbeitskampfes, dass der Streik Hilfsmittel zur Sicherung der Tarifautonomie ist; dies hat auch das BVerfG ausdrücklich klargestellt.[64] Als solcher muss er dort seine Grenze finden, wo mangels Reaktionsmöglichkeit des betroffenen Arbeitgebers auf die Forderungen der Gewerkschaft auch die Tarifautonomie gar nicht mehr ausgeübt werden kann („wirtschaftliche Geiselnahme"[65]) und damit der Schutzbereich des Art. 9 III GG nicht mehr tangiert ist. Art. 9 III GG – so das BVerfG – gewährleistet nicht die uneingeschränkte Befugnis, alle denkbaren Kampfformen einzusetzen.[66] Insbesondere bedeutet die Arbeitskampfmittelfreiheit auf keinen Fall die Freiheit, ein von der Rechtsordnung als unzulässig eingestuftes Kampfmittel eigenmächtig zu einem zulässigen zu erklären.[67]

66 Der Hinweis der Gegenansicht auf die Europäische Sozialcharta geht fehl, denn auch diese erkennt das Recht auf kollektive Maßnahmen nur an, „um die wirksame Ausübung des Rechts auf Kollektivverhandlungen zu gewährleisten" (Art. 6 Einleitungssatz ESC) – das aber ist die Verhandlung um „Gesamtarbeitsverträge" (Art. 6 Nr. 2 ESC), wodurch der Bezug zum Tarifvertrag hergestellt ist.[68] Dem Hinweis auf die zunehmende wirtschaftliche Verflechtung ist entgegenzuhalten, dass diese einer gewerkschaftlichen Strategie i. S. e. Paritätsstörung keineswegs nur hinderlich, sondern oft auch von Vorteil ist (Pilotabschlüsse, Schwerpunktstreiks etc.).[69] Auch die bislang von der Rechtsprechung zugelassenen Ausnahmen sind abzulehnen. Eine wie auch immer bestehende wirtschaftliche Verflechtung der Arbeitskampfparteien rechtfertigt nicht den Sympathiearbeitskampf. Sie vermittelt, wenn nicht die unmittelbar und mittelbar streikbetroffenen Unternehmen in einen Konzernverbund i. S. d. §§ 15 ff. AktG eingebettet sind, keinen Anspruch des vom Sympathiearbeitskampf betroffenen Unternehmens auf Einflussnahme

---

[61] Däubler/*Bieback*, AKR, Rn. 373; *Birk*, Die Rechtmäßigkeit gewerkschaftlicher Unterstützungsmaßnahmen, 1978, S. 27, 64.
[62] ArbG Gelsenkirchen vom 13. 3. 1998, ArbuR 1998, 427 f.; *Däubler*, ArbuR 1998, 144, 145.
[63] ArbG Gelsenkirchen vom 13. 3. 1998, ArbuR 1998, 427 f.; *Wohlgemuth*, ArbuR 1980, 33, 38.
[64] BVerfG vom 26. 6. 1991, NZA 1991, 809; BVerfG vom 4. 7. 1995, NZA 1995, 754, 755; BVerfG vom 10. 9. 2004, NZA 2004, 1338, 1339.
[65] MünchArbR/*Otto*, § 286 Rn. 44.
[66] BVerfG vom 26. 6. 1991, NZA 1991, 809, 811.
[67] *Wank*, RdA 2009, 1, 3.
[68] *Kissel*, § 24 Rn. 34.
[69] *Kissel*, § 24 Rn. 39.

gegenüber dem in den Hauptarbeitskampf involvierten Arbeitgeber.[70] Wird dennoch Einfluss genommen, verletzt dies i. d. R. die Leistungstreuepflicht,[71] die aus den zwischen den Unternehmen geschlossenen, die wirtschaftliche Verflechtung begründenden Austauschverträgen resultiert. Denn kommt es infolge der Beeinflussung zum Abschluss oder zur Änderung eines Tarifvertrages, ändert sich typischerweise die Kalkulationsgrundlage, auf der das beeinflusste Unternehmen die genannten Austauschverträge abgeschlossen hat. Auch kann eine unberechtigte Einflussnahme mit dem Ziel, ein Unternehmen zum Abschluss eines Tarifvertrages zu bewegen, einen Verstoß gegen die Vorgaben der §§ 19, 20 GWB darstellen, wenn es sich bei dem Einfluss nehmenden Arbeitgeber um ein marktstarkes Unternehmen handelt. Maßgeblich für die Bestimmung der Zulässigkeit eines Unterstützungsarbeitskampfes muss deshalb vielmehr, wenn nicht ausnahmsweise ein Fall der Konzernierung gegeben ist, der Geltungsbereich des umkämpften Tarifvertrages bleiben: denn entweder ist diese Verbindung so eng, dass der umkämpfte Tarifvertrag auch im Betrieb des in den „Sympathiearbeitskampf" einbezogenen Arbeitgebers gilt – mit der Folge, dass es keines Unterstützungsstreikes mehr bedarf – oder die Geltung des Tarifvertrages erstreckt sich nicht auf den weiteren Betrieb, dann kann dort mittels eines „normalen" Arbeitskampfes die Erstreckung tariflicher Regeln durchgesetzt werden.[72] I. Ü. ist eine „Neutralitätspflicht" Dritter gegenüber den Parteien des Hauptarbeitskampfs, deren Verletzung einen Unterstützungsstreik bereits nach der älteren Rechtsprechung rechtfertigen soll, dem geltenden Recht unbekannt.[73] Insbesondere überzeugt es nicht, eine Verletzung der Neutralitätspflicht bereits dann anzunehmen, wenn ein Dritter während des Hauptarbeitskampfs die Produktion des bestreikten Unternehmens übernimmt. Derartige Produktionsverlagerungen sind im Regelfall wesensmäßige Konsequenz des arbeitskampfbedingten Produktionsausfalls und damit Folge des normalen Wettbewerbs. Der Sympathiearbeitskampf ist daher in der vorliegenden Konstellation mangels tariflich regelbarer Forderung unzulässig.

Daran ist auch weiterhin und trotz der nunmehr geänderten Rechtsprechung des BAG festzuhalten.

Mangels tariflich regelbarer Forderung wäre der Streik daher rechtswidrig.

III. Ergebnis

Die IG Metall könnte nicht zu einem Streik im Betrieb der S zur Unterstützung des in Baden-Württemberg geführten Arbeitskampfes aufrufen.

---

[70] Hierzu und zum Folgenden *Bieder*, NZA 2008, 799, 801 f. m. w. N.
[71] Gemeint ist die Pflicht jedes Schuldners, alles zu tun, um den vertraglich angestrebten Erfolg vorzubereiten, herbeizuführen und zu sichern sowie umgekehrt, alles zu unterlassen, was den Eintritt dieses Erfolges gefährdet. Vgl. dazu nur *BGH* vom 28. 4. 1982, NJW 1983, 998; Palandt/*Heinrichs*, § 242 Rn. 27.
[72] *Kissel*, § 24 Rn. 46.
[73] Im Detail hierzu *Bieder*, NZA 2008, 799, 802 f. m. w. N.

Fall 7. Den Arbeitnehmern auf die Finger geschaut

Nach BAG vom 27. 1. 2004, NZA 2004, 556 ff.; BAG vom 19. 11. 2003, NZA 2004, 395 ff. sowie BAG vom 3. 5. 1994, NZA 1995, 40 ff.

Sachverhalt

Bei der A-GmbH (A), einem 2008 gegründeten IT-Serviceunternehmen, sind 59 Arbeitnehmer beschäftigt, von denen 56 über einen eigenen E-Mail-Anschluss verfügen. Auf eine an diese Anschlüsse gerichtete Einladung dreier Mitarbeiterinnen fand im Dezember 2008 eine Betriebsversammlung statt, an der auch die Geschäftsführung der A teilnahm. Auf dieser Versammlung beschlossen die Teilnehmer ohne Einwendungen die Gründung eines Betriebsrats und wählten einen aus den drei einladenden Mitarbeiterinnen bestehenden Wahlvorstand. Dieser beschloss umgehend und ebenfalls ohne Einwendungen aus dem Kreis der Versammlung, die Betriebsratswahl im vereinfachten Wahlverfahren durchzuführen. Dazu erstellte der Wahlvorstand an Ort und Stelle eine alphabetisch geordnete Wählerliste und nahm Wahlvorschläge entgegen. Am 5. 1. 2009 informierte die Vorsitzende des Wahlvorstandes die Beschäftigten wiederum per E-Mail darüber, dass die Betriebsratswahl am 23. 1. 2009 im Foyer der Geschäftsräume stattfinden werde. Die Einladung enthielt zudem die Bitte, auch die 3 Mitarbeiter zu informieren, die über keinen eigenen E-Mail-Anschluss verfügen. Ein von drei Mitarbeitern unterzeichneter Wahlvorschlag für die Kollegin S ging am 9. 1. 2009 beim Wahlvorstand ein, der ihn umgehend zur Wahl zuließ. An der Betriebsratswahl nahmen 48 Arbeitnehmer – darunter auch einer derjenigen, die keinen eigenen E-Mail-Zugang besaßen – teil. Es wurden fünf Mitglieder in den Betriebsrat gewählt. Das Wahlergebnis wurde der Geschäftsführung am nächsten Tag schriftlich mitgeteilt.

Aufgrund eines am 15. 2. 2009 mit der B-AG (B) abgeschlossenen Werkvertrages ist A verpflichtet, bei B einen 24-Stunden-Service für Störfälle der EDV sicherzustellen. Bei B sind biometrische Zugangskontrollen eingerichtet, welche die Identifizierung mittels Fingerabdrucks vorsehen. Um Vergleichsmuster zu erhalten, müssen alle zugangsberechtigten Personen ihre Fingerabdrücke hinterlegen. Im Werkvertrag ist vereinbart, dass das Zugangskontrollsystem auch für die Arbeitnehmer der A zum Einsatz kommen soll. Die Fingerabdrücke sollen dabei ausschließlich zur Schleusenöffnung Verwendung finden. A weist daher ohne vorherige Einbindung des Betriebsrats alle Arbeitnehmer, die bei B zum Einsatz kommen, zur Abgabe der Fingerabdrücke an.

Der Betriebsrat verlangt daraufhin Unterlassung dieser Maßnahme. A wendet ein, dass die Betriebsratswahl aufgrund einer Fülle von Formfehlern unwirksam und damit ein Betriebsrat gar nicht gewählt sei. Außerdem sei nicht ihr Betriebsrat, sondern allenfalls derjenige der B, welcher dem Kontrollsystem zugestimmt habe, zuständig. Im Übrigen sei sie aufgrund des mit B bestehenden Servicevertrages gezwungen, von ihren Arbeitnehmern die Abgabe der Fingerabdrücke zu verlangen.

Kann der Betriebsrat von A Unterlassung der Weisung verlangen?

Fall 7. Den Arbeitnehmern auf die Finger geschaut

Gliederung

	Rn.
Unterlassungsanspruch des Betriebsrats gegen A	1
I. Unterlassungsanspruch aus § 23 III 1 BetrVG	1
1. Wirksame Errichtung eines Betriebsrats	2
a) Befugnis der A zur Rüge der Nichtigkeit der Betriebsratswahl	3
b) Nichtigkeit der Betriebsratswahl vom 23. 1. 2009	4
aa) Fehlerhafte Bestellung des Wahlvorstands, § 17 II, III BetrVG	5
bb) Verstoß gegen die Vorgaben für vereinfachte Wahlverfahren, § 14 a BetrVG	
(1) Unzulässigkeit der Durchführung eines vereinfachten Wahlverfahrens	6
(2) Verstöße gegen die Vorschriften über die Durchführung des vereinfachten Wahlverfahrens	7
cc) Nichtigkeit oder Anfechtbarkeit der Wahl als Rechtsfolge der Verstöße	12
(1) Nichtigkeit als Rechtsfolge einzelner Verfahrensmängel	13
(2) Nichtigkeit aufgrund einer Gesamtwürdigung der Einzelverstöße	18
dd) Zwischenergebnis	21
2. Grobe Pflichtverletzung des Arbeitgebers i. S. v. § 23 III BetrVG	22
3. Ergebnis	23
II. Unterlassungsanspruch aus § 75 II 1 BetrVG	24
III. Unterlassungsanspruch aus § 78 S. 1 BetrVG	27
IV. Unterlassungsanspruch aus § 80 I Nr. 1 BetrVG	30
V. Unterlassungsanspruch nach § 87 I BetrVG	31
1. Notwendigkeit der Absicherung der Mitbestimmungsrechte durch einen Unterlassungsanspruch	32
2. Beteiligung am Zugangskontrollsystem als mitbestimmungspflichtige Maßnahme	36
a) Mitbestimmungsrecht des Betriebsrats nach § 87 I Nr. 1 BetrVG	37
b) Mitbestimmungsrecht des Betriebsrats nach § 87 I Nr. 6 BetrVG	39
aa) Anwendbarkeit bei nicht zur Überwachung bestimmten, jedoch objektiv hierzu geeigneten Einrichtungen	40
bb) Mitbestimmungsrecht auch bei Überwachung durch Dritte	41
c) Ausschluss der Mitbestimmungsrechte wegen vertraglicher Bindung der A gegenüber Dritten	43
d) Wiederholungsgefahr	47
3. Ergebnis	48
VI. Unterlassungsanspruch aus allgemeinen Grundsätzen	49
VII. Ergebnis	50

Lösung

Unterlassungsanspruch des Betriebsrats gegen A

I. Unterlassungsanspruch aus § 23 III 1 BetrVG

1   Ein gegen A gerichteter Anspruch des Betriebsrats, es zu unterlassen, die bei B eingesetzten Arbeitnehmer zur Abgabe ihrer Fingerabdrücke anzuweisen, könnte sich aus § 23 III 1 BetrVG ergeben.

1. Wirksame Errichtung eines Betriebsrats

2   Dies setzt zunächst voraus, dass im Betrieb der A überhaupt ein Betriebsrat besteht. Zwar wurde ein solcher am 23. 1. 2009 gewählt. Die Betriebsratswahl könnte aber aufgrund der von A behaupteten Mängel nichtig sein mit der Folge, dass ein Betriebsrat rechtlich nicht existiert.

a) Befugnis der A zur Rüge der Nichtigkeit der Betriebsratswahl

3   Zur Rüge der Nichtigkeit der Betriebsratswahl ist, da ein nichtiges Rechtsgeschäft keinerlei Rechtsfolgen zeitigt, grundsätzlich jedermann berechtigt, der an der Feststellung der Nichtigkeit ein berechtigtes Interesse besitzt, ohne dass es der Einhaltung bestimmter Formen oder Fristen der Rüge bedarf.[1] Da die Nichtigkeit einer Betriebsratswahl den im Vergleich zur Anfechtbarkeit i. S. v. § 19 BetrVG schwerer wiegenden Mangel darstellt, sind jedenfalls die in § 19 II 1 BetrVG genannten anfechtungsberechtigten Personen, zu denen auch A als Arbeitgeberin gehört, berechtigt, sich auf die Nichtigkeit zu berufen.[2]

b) Nichtigkeit der Betriebsratswahl vom 23. 1. 2009

4   Des Weiteren müsste ein zur Nichtigkeit der Betriebsratswahl führender Wahlmangel vorliegen. Nichtig ist eine Betriebsratswahl ausnahmsweise dann, wenn ein so grober und offensichtlicher Verstoß gegen wesentliche Grundsätze des Wahlrechts gegeben ist, dass nicht einmal der Anschein einer ordnungsgemäßen Wahl vorliegt.[3]

aa) Fehlerhafte Bestellung des Wahlvorstands, § 17 II, III BetrVG

5   Ein Wahlrechtsverstoß könnte zunächst im Hinblick auf die Vorgaben des § 17 II, III BetrVG gegeben sein, wonach zu der Betriebsversammlung, in welcher der die Betriebsratswahl durchführende Wahlvorstand gewählt werden soll, eine im Betrieb vertretene Gewerkschaft oder drei wahlberechtigte Arbeitnehmer des Betriebes einladen können. Ob die per E-Mail versandte Einladung zu der Versammlung im Dezember 2008 fehlerhaft war, erscheint – obgleich die Ladung von einer ausreichenden Anzahl von Arbeitnehmern ausging und für derartige Einladungen nach dem

---

[1] *BAG* vom 27. 4. 1976, AP Nr. 4 zu § 19 BetrVG 1972; *BAG* vom 21. 7. 2004, AP Nr. 15 zu § 4 BetrVG 1972; *Fitting*, § 19 Rn. 7 ff.; GK-BetrVG/*Kreutz*, § 19 Rn. 140 ff.
[2] *Fitting*, § 19 Rn. 7; H/S/W/G/N/*Nicolai*, § 19 Rn. 44.
[3] *BAG* vom 11. 4. 1978, AP Nr. 8 zu § 19 BetrVG 1972; *BAG* vom 19. 11. 2003, NZA 2004, 395, 397 f.; *Fitting*, § 19 Rn. 4; GK-BetrVG/*Kreutz*, § 19 Rn. 132.

Gesetzeswortlaut Form- oder Fristvorgaben nicht bestehen,[4] allein der Einsatz von E-Mails als Kommunikationsmittel also nicht zur Fehlerhaftigkeit der Einladung führt – zweifelhaft. Denn durch die Einladung wurden diejenigen Mitarbeiter nicht erreicht, die nicht über einen eigenen E-Mail-Anschluss verfügen. Erkennbarer Zweck der Regelungen über die Einladung zur Wahlversammlung für den Wahlvorstand ist es, die Einhaltung des in § 14 BetrVG zwar nicht ausdrücklich genannten, nach allgemeiner Einschätzung allerdings als Ausprägung demokratischer Grundsätze geltenden Grundsatzes der Allgemeinheit der Wahl sicherzustellen.[5] Besondere Bedeutung erlangt die Sicherung der Allgemeinheit der Wahl vor allem auch deshalb, weil das Wahlrecht kein weiteres Korrektiv wie z.B. eine bestimmte Mindestbeteiligung an der Wahlversammlung vorsieht, mit dessen Hilfe sichergestellt werden könnte, dass die Entscheidungen der Wahlversammlung ein repräsentatives Abbild des Wählerwillens darstellen. Ihrem gesetzlichen Zweck vermag eine Einladung zur Wahlversammlung, wie auch die hier nicht unmittelbar einschlägige[6] Wertung des § 28 I der Ersten Verordnung zur Durchführung des BetrVG (Wahlordnung – WO) belegt, nur dann zu genügen, wenn gewährleistet ist, dass die Einladung alle Wahlberechtigten erreicht.[7] Eine derartige Gewähr bietet der Versand der Einladung mittels E-Mail nur dann, wenn sämtliche Wahlberechtigten über einen eigenen E-Mail-Anschluss verfügen. Da diese Voraussetzung in Bezug auf drei Arbeitnehmer der A nicht erfüllt ist, ist nicht ordnungsgemäß zu der Betriebsversammlung im Dezember 2008 eingeladen worden.

bb) Verstoß gegen die Vorgaben für vereinfachte Wahlverfahren, § 14 a BetrVG

(1) Unzulässigkeit der Durchführung eines vereinfachten Wahlverfahrens

Bedenken gegen die Wirksamkeit der Betriebsratswahl bestehen zudem deshalb, 6 weil diese Wahl im vereinfachten Wahlverfahren für Kleinbetriebe gemäß § 14 a BetrVG durchgeführt wurde. Die Durchführung eines vereinfachten zweistufigen Wahlverfahrens ist nach § 14 a I 1 BetrVG ohne weitere Anforderungen nur in Betrieben mit i.d.R. fünf bis 50 wahlberechtigten Arbeitnehmern, in größeren Betrieben mit i.d.R. bis zu 100 wahlberechtigten Arbeitnehmern dagegen nach § 14 a V BetrVG nur für den Fall, dass die Anwendung des vereinfachten Wahlverfahrens auf einer zwischen dem Wahlvorstand und dem Arbeitgeber geschlossenen Vereinbarung beruht, möglich. Beide Konstellationen sind ersichtlich nicht gegeben, da A regelmäßig mehr als 50 Arbeitnehmer beschäftigt, also die Voraussetzungen des § 14 a I 1 BetrVG nicht erfüllt sind, und auch eine Vereinbarung zwischen A und dem Wahlvorstand i.S.d. § 14 a V BetrVG nicht existiert.[8] Die

---

[4] *LAG Hamm* vom 29.11.1973, DB 1974, 389; *Fitting*, § 17 Rn. 17; GK-BetrVG/*Kreutz*, § 17 Rn. 24.
[5] Ebenso, auch zur Anwendbarkeit des Grundsatzes der Allgemeinheit der Wahl, *BAG* vom 7.5. 1986, NZA 1986, 753, 754; GK-BetrVG/*Kreutz*, § 14 Rn. 10; H/S/W/G/N/*Nicolai*, § 17 Rn. 17.
[6] Die Anwendbarkeit des § 28 WO setzt voraus, dass bereits die Bestellung des Wahlvorstands im Rahmen des vereinfachten Wahlverfahrens erfolgen soll. Der Beschluss zur Wahl dieser Verfahrensart ist vorliegend jedoch noch nicht zum Zeitpunkt der Einladung zur Wahlversammlung, sondern erst in dieser Versammlung selbst getroffen worden.
[7] *BAG* vom 19.11.2003, NZA 2004, 395, 396; GK-BetrVG/*Kreutz*, § 17 Rn. 24; Richardi/*Thüsing*, § 17 Rn. 12.
[8] Insbesondere kann nicht allein aus dem Umstand, dass die Geschäftsleitung der A auf der Betriebsversammlung zur Wahl des Wahlvorstands gegen den Beschluss, die Wahl im vereinfachten Verfahren durchzuführen, keine Einwendungen erhoben hat, auf eine konkludente Einigung über die Wahl dieser Verfahrensweise geschlossen werden. Das Verhalten der Geschäftsleitung hat

Betriebsratswahl ist daher zu Unrecht im vereinfachten Wahlverfahren durchgeführt worden, so dass sämtliche speziell für das Regelwahlverfahren geschaffenen Vorschriften, das objektiv einschlägig gewesen wäre, nicht eingehalten worden sind.

(2) Verstöße gegen die Vorschriften zur Durchführung des vereinfachten Wahlverfahrens

7   Selbst wenn man den mit der unberechtigten Durchführung des vereinfachten Wahlverfahrens verbundenen Wahlmangel für unbeachtlich hielte, könnten sich weitere Mängel aus der unzureichenden Beachtung der für diese Verfahrensart geltenden Vorschriften ergeben.

8   In Betracht kommt zunächst ein Verstoß gegen die nach § 126 BetrVG anwendbaren Regelungen der WO über die Aufstellung der Wählerliste. Diese Liste ist gemäß §§ 37, 36 I 3, 30 I 3 i. V. m. § 2 I 1 WO getrennt nach Geschlechtern aufzustellen. Das vom Wahlvorstand nur nach dem Alphabet geordnete Verzeichnis genügt dem nicht.

9   Ferner könnte diese Wählerliste, indem auch sie den wahlberechtigten Arbeitnehmern lediglich per E-Mail übersandt wurde, nur unzureichend bekannt gemacht worden sein. Ordnungsgemäß erfolgt ist die Bekanntmachung der Wählerliste, wenn sie zusammen mit einem Abdruck der WO an geeigneter Stelle im Betrieb ausgelegt ist (§§ 37, 36 I 3 i. V. m. § 2 IV 1 WO) oder – bei Bekanntgabe in elektronischer Form – wenn sichergestellt ist, dass alle Arbeitnehmer vom Inhalt der Bekanntmachung Kenntnis erlangen und Änderungen der Bekanntmachung nur vom Wahlvorstand vorgenommen werden können (§§ 37, 36 I 3 i. V. m. § 2 IV 4 WO). Anhaltspunkte für die Auslegung der Dokumente im Betrieb der A gibt es nicht. Auch war die elektronische Bekanntmachung aus vielfältigen Gründen unzulässig. Der E-Mail vom 5. 1. 2009 war weder die WO beigefügt noch sicherte – entsprechend den Ausführungen zur Wirksamkeit der Einladung für die Betriebsversammlung betreffend die Wahl eines Wahlvorstandes – diese Art der Informationsübermittlung allen Arbeitnehmern die Möglichkeit der Kenntnisnahme und die unverfälschte Weitergabe der Bekanntmachung. Bei einer Information der Arbeitnehmer ohne E-Mail-Zugang durch Arbeitskollegen kann insbesondere nicht ausgeschlossen werden, dass letztere den Inhalt der Bekanntmachung unzutreffend weitergeben. Auch die Bekanntgabe der Wählerliste war daher fehlerhaft.

10 Denkbar erscheint weiterhin ein Verstoß gegen §§ 37, 36 II 1 WO, wonach der Wahlvorstand nach der Aufstellung der Wählerliste das Wahlausschreiben zu erlassen hat. Eine derartige Funktion könnte vorliegend allenfalls der E-Mail vom 5. 1. 2009 zuzubilligen sein. Selbst wenn man diese Einschätzung teilt, enthielt die E-Mail allerdings nicht die in § 36 III i. V. m. § 31 I 3 WO aufgeführten Pflichtangaben für den Inhalt von Wahlausschreiben. Hinzu kommt, dass eine E-Mail nicht, wie von § 36 II 1 WO für das Wahlausschreiben gefordert, unterschrieben worden sein kann und auch nicht, wie sich aus § 31 II 1, 2 WO ergibt, als ausschließliches Mittel zur Bekanntgabe des Wahlausschreibens eingesetzt werden darf. Ein ordnungsgemäßes Wahlausschreiben existiert folglich nicht.

11 Letztlich ist auch, da der Wahlvorstand den Wahlberechtigten nach dem 5. 1. 2009 keine weiteren Mitteilungen mehr gemacht hat, eine ordnungsgemäße Bekanntmachung

---

insoweit keinen erkennbar zustimmenden Erklärungswert. Vgl. dazu *BAG* vom 19. 11. 2003, NZA 2004, 395 ff.

Fall 7. Den Arbeitnehmern auf die Finger geschaut

der als gültig anerkannten Wahlvorschläge (§§ 37, 36 III, V 3 WO) unterblieben, so dass die Durchführung des Wahlverfahrens auch insoweit mangelbehaftet ist.

cc) Nichtigkeit oder Anfechtbarkeit der Wahl als Rechtsfolge der Verstöße

Fraglich ist jedoch, ob die vielfältigen zuvor aufgezeigten Verfahrensverstöße gravierend genug sind, um darauf als Rechtsfolge nicht lediglich die Anfechtbarkeit, sondern die Nichtigkeit der Betriebsratswahl zu stützen. 12

(1) Nichtigkeit als Rechtsfolge einzelner Verfahrensmängel

Diese Schlussfolgerung wäre dann zu ziehen, wenn bereits einzelne der genannten Verfahrensmängel für sich betrachtet so schwerwiegend wären, dass nicht einmal der Anschein einer ordnungsgemäßen Wahl vorliegt. 13

Derartiges Gewicht könnte insbesondere dem Fehlen einer ordnungsgemäßen Einladung zur Wahlversammlung zukommen, da hierdurch – wie gezeigt – die Einhaltung des für ein demokratisches Wahlverfahren konstitutiven Grundsatzes der Allgemeinheit der Wahl tangiert ist. Welche Rechtsfolgen Ladungsmängel auslösen können, ist heftig umstritten. Während das BAG in der Vergangenheit die Nichtigkeit einer Betriebsratswahl infolge von Ladungsmängeln zumindest in Konstellationen für möglich hielt, in denen die unzureichende Ladung zum Fernbleiben von Arbeitnehmern in der Betriebsversammlung führt und dies zu einer Beeinflussung des Wahlergebnisses geführt haben könnte,[9] neigt die neuere Rechtsprechung dazu, Ladungsmängel generell nur als Anfechtungsgrund einzustufen.[10] Einzelne Stimmen in der Literatur gehen demgegenüber davon aus, dass Ladungsmängel wegen der besonderen Bedeutung des Grundsatzes der Allgemeinheit der Wahl im Regelfall zur Nichtigkeit führen.[11] Vorliegend ist zu bedenken, dass die fehlerhafte Ladung nur drei Arbeitnehmer nicht erreicht hat, sogar nur für das Fernbleiben von zwei Beschäftigten und damit nur eines verschwindend geringen Teils der Belegschaft von der Wahl verantwortlich und angesichts der einstimmigen Beschlussfassung auf der Wahlversammlung für das weitere Wahlverfahren mit hoher Wahrscheinlichkeit nicht kausal geworden ist. Angesichts dessen wäre allenfalls auf Basis der zuletzt genannten Auffassung Raum für eine Nichtigkeit der Betriebsratswahl vom 23. 1. 2009. 14

Eine derartige Konsequenz vermag wertungsmäßig letztlich allerdings aus mehreren Gründen nicht zu überzeugen. Zunächst mindert der Umstand, dass die Ladungsmängel nicht den Wahlakt selbst, sondern nur die Betriebsversammlung zur Wahl des Wahlvorstandes, also lediglich Einleitung und Vorbereitung[12] der Wahl betreffen, die Bedeutung des Mangels. Auch legt die kaum nachweisbare Kausalität des Mangels für die Willensbildung bei der Wahl im konkreten Fall vor dem Hintergrund, dass nach § 19 I 2. Halbsatz BetrVG selbst die im Vergleich zur Nichtigkeit weniger schwerwiegende Fehlerfolge der Anfechtbarkeit die – freilich vermutete – Kausalität des Verfahrensverstoßes voraussetzt, nahe, die Wahl vom 15

---

[9] BAG vom 7. 5. 1986, NZA 1986, 753, 754; Däubler/Kittner/Klebe/*Schneider*, § 17 Rn. 4; *Stege/Weinspach/Schiefer*, § 17 Rn. 2 b.
[10] *BAG* vom 19. 11. 2003, NZA 2004, 395, 397 f.; tendenziell auch *BAG* vom 21. 7. 2004, AP Nr. 15 zu § 4 BetrVG 1972; *LAG Nürnberg* vom 29. 7. 1998, ArbuR 1998, 492.
[11] Aus dem älteren Schrifttum insbesondere Galperin/Löwisch/*Löwisch/Marienhagen*, § 17 Rn. 5; tendenziell wohl auch GK-BetrVG/*Kreutz*, § 17 Rn. 25 („eher strenge Anforderungen"); vgl. zum Streitstand ferner noch H/S/W/G/N/*Nicolai*, § 17 Rn. 43 m. w. N.
[12] Vgl. Richardi/*Thüsing*, § 17 Rn. 12.

23. 1. 2009 nur als anfechtbar anzusehen. Entscheidend für diese Einschätzung spricht letztlich,[13] dass die Nichtigkeit einer Betriebsratswahl für alle Beteiligten äußerst gravierende Folgen hat, da die Unwirksamkeit der Wahl zugleich dazu führt, dass die von dem Betriebsrat vorgenommenen Diensthandlungen, also insbesondere der Abschluss von Betriebsvereinbarungen, ungültig sind. Derartige Folgen dürfen, da das Vertrauen auf die Beständigkeit der von einem durch Wahl legitimierten Gremium vorgenommenen Handlungen grundsätzlich schutzwürdig ist, nur ausnahmsweise dann eintreten, wenn das Wahlverfahren so fehlerbehaftet ist, dass es seine legitimierende Kraft verliert. Unter Berücksichtigung dieses Regel-Ausnahme-Verhältnisses führt vorliegend der Ladungsfehler allein nicht zur Nichtigkeit der Betriebsratswahl vom 23. 1. 2009.

16 Gleiches wird man i. E. auch hinsichtlich der übrigen Verfahrensverstöße annehmen müssen.[14] Wenn Maßstab für die Nichtigkeit die Evidenz der Verfahrensverstöße ist, der Verstoß also für jeden mit den betrieblichen Verhältnissen vertrauten Dritten sofort ohne weiteres erkennbar sein muss, weil nur dann schutzwürdiges Vertrauen auf das Wahlergebnis nicht entstehen kann, reichen die Verstöße gegen das Gebot der Trennung der Wählerliste nach Geschlechtern, die Bekanntgabe der Wählerliste, das fehlende bzw. grob unvollständige Wahlausschreiben und die unterbliebene Bekanntgabe der Wahlvorschläge für sich genommen jeweils nicht aus, um die Wahl als nichtig zu qualifizieren. Die fehlende Trennung der Wählerliste nach Geschlechtern betrifft einen formalen Aspekt, der zurücktreten muss, wenn das Verzeichnis vollständig und auf eine andere Weise sinnvoll geordnet ist, so dass die einzelnen Belegschaftsmitglieder mit vertretbarem Aufwand ihre Wahlberechtigung klären und – bei Fehlern im Verzeichnis – ggfs. noch vor dem Wahltag feststellen lassen können. Die zahlreichen Mängel bei der Bekanntgabe von Wahlinformationen sind ebenfalls nicht evident, da i. d. R. für die Bekanntgabe unterschiedliche Alternativen zulässig sind und die einzelnen Arbeitnehmer, denen vorliegend Informationen nur per E-Mail zugegangen sind, nicht eindeutig erkennen können, ob nicht eine ordnungsgemäße Bekanntgabe auf anderem, von einzelnen Mitarbeitern unerkanntem Wege erfolgt ist. Hinzu kommt, dass auch diese Verfahrensverstöße eher das Stadium der Wahlvorbereitung als den Wahlakt selbst betreffen und deshalb geringer zu gewichten sind. Schließlich wird man auch die unzutreffende Anwendung des vereinfachten statt des regulären Wahlverfahrens als nicht zur Nichtigkeit führenden Mangel werten müssen, da dem Wahlakt immerhin ein gesetzlich vorgesehenes Verfahren zugrunde gelegt werden sollte. Zudem ist § 14a V BetrVG, indem dort die gewillkürte Anwendung des vereinfachten Verfahrens zugelassen wird, die Wertung zu entnehmen, dass es sich bei dem vereinfachten Verfahren nicht um ein solches geringerer rechtsstaatlicher Qualität handelt.

17 Die einzelnen Verfahrensverstöße bei der Vorbereitung und Durchführung der Betriebsratswahl vom 23. 1. 2009 führen somit für sich betrachtet nicht zur Nichtigkeit.

(2) Nichtigkeit aufgrund einer Gesamtwürdigung der Einzelverstöße

18 Zu erwägen bleibt jedoch, ob sich die Nichtigkeit der Betriebsratswahl aus einer Gesamtwürdigung der einzelnen, für sich genommen nicht zur Nichtigkeit der Wahl führenden Einzelverstöße herleiten lässt.

---

[13] Ebenso, auch zum Folgenden, für einen vergleichbar gelagerten Sachverhalt *BAG* vom 19. 11. 2003, NZA 2004, 395, 397 f.
[14] Ebenso auch *BAG* vom 19. 11. 2003, NZA 395, 396 ff.

Für die Notwendigkeit einer derartigen Summierung von Wahlmängeln lässt sich 19
im Einklang mit der älteren Rechtsprechung des BAG und Teilen der Literatur[15]
insbesondere der Zweck, den die differenzierenden Regeln zur Behandlung von
Wahlfehlern verfolgen, die Sicherung einer geordneten Wahl, anführen. Für die
ordnungsgemäße Durchführung der Wahl macht es i. E. häufig keinen Unterschied,
ob die Störung auf einem einzelnen, besonders schwerwiegenden Verstoß oder auf
einer Häufung mehrerer weniger bedeutsamer Mängel beruht, die aber zusammen
genommen dasselbe Gewicht wie ein zur Nichtigkeit führender Mangel besitzen.
Zudem lässt sich häufig nicht ausschließen, dass sich mehrere Verfahrensverstöße
hinsichtlich ihrer Auswirkungen auf das Wahlergebnis gegenseitig verstärken.

Andererseits führt aber die Häufung von Verfahrensverstößen nicht notwendig 20
dazu, dass diese für die von der Wahl betroffenen Personen leichter erkennbar
werden und dass das Vertrauen auf die Gültigkeit der Wahl ebenso stark beeinträchtigt wird, wie durch einen schweren Mangel. Vergegenwärtigt man sich zudem
die Ausnahmestellung, die Nichtigkeitsgründen wegen der gravierenden Konsequenzen dieser Rechtsfolge zukommen soll,[16] ferner den Umstand, dass sich
willkürfrei kaum Maßstäbe formulieren lassen, wie viele einzelne Verfahrensverstöße gegeben sein müssen, um im Wege einer Saldierung zur Nichtigkeit der Wahl
zu gelangen,[17] sowie schließlich, dass eine Saldierung von Einzelverstößen naturgemäß für die Vorhersehbarkeit richterlicher Entscheidungen und damit die Rechtssicherheit abträglich ist,[18] sprechen die besseren Argumente gegen die Zulässigkeit
einer Gesamtwürdigung.[19] Selbst die gehäuften Verstöße gegen Verfahrensvorschriften führen daher nicht zur Nichtigkeit der Betriebsratswahl vom 23. 1. 2009.

dd) Zwischenergebnis

Die Betriebsratswahl ist nicht nichtig, sondern lediglich anfechtbar.[20] Da die 21
Anfechtungsfrist nach § 19 II BetrVG bereits verstrichen ist und überdies im
Wahlanfechtungsverfahren der Betriebsrat bis zur Rechtskraft des über die Anfechtung entscheidenden Beschlusses des Arbeitsgerichts im Amt bleibt,[21] besteht im
Betrieb der A ein Betriebsrat, der den Unterlassungsanspruch nach § 23 III BetrVG
geltend machen kann.

2. Grobe Pflichtverletzung des Arbeitgebers i. S. v. § 23 III BetrVG

Der Unterlassungsanspruch des Betriebsrats erfordert ferner einen groben Ver- 22
stoß des Arbeitgebers gegen seine aus dem BetrVG resultierenden Verpflichtungen.
Zwar kann insbesondere die Nichtbeachtung der Mitwirkungs- und Mitbestimmungsrechte des Betriebsrats durch den Arbeitgeber pflichtwidrig sein,[22] so dass
auch die mangelnde Einbindung des Betriebsrats der A in die an die Arbeitnehmer

---

[15] *BAG* vom 27. 4. 1976, NJW 1976, 2229, 2230; *BAG* vom 10. 6. 1983, AP Nr. 10 zu § 19 BetrVG 1972; *LAG Berlin* vom 8. 4. 2003, NZA-RR 2003, 587; Richardi/*Thüsing*, § 19 Rn. 76.
[16] Siehe oben Rn. 15.
[17] *BAG* vom 19. 11. 2003, NZA 2004, 395, 398.
[18] *Fitting*, § 19 Rn. 4
[19] So auch die neuere Rechtsprechung des *BAG* vom 19. 11. 2003, NZA 2004, 395, 397 f.; dem folgend ErfKomm/*Eisemann/Koch*, § 19 BetrVG Rn. 15, 16; *Fitting*, § 19 Rn. 4.
[20] Mit entsprechender Argumentation ist die gegenteilige Position gut vertretbar.
[21] *BAG* vom 13. 3. 1991, NZA 1991, 946, 947; GK-BetrVG/*Kreutz*, § 19 Rn. 116.
[22] Richardi/*Thüsing*, § 23 Rn. 90 m. w. N.; vgl. auch *BAG* vom 8. 8. 1989, NZA 1990, 569; *BAG* vom 23. 6. 1992, NZA 1992, 1095, 1096 f.

gerichtete Weisung zur Abgabe der Fingerabdrücke einen Pflichtverstoß i. S. v. § 23 III BetrVG darstellen könnte, wenn insoweit ein Mitbestimmungsrecht des Betriebsrats besteht. Ob letzteres der Fall ist, kann jedoch dahinstehen, wenn das Unterlassen der Beteiligung des Betriebsrats nicht als grober Verstoß des Arbeitgebers zu werten ist. Grob ist eine Pflichtverletzung – ohne dass es auf ein Verschulden des Arbeitgebers oder auf eine Störung des Betriebsfriedens durch die Pflichtwidrigkeit ankäme – wenn sie objektiv erheblich und offensichtlich schwerwiegend ist.[23] Nicht offensichtlich schwerwiegend ist es, wenn der Arbeitgeber in einer schwierigen und ungeklärten Rechtsfrage seine objektiv unrichtige, aber vertretbare Rechtsansicht verteidigt.[24] Die streitentscheidende Rechtsfrage ist vorliegend, ob die Errichtung des Zugangskontrollsystems durch B ein Mitbestimmungsrecht des Betriebsrats nach § 87 I Nr. 1 und 6 BetrVG begründet.[25] Insoweit werden zahlreiche zweifelhafte Detailfragen zu klären sein. Insbesondere liegen die rechtlichen Auswirkungen des Umstands, dass das System nicht vom Arbeitgeber A, sondern von einem Dritten in dessen Betrieb eingerichtet wird, dass es zwar nur der Zugangskontrolle dienen soll, aber objektiv auch für Überwachungszwecke eingesetzt werden kann, und schließlich, dass A sich bereits gegenüber B zur Teilnahme an dem System verpflichtet hat, nicht klar auf der Hand. Angesichts dessen sowie der Tatsache, dass über den konkreten Einzelfall hinaus keine Erkenntnisse vorliegen, dass die A beharrlich und wiederholt Mitbestimmungsrechte des Betriebsrats ignoriert, wird man ihr Verhalten nicht als groben Verstoß i. S. d. § 23 III BetrVG werten können.[26]

3. Ergebnis

23 Der Betriebsrat kann aus § 23 III BetrVG keinen Anspruch gegen A herleiten, die Anweisung an ihre Mitarbeiter zu unterlassen, Fingerabdrücke abzugeben.

II. Unterlassungsanspruch aus § 75 II 1 BetrVG

24 Ein Unterlassungsanspruch des Betriebsrats gegen A könnte sich allerdings aus § 75 II BetrVG ergeben. Dazu müsste es sich bei dieser Vorschrift zunächst überhaupt um eine Anspruchsgrundlage i. S. d. § 194 BGB handeln. Bedenkt man, dass die gesetzliche Verpflichtung der Betriebsparteien, die freie Entfaltung der Persönlichkeit der Belegschaftsmitglieder zu schützen und zu fördern, denknotwendig die weitere Verpflichtung umfasst, nicht durch eigene Handlungen das geschützte Rechtsgut zu beeinträchtigen, wird man die Anspruchsqualität des § 75 II BetrVG mit Bedenken grundsätzlich noch bejahen können.[27]

25 Selbst wenn man diese Einschätzung teilt und ferner die Verpflichtung zur Abgabe von Fingerabdrücken als die Persönlichkeitsrechte der Arbeitnehmer tangierende Maßnahme einstuft, lässt sich das konkrete Unterlassungsbegehren des Betriebsrats aus zwei Gründen schwerlich auf die genannte Vorschrift stützen.[28] Zum einen will

---

[23] *BAG* vom 29. 2. 2000, NZA 2000, 1066, 1069; *BAG* vom 28. 5. 2002, NZA 2003, 166, 169 f.; *Fitting*, BetrVG, § 23 Rn. 62; GK-BetrVG/*Oetker*, § 23 Rn. 168 f.
[24] *BAG* vom 8. 8. 1989, NZA 1990, 198, 200; *BAG* vom 14. 11. 1989, NZA 1990, 357, 359; *Fitting*, § 23 Rn. 63; GK-BetrVG/*Oetker*, § 23 Rn. 172.
[25] Dazu und zum Folgenden im Detail unten Rn. 36 ff.
[26] A. A. insbesondere mit dem Argument, dass einzelne Facetten dieses Gesamtproblems bereits in der höchstrichterlichen Rechtsprechung geklärt worden sind, gut vertretbar.
[27] So etwa Däubler/Kittner/Klebe/*Berg*, § 75 Rn. 62 m. w. N.; bis zur 23. Aufl. (2006) auch *Fitting*, § 75 Rn. 14, 99; a. A. Richardi/*Richardi*, § 75 Rn. 52 ff.
[28] So auch *BAG* vom 28. 5. 2002, NZA 2003, 166, 168; *BAG* vom 27. 1. 2004, NZA 2004, 556, 559.

§ 75 II BetrVG rechtswidrige Verletzungen des Persönlichkeitsrechts unterbinden[29] und so eine inhaltlich angemessene Ausgestaltung persönlichkeitsrechtsrelevanter Regelungen erreichen. Um die Sicherung der inhaltlichen Angemessenheit der vom Arbeitgeber geschaffenen Zugangsregelung zum Betrieb geht es dem Betriebsrat vorliegend jedoch nicht. Vielmehr möchte er primär – losgelöst von der konkreten inhaltlichen Gestaltung – die Einhaltung seiner Mitbestimmungsrechte durchsetzen, also vor allem Verstöße des A gegen die betriebsverfassungsrechtliche Kompetenzverteilung abwehren. Zum anderen droht aufgrund der generalklauselartigen Weite des Schutzguts des allgemeinen Persönlichkeitsrechts[30] ein auf § 75 II BetrVG gestützter allgemeiner Unterlassungsanspruch des Betriebsrats die einschränkenden Voraussetzungen des Anspruchs aus § 23 III BetrVG zu unterlaufen.[31] Auch führte ein derartiger Anspruch zu einem konturenlosen, über den Katalog der Mitbestimmungstatbestände des § 87 I BetrVG hinausgehenden Mitbestimmungsrecht des Betriebsrats, da letztlich nahezu jede Maßnahme des Arbeitgebers für das allgemeine Persönlichkeitsrecht der Arbeitnehmer relevant werden kann.[32]

Der Unterlassungsanspruch des Betriebsrats gegen A ergibt sich folglich nicht aus 26 § 75 II BetrVG.

III. Unterlassungsanspruch aus § 78 S. 1 BetrVG

Grundlage des Unterlassungsanspruchs des Betriebsrats gegen A könnte ferner 27 § 78 S. 1 BetrVG sein,[33] wonach Mitglieder des Betriebsrats und anderer Organe des Betriebsverfassungsrechts in der Ausübung ihrer Tätigkeit nicht gestört oder behindert werden dürfen. Zwar ist grundsätzlich anerkannt, dass die genannte Vorschrift als Schutzgesetz i. S. d. § 823 II BGB zu qualifizieren ist, so dass von Störungen oder Behinderungen betroffene Organmitglieder neben Schadensersatzansprüchen auch einen Anspruch darauf haben, dass die Störungen und Behinderungen unterlassen werden.[34] Fraglich ist jedoch, ob unter das Merkmal der Störungen und Behinderungen auch Fälle der vorliegenden Art gefasst werden können, in denen der Arbeitgeber nicht auf die individuelle Amtstätigkeit des Organmitglieds einwirkt, sondern die objektive Zuständigkeits- und Kompetenzordnung des Betriebsverfassungsgesetzes missachtet, indem er Mitbestimmungs- und Beteiligungsrechte des Betriebsrats ignoriert.

Hiergegen spricht zunächst, dass Schutzzweck des § 78 S. 1 BetrVG die Sicherung der Unabhängigkeit der Amtsführung der dort genannten Organmitglieder 28

---

[29] *BAG* vom 28. 5. 2002, NZA 2003, 166, 169; *Fitting*, § 75 Rn. 143.
[30] Vgl. hierzu nur *Fitting*, § 75 Rn. 143 f.; GK-BetrVG/*Kreutz*, § 75 Rn. 89 ff., 95.
[31] A. A. mit entsprechender Begründung grundsätzlich gut vertretbar: Die Verpflichtung zur Abgabe der Fingerabdrücke tangiert das Persönlichkeitsrecht der Arbeitnehmer intensiv, so dass das letztgenannte Argument im konkreten Fall nur wenig Gewicht besitzt. Allerdings enthält der Sachverhalt keine hinreichend detaillierten Angaben, etwa zum Betriebszweck der B und zu den Gefahren, die mittels der Zugangsüberwachung abgewehrt werden sollen. Die von § 75 II BetrVG geforderte Einzelfallabwägung zwischen dem Persönlichkeitsrecht des Arbeitnehmers sowie kollidierenden Rechten und Interessen des Arbeitgebers und schutzwürdiger Dritter (vgl. hierzu nur *BAG* vom 19. 1. 1999, NZA 1999, 546, 548 ff.; *Fitting*, § 75 Rn. 143) kann daher nicht durchgeführt werden. Im Ergebnis wird sich auch aus diesem Grund ein Unterlassungsanspruch des Betriebsrats nicht auf § 75 II BetrVG stützen lassen.
[32] *BAG* vom 28. 5. 2002, NZA 2003, 166, 169.
[33] Hierfür z. B. *Dütz*, DB 1984, 115, 118 ff., insb. S. 120; umfassend hierzu, wenn auch i. E. ablehnend, *Konzen*, Betriebsverfassungsrechtliche Leistungspflichten des Arbeitgebers, 1984, S. 61 ff.
[34] *BAG* vom 9. 6. 1982, AP Nr. 1 zu § 107 BPersVG; *Fitting*, § 78 Rn. 4; Richardi/*Thüsing*, § 78 Rn. 39.

ist.[35] Bezweckt ist demnach vor allem der Schutz des Mandatsträgers vor individuellen Beeinträchtigungen, die ihn zu einer parteiischen Ausübung seiner Mandatsbefugnisse verleiten könnten oder die ihn konkret an der Wahrnehmung seines Amtes hindern.[36] Dass § 78 S. 1 BetrVG primär dem Individualschutz des Organmitglieds dient und das Organ selbst und die objektive Ordnung des Betriebsverfassungsrechts von diesem Schutz reflexartig profitieren, unterstreicht auch die Regelung des § 78 S. 2 BetrVG, die mit der beruflichen Entwicklung verbundene und damit wesensnotwendig individuell wirkende Benachteiligungen oder Begünstigungen untersagt. Schützt § 78 S. 1 BetrVG in erster Linie die Entscheidungsfreiheit des Mandatsträgers, wäre es verfehlt, aus dieser Vorschrift einen allgemeinen Unterlassungsanspruch zu Gunsten des Betriebsrats abzuleiten, mit dem die Einhaltung der objektiven Zuständigkeitsverteilung und der Mitbestimmungsrechte durchgesetzt werden kann.[37]

29 Der Betriebsrat kann somit einen Unterlassungsanspruch gegen A nicht aus § 78 S. 1 BetrVG herleiten.

IV. Unterlassungsanspruch aus § 80 I Nr. 1 BetrVG

30 Auf § 80 I Nr. 1 BetrVG lässt sich ein Unterlassungsanspruch des Betriebsrats gegen A ebenfalls nicht stützen. Die genannte Vorschrift weist dem Betriebsrat zwar die Aufgabe zu, die Einhaltung der gesetzlichen Bestimmungen und damit auch der Vorgaben des Betriebsverfassungsgesetzes zu überwachen, jedoch begründet diese Norm keinen Unterlassungsanspruch des Betriebsrats gegenüber dem Arbeitgeber.[38] Gewährte man einen solchen Anspruch, unterliefe dies die einschränkenden Voraussetzungen des Unterlassungsanspruchs nach § 23 III BetrVG. Hinzu kommt, dass § 80 I Nr. 1 BetrVG nicht hinsichtlich der Bedeutung der einzelnen gesetzlichen Vorschriften, über deren Einhaltung der Betriebsrat zu wachen hat, differenziert und deshalb ein aus dieser Vorschrift hergeleiteter allgemeiner Unterlassungsanspruch des Betriebsrats in sozialen Angelegenheiten i. E. ein umfassendes Mitbestimmungsrecht des Betriebsrats begründen würde, welches das Betriebsverfassungsgesetz ausweislich der Wertungen der §§ 87, 88 BetrVG gerade nicht vorsieht.[39]

V. Unterlassungsanspruch nach § 87 I BetrVG

31 Der Unterlassungsanspruch des Betriebsrats gegen A könnte sich schließlich aus § 87 I BetrVG ergeben.

1. Notwendigkeit der Absicherung der Mitbestimmungsrechte durch einen Unterlassungsanspruch

32 Ebenso wie hinsichtlich der zuvor erörterten Vorschriften, stellt sich auch in Bezug auf § 87 I BetrVG zunächst die Frage, ob diese Norm überhaupt eine Anspruchs-

---

[35] Richardi/*Thüsing*, § 78 Rn. 2; H/S/W/G/N/*Worzalla*, § 78 Rn. 1.
[36] Vgl. hierzu etwa die Beispielsübersichten bei *Fitting*, § 78 Rn. 9; Richardi/*Thüsing*, § 78 Rn. 17.
[37] So i. E. auch *LAG Hamburg* vom 6. 10. 2005, AiB 2006, 238 f.; Richardi/*Thüsing*, § 78 Rn. 39, nach denen zwischen dem Unterlassungsanspruch des Betriebsratsmitglieds aus § 78 S. 1 BetrVG und dem allgemeinen Unterlassungsanspruch des Organs Betriebsrat zu differenzieren sei. Die Anwendung des § 78 S. 1 BetrVG ablehnend auch *Derleder*, ArbuR 1985, 65, 74 f.; *Kümpel*, ArbuR 1985, 78, 86 f.
[38] *BAG* vom 27. 1. 2004, NZA 2004, 556, 559; *Fitting*, § 80 Rn. 14; ErfKomm/*Kania*, § 80 BetrVG Rn. 1.
[39] *Fitting*, § 80 Rn. 14.

grundlage i. S. v. § 194 I BGB darstellt. Vielfach ist dies mit dem Hinweis, dass sich aus dem jeweiligen Mitbestimmungsrecht ein auf Unterlassung mitbestimmungswidrigen Verhaltens gerichteter Nebenanspruch ergäbe, angenommen worden.[40] Bei wortlautgetreuem Verständnis begründet § 87 I BetrVG jedoch nur die gemeinsame Zuständigkeit des Arbeitgebers und des Betriebsrats für die Regelung der im Einzelnen dort genannten Angelegenheiten.[41] Mehr als die Schlussfolgerung, dass durch den Arbeitgeber einseitig, unter Missachtung des Mitbestimmungsrechts des Betriebsrats vorgenommene Maßnahmen rechtswidrig und – sofern die Maßnahme in einem Rechtsgeschäft besteht – nichtig sind, ergibt sich bei unbefangener Betrachtung aus dieser Vorschrift nicht. Aufgrund dieser Überlegung wird häufig die Anspruchsqualität des § 87 I BetrVG geleugnet und ein gegen mitbestimmungswidriges Arbeitgeberverhalten gerichteter Unterlassungsanspruch entweder zwanglos aus dem zwischen Arbeitgeber und Betriebsrat bestehenden gesetzlichen Schuldverhältnis („Betriebsverhältnis") hergeleitet[42] oder aber – teils auch ergänzend – auf das Gebot der vertrauensvollen Zusammenarbeit (§ 2 I BetrVG)[43] gestützt. Das genannte Gebot bilde die Grundlage für wechselseitige Nebenpflichten zur Rücksichtnahme auf den jeweils anderen Betriebspartner, kraft derer der Arbeitgeber verpfichtet sei, alles zu unterlassen, was der Wahrnehmung eines konkreten Mitbestimmungsrechts durch den Betriebsrat entgegen stehe.

Eine Stellungnahme zu dieser Kontroverse sollte zwischen zwei Fragen differenzieren: zum einen derjenigen, ob es überhaupt eines zur Sicherung der Mitbestimmungsrechte dienenden Unterlassungsanspruchs bedarf, und zum anderen, auf welcher dogmatischen Grundlage ein solcher Anspruch konstruiert werden kann. Das Bedürfnis, mitbestimmungswidriges Arbeitgeberverhalten durch einen vorbeugenden Unterlassungsanspruch zu unterbinden, lässt sich damit begründen, dass weder das Verfahren vor der Einigungsstelle nach §§ 76 f. BetrVG noch der Grundsatz, dass mitbestimmungswidrige Maßnahmen des Arbeitgebers unwirksam sind, einen ausreichenden Schutz der Beteiligungsrechte des Betriebsrats gewährleisten.[44] Angesichts der Dauer des Einigungsstellenverfahrens kann nicht ausgeschlossen werden, dass der Arbeitgeber durch Missachtung der Mitbestimmungsrechte vollendete Tatsachen schafft, die nicht oder nur noch mit großen Schwierigkeiten rückgängig gemacht werden können. Auch hindert die Lehre der Unwirksamkeit mitbestimmungswidrigen Verhaltens nur, dass Rechtsgeschäfte Gültigkeit erlangen. Einen Schutz vor tatsächlichen Maßnahmen erreicht diese Lehre ebensowenig, wie sie verhindern kann, dass unwirksame Rechtsgeschäfte faktisch durchgesetzt werden, weil sich die Arbeitnehmer aus Angst vor Sanktionen nicht auf die Unwirk-

33

---

[40] So insb. die Rechtsprechung. Vgl. im Ansatz bereits *BAG* vom 18. 4. 1985, NZA 1985, 783, 784; grundlegend dann *BAG* vom 3. 5. 1994, NZA 1995, 40, 42 ff.; ferner *LAG Berlin* vom 3. 2. 1981, ArbuR 1981, 285; *LAG Bremen* vom 25. 7. 1986, LAGE Nr. 7 zu § 23 BetrVG 1972 sowie die Übersicht über das Schrifttum bei GK-BetrVG/*Oetker*, § 23 Rn. 132.
[41] *Heinze*, DB Beil. 9/1983, S. 1, 16 f.; GK-BetrVG/*Oetker*, § 23 Rn. 132.
[42] So insb. v. *Hoyningen-Huene*, NZA 1991, 7, 8; GK-BetrVG/*Oetker*, § 23 Rn. 134 m. w. N.
[43] So i. E. *ArbG Düsseldorf* vom 2. 9. 1987, BB 1988, 482; *Kümpel*, ArbuR 1985, 78, 85 f. m. w. N.; hinsichtlich der dogmatischen Fundierung mehrdeutig ist auch die Grundsatzentscheidung *BAG* vom 3. 5. 1994, NZA 1995, 40, 42 f., in der zunächst § 2 BetrVG lediglich im Rahmen der Auslegung Berücksichtigung findet, dann aber ausgeführt wird, dass „aus dem allgemeinen Gebot der vertrauensvollen Zusammenarbeit als Nebenpflicht grundsätzlich auch das Gebot abgeleitet werden [kann], alles zu unterlassen, was der Wahrnehmung des konkreten Mitbestimmungsrechts entgegensteht."
[44] Hierzu und zum Folgenden *BAG* vom 3. 5. 1994, NZA 1995, 40, 43; GK-BetrVG/*Oetker*, § 23 Rn. 130; in der Sache auch *Hanau*, ZfA 1992, 295, 302.

samkeit berufen und z. B. Zurückbehaltungsrechte nicht geltend machen.[45] Letztlich legen auch europarechtliche Aspekte, insbesondere die Berücksichtigung der Wertungen von Art. 1 II, 8 der Richtlinie 2002/14/EG,[46] die eine effektive Absicherung der Anhörungs- und Beteiligungsrechte der Arbeitnehmer fordern, im Rahmen der richtlinienkonformen Auslegung des Betriebsverfassungsgesetzes nahe, dem Betriebsrat einen Unterlassungsanspruch gegen Mitbestimmungsrechte missachtendes Arbeitgeberverhalten zu gewähren.[47]

34 Bezüglich der dogmatischen Konzeption des Unterlassungsanspruchs muss insbesondere der bereits geschilderten Gefahr der Umgehung der einschränkenden Voraussetzungen des § 23 III BetrVG und der gesetzeswidrigen Ausweitung der Mitbestimmungsrechte über den Katalog des § 87 I BetrVG hinaus[48] Rechnung getragen werden. Dieser Gefahr begegnet der Ansatz, welcher den Unterlassungsanspruch direkt aus den einzelnen Mitbestimmungstatbeständen des § 87 BetrVG ableitet, deutlich besser als die übrigen Begründungsversuche. Diese können nicht ausschließen, dass auch die Verletzung völlig untergeordneter Pflichten aus dem gesetzlichen Schuldverhältnis oder des Grundsatzes der vertrauensvollen Zusammenarbeit mit einem Unterlassungsanspruch sanktioniert wird.[49] Hinzu kommt, neben den kaum in Abrede zu stellenden Unterschieden zwischen speziellen betriebsverfassungsrechtlichen Wertungen und der allgemeinen zivilrechtlichen Dogmatik zur Behandlung von Schuldverhältnissen und daraus resultierenden Pflichtverletzungen,[50] dass durch die Herleitung des allgemeinen Unterlassungsanspruchs aus dem Betriebsverhältnis oder aus § 2 I BetrVG für die Lösung einzelner Problemfälle keine Konkretisierung der entscheidenden Wertungen gewonnen ist. Sowohl der Begriff des Betriebsverhältnisses als auch der Grundsatz der vertrauensvollen Zusammenarbeit als besondere Ausprägung des Grundsatzes von Treu und Glauben[51] bilden so weit gefasste, generalklauselartige Anknüpfungspunkte, dass sich ihnen ohne einen weiteren Schritt der Konkretisierung keine subsumtionsfähigen Pflichten entnehmen lassen. Wenn aber diese Konkretisierung ohnehin nur unter Hinweis auf die Tatbestände des § 87 I BetrVG erfolgen kann, vermeidet es unnötige gedankliche Umwege, wenn der Unterlassungsanspruch unmittelbar aus den einzelnen Mitbestimmungsrechten hergeleitet wird.

35 Folgt man aus den genannten Gründen der Rechtsprechung, werden die Mitbestimmungsrechte des § 87 I BetrVG durch einen flankierenden Unterlassungsanspruch des Betriebsrats gegen den Arbeitgeber abgesichert.

---

[45] Siehe nur GK-BetrVG/*Oetker*, § 23 Rn. 130; *Raab*, ZfA 1997, 183, 214 ff.; *Richardi*, FS Wlotzke, 1996, S. 407, 423.
[46] Richtlinie des Europäischen Parlaments und des Rates vom 11. 3. 2002 zur Festlegung eines allgemeinen Rahmens für die Unterrichtung und Anhörung der Arbeitnehmer in der Europäischen Gemeinschaft, ABl. Nr. L 80, S. 29 ff.
[47] *Bonin*, ArbuR 2004, 321, 327 f.; *Fauser/Nacken*, NZA 2006, 1136, 1142; *Thüsing*, EuroArbR, § 10 Rn. 64 f.
[48] Siehe dazu oben Rn. 25 sowie Rn. 30.
[49] Vgl. hierzu, bezogen auf § 2 BetrVG, *BAG* vom 3. 5. 1994, NZA 1995, 40, 42; GK-BetrVG/*Oetker*, § 23 Rn. 135.
[50] Vgl. zu diesen Unterschieden nur *Derleder*, ArbuR 1985, 65, 75 f.; GK-BetrVG/*Oetker*, § 23 Rn. 134 a. E.
[51] *BAG* vom 3. 5. 1994, NZA 1995, 40, 42; *Fitting*, § 2 Rn. 16; ErfKomm/*Eisemann/Koch*, § 2 BetrVG Rn. 1.

2. Beteiligung am Zugangskontrollsystem als mitbestimmungspflichtige Maßnahme

Ein auf § 87 I BetrVG gestützter Unterlassungsanspruch setzt des Weiteren voraus, 36
dass die Beteiligung der A an dem Zugangskontrollsystem von B eine mitbestimmungspflichtige Maßnahme darstellt.

a) Mitbestimmungsrecht des Betriebsrats nach § 87 I Nr. 1 BetrVG

Ein Mitbestimmungsrecht des Betriebsrats könnte sich zunächst aus § 87 I Nr. 1 37
BetrVG ergeben. Mitbestimmungspflichtig sind danach Fragen der Ordnung des Betriebes und des Verhaltens der Arbeitnehmer im Betrieb. Von diesem Ordnungsverhalten abzugrenzen sind diejenigen mitbestimmungsfreien Maßnahmen des Arbeitgebers, die das Verhalten des Arbeitnehmers ohne Bezug zur betrieblichen Ordnung betreffen, sich also insbesondere auf das Arbeits- und Leistungsverhalten des Arbeitnehmers beziehen.[52] Während das Arbeitsverhalten betreffende Maßnahmen solche sind, die der Konkretisierung der vertraglichen Arbeitspflicht dienen, umfasst das Ordnungsverhalten allgemeingültige verbindliche Verhaltensregeln, die das sonstige Verhalten der Arbeitnehmer beeinflussen oder koordinieren sollen.[53] Die vorliegend in Streit stehenden Regelungen über ein Zugangskontrollsystem bei B betreffen nur die Frage des Betretens und Verlassens des Betriebsgeländes. Sie geben nur einen allgemeinen Rahmen vor, um den Zugang der Belegschaft zur Arbeitsstätte zu koordinieren, enthalten jedoch keine Aussage, auf welche Art und Weise die dort anfallenden Arbeiten zu erledigen sind. Es handelt sich daher um eine mitbestimmungspflichtige Regelung über das Ordnungsverhalten, so dass der Tatbestand des § 87 I Nr. 1 BetrVG grundsätzlich einschlägig ist.

Bedenken gegen die Anwendbarkeit resultieren vorliegend jedoch aus dem Um- 38
stand, dass das Zugangskontrollsystem nicht bei A, sondern bei B eingerichtet worden ist, die Weisung der A sich möglicherweise also nicht auf die Regelung des Ordnungsverhaltens in ihrem Betrieb bezieht. Allgemein wird der Begriff des Betriebes definiert als organisatorische Einheit, innerhalb derer ein Arbeitgeber allein oder mit seinen Arbeitnehmern mit Hilfe von technischen und immateriellen Mitteln bestimmte arbeitstechnische, über die Befriedigung des Eigenbedarfs hinausgehende Zwecke fortgesetzt verfolgt.[54] Diese Begriffsbestimmung liefert jedoch für die Frage, ob sich die Mitbestimmungsrechte des Betriebsrats räumlich auf die Betriebsstätte beschränken oder auch darüber hinaus reichen, wenn Betriebsangehörige andernorts Leistungen erbringen, keine hinreichend klare Antwort. Für ein funktionales, nicht in räumlicher Hinsicht auf die Betriebsstätte begrenztes Verständnis der Mitbestimmungsrechte[55] streitet allerdings, dass weder das Erfordernis einer organisatorischen Verbundenheit der technischen Betriebsmittel und der Mitarbeiter noch das Merkmal der Verfolgung eines bestimmten arbeitstechnischen Zwecks eine räumliche Eingrenzung nahe legen. Ebenso, wie Arbeitsmittel häufig mobil außerhalb einer bestimmten Betriebsstätte eingesetzt werden können,

---

[52] *BAG* vom 28. 5. 2002, NZA 2003, 166, 168; *BAG* vom 18. 4. 2000, NZA 1176, 1177 f.; GK-BetrVG/*Wiese*, § 87 Rn. 197; vgl. zum Ganzen *Fitting*, § 87 Rn. 64 ff.
[53] *BAG* vom 18. 4. 2000, NZA 1176, 1177 f.; *Fitting*, § 87 Rn. 64; Richardi/*Richardi*, § 87 Rn. 177 ff.
[54] So die ständige Rechtsprechung des BAG, etwa *BAG* vom 31. 5. 2000, NZA 2000, 1350, 1352; *BAG* vom 22. 6. 2005, NZA 2005, 1248, 1249; *Fitting*, § 1 Rn. 63; ErfKomm/*Eisemann/Koch*, § 1 BetrVG Rn. 3.
[55] So i. E. GK-BetrVG/*Kraft/Franzen*, § 1 Rn. 40; *Hanau*, ZfA 1990, 115, 118.

kann der arbeitstechnische Zweck einer Organisation auch gerade darin bestehen, Leistungen für und bei Dritten zu erbringen. Wertungsmäßig entscheidend muss bei dieser Ausgangslage sein, dass das Gesetz in § 4 BetrVG selbst zu erkennen gibt, dass allein die räumliche Trennung von Betriebsteilen oder Betriebsmitteln nicht zu einem Verlust der Beteiligungsrechte führen soll.[56] Auch wären die im Rahmen von Werkverträgen bei Dritten eingesetzten Arbeitnehmer bei einer Beschränkung der Mitbestimmungsrechte auf die Betriebsstätte schutzlos gestellt, da der Betriebsrat im Betrieb des Werkbestellers – sofern ein solcher dort überhaupt existiert – über kein Mandat zur Wahrnehmung der Interessen Betriebsfremder verfügt. Dem Betriebsrat der A stand daher ein Mitbestimmungsrecht hinsichtlich der Beteiligung am Zugangskontrollsystem bei B zu.

b) Mitbestimmungsrecht des Betriebsrats nach § 87 I Nr. 6 BetrVG

39 Grundlage des Mitbestimmungsrechts könnte daneben auch § 87 I Nr. 6 BetrVG sein, wonach der Betriebsrat mitzubestimmen hat bei der Einführung und Anwendung von technischen Einrichtungen, die dazu bestimmt sind, das Verhalten oder die Leistung der Arbeitnehmer zu überwachen.

aa) Anwendbarkeit bei nicht zur Überwachung bestimmten, jedoch objektiv hierzu geeigneten Einrichtungen

40 Problematisch ist insofern, dass das bei B eingerichtete Kontrollsystem nur den Zugang zum Betrieb erfassen und steuern soll, es also subjektiv nicht dazu bestimmt ist, Leistung und Verhalten der Belegschaft zu überwachen, es allerdings objektiv, etwa indem die Zeiten des Zugangs zum Betrieb festgestellt werden, dem Überwachungszweck dienen kann. Für ein auch diesen Fall umfassendes Mitbestimmungsrecht des Betriebsrats spricht vor allem der Zweck des § 87 I Nr. 6 BetrVG.[57] Wenn diese Vorschrift die Arbeitnehmer präventiv vor Eingriffen in ihre Persönlichkeitssphäre schützen soll,[58] muss auch die Schaffung von Einrichtungen, die nicht zur Überwachung bestimmt, jedoch hierzu geeignet sind, mitbestimmungspflichtig sein. Andernfalls könnte der Arbeitgeber später ungehindert die Zweckbestimmung der Einrichtung ändern, worauf der Betriebsrat allenfalls verspätet reagieren könnte, so dass die präventive Funktion des Mitbestimmungsrechts vereitelt würde. Auch bestünde, wenn allein die Verwendungsabsicht des Arbeitgebers maßgeblich wäre, bei objektiv zur Überwachung geeigneten Anlagen häufig ein unerträglicher Schwebezustand hinsichtlich der Mitbestimmungsrechte bis zu dem Zeitpunkt, in dem der Arbeitgeber seine Verwendungsabsicht bekannt gibt.[59] Entgegen dem zu eng gefassten Wortlaut bezieht sich § 87 I Nr. 6 BetrVG daher auch auf Einrichtungen, die nur objektiv zur Überwachung geeignet sind, so dass sich ein Mitbestimmungsrecht des Betriebsrats der A grundsätzlich auch auf diese Vorschrift stützen lässt.

---

[56] GK-BetrVG/*Kraft/Franzen*, § 1 Rn. 40; vgl. auch *Hanau*, ZfA 1990, 115, 118.
[57] So i. E. auch die ganz h. M. Siehe nur BAG vom 9. 9. 1975, AP Nr. 2 zu § 87 BetrVG 1972 – Überwachung m. insoweit. zust. Anm. *Hinz*; BAG vom 6. 12. 1983, AP Nr. 7 zu § 87 BetrVG 1972 – Überwachung m. insoweit zust. Anm. *Richardi*; BAG vom 27. 1. 2004, NZA 2004, 556, 558; GK-BetrVG/*Wiese*, § 87 Rn. 507 f. m. w. N. auch zu den vereinzelten Gegenstimmen.
[58] *Fitting*, § 87 Rn. 215 f.; GK-BetrVG/*Wiese*, § 87 Rn. 507, 529.
[59] GK-BetrVG/*Wiese*, § 87 Rn. 507.

bb) Mitbestimmungsrecht auch bei Überwachung durch Dritte

Eine abweichende Beurteilung könnte sich allenfalls noch aufgrund des Umstands rechtfertigen lassen, dass die Überwachungseinrichtung nicht von A selbst, sondern von und im Interesse der B betrieben wird und keinerlei Anhaltspunkte dafür bestehen, dass A überhaupt Zugriff auf die von B erhobenen Daten besitzt. Dient das Mitbestimmungsrecht nach § 87 I Nr. 6 BetrVG, wie ausgeführt, dem präventiven Schutz der Persönlichkeitssphäre der Arbeitnehmer, darf es keinen Unterschied machen, ob der Arbeitgeber selbst in diese Sphäre durch Überwachung eingreift oder ob er einem Dritten vergleichbare Einwirkungsmöglichkeiten eröffnet.[60] In beiden Fällen ist die Gefährdung der Arbeitnehmerinteressen gleich hoch, zumal auch insoweit nicht ausgeschlossen werden kann, dass der Arbeitgeber später das von dem Dritten betriebene Kontrollsystem eigenen Interessen dienstbar machen will und – ggfs. auf Basis entsprechend angepasster Verträge – Zugang zu den dort erhobenen Daten erhält.

Das Mitbestimmungsrecht des Betriebsrats der A folgt demnach auch aus § 87 I Nr. 6 BetrVG. 42

c) Ausschluss der Mitbestimmungsrechte wegen vertraglicher Bindung der A gegenüber Dritten

Fraglich bleibt jedoch, wie es sich auswirkt, dass Mitbestimmungsrechte zwar aufgrund von § 87 I Nr. 1 und Nr. 6 BetrVG gegeben sind, A sich jedoch gegenüber B bereits zu einer bestimmten Verhaltensweise verpflichtet hat. So wurden vollendete Tatsachen geschaffen, aufgrund derer A – wenn eine Einigung mit dem Betriebsrat auf gerade die mit B vereinbarte Vorgehensweise scheitert – die Erfüllung der Mitbestimmungsrechte nur um den Preis eines ggfs. zum Schadensersatz verpflichtenden Vertragsbruchs im Verhältnis zu B möglich ist.

Ein Fall der zur Leistungsfreiheit führenden Unmöglichkeit nach § 275 I BGB ist in dieser Pflichtenkollision nicht zu erblicken, da aufgrund des Grundsatzes der Relativität der Schuldverhältnisse[61] die Vereinbarung zwischen A und B der A nicht die Rechtsmacht nimmt, den Betriebsrat noch zu beteiligen, selbst wenn sie sich dadurch gegenüber B pflichtwidrig verhält.

Auch auf anderem Wege lässt sich eine Einschränkung der Mitbestimmungsrechte, nur weil der Arbeitgeber sich bereits anderweitig vertraglich gebunden hat, nicht erreichen. Da die Mitbestimmungsrechte zwingendes Recht darstellen,[62] das im Hinblick auf die Gedanken des Arbeitnehmerschutzes und der Teilhabe der Arbeitnehmer an der betrieblichen Entscheidungsfindung eine Zurückdrängung der individualrechtlichen Gestaltungsmöglichkeiten zu Gunsten kollektiver betrieblicher Regelungen bezweckt, darf es dem Arbeitgeber nicht gestattet sein, die Einflussnahmemöglichkeiten des Betriebsrats durch Absprachen mit Dritten faktisch zu vereiteln. Diese Einschränkung der Handlungsmöglichkeiten des Arbeitgebers ist ohne weiteres zumutbar, da dieser durch entsprechende Vertragsgestaltung mit

---

[60] *BAG* vom 16. 6. 1998, NZA 1998, 1185, 1186 f.; *BAG* vom 27. 1. 2004, NZA 2004, 556, 557; *Fitting*, § 87 Rn. 230.
[61] Vgl. zum Grundsatz der Relativität der Schuldverhältnisse nur *Bydlinski*, System und Prinzipien des Privatrechts, 1996, S. 175 f.; Palandt/*Heinrichs*, Einl. v. § 241 Rn. 5; *Medicus/Lorenz*, Rn. 30 ff.
[62] *BAG* vom 16. 6. 1998, NZA 1998, 1185, 1186 f.; *Fitting*, § 82 Rn. 5; Däubler/Kittner/Klebe/*Klebe*, § 87 Rn. 38; Richardi/*Richardi*, Vor § 87 Rn. 11 ff.

dem Dritten, etwa Bedingungen oder Zustimmungsvorbehalte, sicherstellen kann,[63] dass der Betriebsrat seine Rechte ordnungsgemäß wahrnehmen kann.

46 Die zwischen A und B abgeschlossene Vereinbarung tangiert die Mitbestimmungsrechte des Betriebsrats der A nach § 87 I Nr. 1 und Nr. 6 BetrVG nicht, sondern verstößt vielmehr gegen diese Vorschriften.

d) Wiederholungsgefahr

47 Auch die letzte Voraussetzung des Unterlassungsanspruchs bei Verletzung eines Mitbestimmungsrechts aus § 87 BetrVG, die Gefahr, dass sich eine derartige Verletzung wiederholt,[64] ist unproblematisch zu bejahen. Regelmäßig indiziert das vergangene mitbestimmungswidrige Verhalten diese Gefahr, sofern nicht aufgrund besonderer Umstände des Einzelfalls eine erneute Beeinträchtigung unwahrscheinlich ist. Derartige Umstände sind, insbesondere da A die Mitbestimmungspflichtigkeit der Errichtung des Zugangskontrollsystems weiterhin bestreitet, nicht ersichtlich.

3. Ergebnis

48 Der Betriebsrat hat gegen A einen Anspruch aus § 87 I Nr. 1 und Nr. 6 BetrVG, die unter Verstoß gegen diese Mitbestimmungsrechte erlassene Weisung an die Arbeitnehmer, ihre Fingerabdrücke abzugeben, zu unterlassen.

VI. Unterlassungsanspruch aus allgemeinen Grundsätzen

49 Bejaht man einen Unterlassungsanspruch des Betriebsrats gegen A nach § 87 I BetrVG, scheiden weitere denkbare Begründungen für einen allgemeinen Unterlassungsanspruch des Betriebsrats, etwa die analoge Anwendung des § 1004 BGB,[65] des § 823 I oder II BGB i. V. m. einer der zuvor genannten Regelungen des BetrVG[66] oder die Formulierung eines gewohnheitsrechtlichen Rechtssatzes, aus, weil entweder die Anwendung des § 87 I BetrVG die Gesetzeslücke schließt, deren Existenz Voraussetzung für die entsprechende Anwendung dieser Normen ist,[67] oder weil die genannte Vorschrift als lex specialis die allgemeineren Vorschriften verdrängt.

VII. Ergebnis

50 Der Betriebsrat der A hat gegen A nach § 87 I BetrVG einen Anspruch darauf, die Weisung gegenüber den Arbeitnehmern, Fingerabdrücke abzugeben, zu unterlassen.

---

[63] *BAG* vom 27. 1. 2004, NZA 2004, 556, 558 f.
[64] Hierzu sowie zum Folgenden *BAG* vom 29. 2. 2000, NZA 2000, 1066, 1068; *Fitting*, § 23 Rn. 102; GK-BetrVG/*Oetker*, § 23 Rn. 135.
[65] Hierfür etwa *LAG Hamm* 17. 2. 1980, DB 1981, 1336; *Denck*, RdA 1982, 279; vgl. ferner, i. E. ablehnend, *Derleder*, ArbuR 1985, 65, 76.
[66] Vgl. hierzu nur die Nachweise zum älteren Schrifttum bei *Kümpel*, ArbuR 1985, 78, 91; ablehnend auch insoweit *Derleder*, ArbuR 1985, 65, 75.
[67] Vgl. zu den Voraussetzungen der analogen Anwendung einer Norm nur die Nachweise zu Fall 8 Rn. 16.

Fall 8. Leiharbeitnehmer – weniger flexibel als gedacht?

Nach BAG vom 23. 1. 2008, NZA 2008, 603 ff. sowie BAG vom 29. 9. 2004, NZA 2005, 420 ff.

Sachverhalt

Unternehmer U ist als Alleingesellschafter und Geschäftsführer mehrerer GmbH in der Druckereibranche tätig. Die 19 Arbeitnehmer zählende A-GmbH (A) druckt einige lokale Wochenzeitungen. Von der B-GmbH (B) werden, neben Werbeartikeln für die örtliche Industrie, Beilagen für diese Zeitungen produziert. B beschäftigt neben einer Stammbelegschaft von 18 Arbeitnehmern seit Mitte Dezember 2008 noch drei weitere Mitarbeiter eines örtlichen Zeitarbeitsunternehmens. Die Produktionsstätten beider Gesellschaften, die sich auch die Nutzung der hochwertigen Druckmaschinen und Förderbänder teilen, sind in einem gemeinsam genutzten Gebäudekomplex im Osnabrücker Gewerbegebiet „Hafen" untergebracht. Dort unterhält U sein Büro, von dem aus er alle Personalentscheidungen trifft, z. B. Entlassungen und Einstellungen vornimmt sowie sich um alle Fragen der betrieblichen Ordnung, etwa die Gestaltung der Arbeitszeiten oder die Reihenfolge der Auftragsbearbeitung, kümmert. Die Arbeitnehmer von A und B haben einen gemeinsamen Betriebsrat gewählt.

Anlässlich einer Werbeveranstaltung gelingt es U, einige größere Unternehmen zu überzeugen, bei B probeweise in unregelmäßigen Abständen Werbebeilagen für die Zeitungen in Auftrag zu geben. Die neuen Aufträge führen kurzfristig zu erheblichem Personalbedarf im Bereich der Bestückung der Ladestraßen für die Druckmaschinen sowie der Beilagenendsortierung. Da die beschriebenen Tätigkeiten keine lange Anlernzeit erfordern und sich U nicht sicher ist, ob er dauerhaft vergleichbare Aufträge akquirieren kann, beschließt er, den Personalbedarf durch den Einsatz von Leiharbeitnehmern zu decken. Zu diesem Zweck schließt er in Vertretung der B mit dem Zeitarbeits- und Personaldienstleistungsunternehmen Z einen unbefristeten Rahmenvertrag über die Arbeitnehmerüberlassung, wonach Z für den Bereich Ladestraßen und Beilagenendsortierung Personal mit im Folgenden näher beschriebener Qualifikation im Umfang von ca. 10 000 Stunden pro Jahr auf Abruf bereit hält. Zwischen Z und U besteht Einigkeit, dass für die Erfüllung der Rahmenvereinbarung bei Z ein Pool aus geeigneten Mitarbeitern zu bilden ist, die die bei B anfallenden Arbeiten übernehmen. Hinsichtlich der Einsatzplanung ist geregelt, dass B zum Ende jeder Arbeitswoche den voraussichtlichen Bedarf für die kommende Arbeitswoche festlegt und Z unverzüglich mitteilt, jedoch beim Auftreten von Personalengpässen Mehrbedarf nachmelden kann.

Nachdem ein neuer Großauftrag bei B eingegangen ist, fordert sie Z mit Schreiben vom 7. 1. 2009 zur Entsendung eines Arbeitnehmers ab dem 10. 1. 2009 sowie dreier Arbeitnehmer ab dem 1. 2. 2009 auf. Als der von Z entsandte Arbeitnehmer D bei B pünktlich seinen Dienst antritt, fordert B den Betriebsrat noch am selben Tag auf, die Zustimmung zur „Einstellung" des D sowie von drei namentlich

Fall 8. Leiharbeitnehmer – weniger flexibel als gedacht?

benannten weiteren Arbeitnehmern, E, F und G, die für den Arbeitseinsatz ab dem 1. 2. 2009 vorgesehen sind, zu erteilen. Am Dienstag, den 20. 1. 2009, verweigert der Betriebsrat per Telefax seine Zustimmung. Er ist der Ansicht, B habe ihn nicht ordnungsgemäß angehört, da ihm – was zutrifft – nur die mit Z geschlossene Rahmenvereinbarung, nicht jedoch die persönlichen Daten der vier Arbeitnehmer und Informationen über deren Qualifikationen und die Länge des geplanten Einsatzes vorgelegen hätten. Zudem gefährde die bloße Existenz eines Stellenpools, aus dem sich B jederzeit „bedienen" könne, die Arbeitsplätze der Stammbelegschaft. Schließlich habe in Bezug auf die Einstellung des D keine Eile bestanden, da der Betriebsablauf auch durch die Stammarbeitskräfte einigermaßen hätte aufrecht erhalten werden können.

Der vom Betriebsrat eingeschaltete Rechtsanwalt R beantragt mit Schriftsatz vom 26. 1. 2009, dem eine der Zustimmungsverweigerung entsprechende Begründung beigefügt ist, beim Arbeitsgericht Osnabrück, „B aufzugeben, die Einstellung der Leiharbeitnehmer D, E, F und G aufzuheben." Wie wird das Arbeitsgericht entscheiden?

Gliederung

	Rn.
Erfolgsaussichten des Antrags des Betriebsrats	1
I. Zulässigkeit des Antrags des Betriebsrats der B	2
1. Rechtsweg zu den Arbeitsgerichten und richtige Verfahrensart	2
2. Örtliche Zuständigkeit, § 82 I ArbGG	3
3. Beteiligtenfähigkeit	4
4. Antragsbefugnis des Betriebsrats der B	5
5. Hinreichende Bestimmtheit des Antrags	6
6. Zwischenergebnis	10
II. Begründetheit des Antrags im Hinblick auf die Aufhebung der Aufnahme von D, E, F und G in den Stellenpool	11
1. Anwendbarkeit des § 99 BetrVG	12
a) Überschreitung des Schwellenwerts von 20 wahlberechtigten Arbeitnehmern	13
b) Analoge Anwendung des § 99 BetrVG auf Gemeinschaftsbetriebe	15
aa) Voraussetzungen der Analogie	16
(1) Planwidrige Unvollständigkeit der Regelung des § 99 BetrVG	17
(2) Wertungsmäßige Vergleichbarkeit des geregelten und ungeregelten Falles	21
(3) Zwischenergebnis	23
bb) Vorliegen eines Gemeinschaftsbetriebes der A und B-GmbH	24
(1) Vermutung zu Gunsten eines Gemeinschaftsbetriebes, § 1 II Nr. 1 BetrVG	25
(2) Reichweite und Bezugspunkt der Vermutungsregelung	28
c) Zwischenergebnis	29
2. Vorliegen einer personellen Einzelmaßnahme	30
a) Beschäftigung von Leiharbeitnehmern als Einstellung i.S.v. § 99 I 1 BetrVG	31

b) Bildung des Stellenpools als Einstellung i. S. v. § 99 I 1 BetrVG 32
c) Zwischenergebnis 35
3. Ergebnis 36
III. Begründetheit des Antrags hinsichtlich des Einsatzes von D 37
1. Anwendbarkeit des § 99 BetrVG 38
2. Vorliegen einer personellen Einzelmaßnahme 39
3. Fehlende Zustimmung des Betriebsrats 40
4. Zwischenergebnis 44
IV. Ergebnis 45

Lösung

Erfolgsaussichten des Antrags des Betriebsrats

Das Arbeitsgericht wird dem Antrag des Betriebsrates stattgeben und B aufgeben, 1
die Einstellung der Arbeitnehmer D, E, F und G aufzuheben, wenn der Antrag
zulässig und begründet ist.

I. Zulässigkeit des Antrags des Betriebsrats der B

1. Rechtsweg zu den Arbeitsgerichten und richtige Verfahrensart

Die Zulässigkeit des Antrags setzt voraus, dass der Rechtsweg zu den Arbeits- 2
gerichten eröffnet ist und die richtige Verfahrensart gewählt wurde. Nach § 2 a
ArbGG ist die Zuständigkeit im Beschlussverfahren und damit zugleich der Rechtsweg zu den Arbeitsgerichten eröffnet, wenn eine Angelegenheit aus dem Betriebsverfassungsgesetz vorliegt und keine Sonderzuständigkeit der ordentlichen Gerichte
nach §§ 119 ff. BetrVG gegeben ist. Um eine Angelegenheit aus dem Betriebsverfassungsgesetz handelt es sich, wenn der geltend gemachte Anspruch die durch das
Betriebsverfassungsgesetz geregelte Ordnung des Betriebes betrifft und die gegenseitigen Rechte und Pflichten der Betriebsparteien als Träger dieser Ordnung den
Streitgegenstand des Verfahrens bilden.[1] Dies gilt insbesondere dann, wenn die Entscheidung des Arbeitsgerichts über Streitigkeiten um Unterrichtungs-, Anhörungs-,
Beratungs-, Einsichts-, Zustimmungs- oder Mitbestimmungsrechte des Betriebsrats
begehrt wird.[2] Der Antrag des Betriebsrats der B ist auf die Aufhebung der Einstellung
mehrerer Arbeitnehmer gerichtet. Es liegt ein Aufhebungsbegehren i. S. v. § 101 S. 1
BetrVG im Rahmen der Mitbestimmung des Betriebsrates bei personellen Einzelmaßnahmen (§§ 99 ff. BetrVG) vor. Streitgegenstand ist daher die Reichweite von
Mitbestimmungsrechten des Betriebsrats und somit eine Angelegenheit aus dem
Betriebsverfassungsgesetz. Da vorliegend auch die Sonderzuständigkeit der ordentlichen Gerichte nach §§ 119 ff. BetrVG nicht berührt wird, sind die Arbeitsgerichte für
die Entscheidung im Beschlussverfahren nach § 2 a I Nr. 1 BetrVG zuständig.

---
[1] *BAG* vom 16. 7. 1985, AP Nr. 17 zu § 87 BetrVG 1972 – Lohngestaltung; *BAG* vom 22. 10.
1985, AP Nr. 5 zu § 87 BetrVG 1972 – Werkmietwohnungen; vgl. auch Schwab/Weth/*Walker*, § 2 a
Rn. 28.
[2] *BAG* vom 24. 4. 1979, AP Nr. 63 zu Art. 9 GG – Arbeitskampf (betreffend Mitbestimmungsrechte des Betriebsrats); Schwab/Weth/*Walker*, § 2 a Rn. 28.

2. Örtliche Zuständigkeit, § 82 I ArbGG

3 Die örtliche Zuständigkeit der Arbeitsgerichte im Beschlussverfahren ergibt sich aus § 82 I ArbGG, wonach dasjenige Arbeitsgericht zuständig ist, in dessen Bezirk der Betrieb liegt, auf den sich die Streitigkeit bezieht. In Streit stehen die Einstellungen in den im Gewerbegebiet Hafen in Osnabrück gelegenen Betrieb der B, so dass das vom Betriebsrat angerufene Arbeitsgericht Osnabrück örtlich zuständig ist.

3. Beteiligtenfähigkeit

4 Die B und ihr Betriebsrat müssten beteiligtenfähig sein. Die Beteiligtenfähigkeit richtet sich nach der Parteifähigkeit, so dass der Betriebsrat in dem hier gegebenen Beschlussverfahren gemäß § 2 a I Nr. 1 BetrVG als nach dem Betriebsverfassungsgesetz beteiligte Stelle[3] nach § 10 S. 1 ArbGG partei- und damit beteiligtenfähig ist. Für die B ergibt sich die Beteiligtenfähigkeit infolge der Verknüpfung der Beteiligtenfähigkeit mit der Rechtsfähigkeit (§§ 80 II 1, 46 II 1 ArbGG i.V.m. § 50 I ZPO) aus dem Umstand, dass B als juristische Person in Form einer GmbH rechtsfähig ist, § 13 I GmbHG.

4. Antragsbefugnis des Betriebsrats der B

5 Die Antragsbefugnis des Betriebsrats der B, die grundsätzlich voraussetzt, dass die streitgegenständlichen betriebsverfassungsrechtlichen Vorschriften dem Antragsteller eigene Rechtspositionen zuweisen, welche durch den Antrag geschützt werden sollen,[4] folgt ausdrücklich aus § 101 S. 1 BetrVG.

5. Hinreichende Bestimmtheit des Antrags

6 Bedenken hinsichtlich der Zulässigkeit bestehen allenfalls insoweit, als der Antrag nicht bestimmt genug gefasst sein könnte. Das erforderliche Maß der Bestimmtheit ergibt sich aus der nach § 46 II 1 ArbGG auch im arbeitsgerichtlichen Verfahren anwendbaren Vorschrift des § 253 II Nr. 2 ZPO,[5] wonach die Antragsschrift die bestimmte Angabe des Gegenstandes und des Grundes des erhobenen Anspruchs sowie einen bestimmten Antrag enthalten muss. Gemessen daran ist der Antrag bestimmt genug, wenn er so beschaffen ist, dass die Streitfrage zwischen den Beteiligten mit Rechtskraft entschieden werden kann und im Falle einer dem Antrag stattgebenden Entscheidung für den in Anspruch genommenen Verfahrensbeteiligten unzweideutig erkennbar ist, was von ihm verlangt und was ggfs. gegen ihn vollstreckt werden soll.[6] Verlangt der Betriebsrat die Aufhebung einer personellen Maßnahme, muss deshalb eindeutig feststehen, gegen welche konkrete Maßnahme er sich wendet.

7 Zweifelhaft ist die Bestimmtheit, weil der vom Betriebsrat in der Antragsformulierung verwendete Begriff der „Einstellung" in Anbetracht des Umstands, dass er sich sowohl auf den bereits bei der B zur Arbeitsleistung erschienen D als auch auf die erst künftig ab dem 1. 2. 2009 zum Einsatz kommenden E, F und G bezieht, mehrdeutig ist und nicht ausdrücklich beschreibt, welcher tatsächliche Lebensvor-

---

[3] Vgl. zur Beteiligtenfähigkeit des Betriebsrats im Beschlussverfahren nur Germelmann/Matthes/Prütting/Müller-Glöge/*Matthes*, § 10 Rn. 26; Schwab/Weth/*Weth*, § 81 Rn. 40.

[4] *BAG* vom 18. 2. 2003, NZA 2004, 336, 340; Schwab/Weth/*Weth*, § 81 Rn. 55 ff. m.w.N.

[5] Vgl. zur entsprechenden Anwendbarkeit des § 253 II Nr. 2 ZPO im arbeitsgerichtlichen Beschlussverfahren nur *BAG* vom 30. 5. 2006, NZA 2006, 1291, 1292; *BAG* vom 2. 10. 2007, NZA 2008, 244, 245; Germelmann/Matthes/Prütting/Müller-Glöge/*Matthes*, § 81 Rn. 8 m.w.N.

[6] Vgl. dazu nur *BAG* vom 2. 10. 2007, NZA 2008, 244, 245; *BAG* vom 23. 1. 2008, NZA 2008, 603, 604; Zöller/*Greger*, § 253 Rn. 13 m.w.N.

gang als Einstellung bezeichnet wird. Auch kommen bei unbefangener Betrachtung des zugrunde liegenden Lebenssachverhalts in Gestalt des mit Z geschlossenen Rahmenvertrages, der Anforderung von Arbeitnehmern aus dem Stellenpool sowie dem späteren konkreten Einsatz der entsendeten Mitarbeiter unterschiedliche Maßnahmen der B in Betracht, welche der Betriebsrat als Verletzung seiner Mitbestimmungsrechte einstufen und gegen die er sich mit dem Aufhebungsantrag nach § 101 S. 1 BetrVG wenden können wollte.

Ist das mit einem Antrag verfolgte Rechtsschutzziel unklar, sind diese Unklarheiten durch Auslegung nach § 133 BGB zu beseitigen, da auch Prozesshandlungen in entsprechender Anwendung der materiellrechtlichen Auslegungsregeln auslegungsbedürftig und -fähig sind.[7] Entscheidend ist der objektive, dem Empfänger vernünftigerweise erkennbare Sinn der Handlung, wobei im Zweifel ein Verfahrensbeteiligter dasjenige anstrebt, was nach den Maßstäben der Rechtsordnung vernünftig ist und den recht verstandenen Interessen der Beteiligten entspricht.[8] Vorliegend geht es dem Betriebsrat erkennbar nicht darum, zu klären, ob bereits der Rahmenvertrag der Mitbestimmung bei personellen Einzelentscheidungen unterliegt, da der Betriebsrat ausdrücklich auf den Einsatz bestimmter Leiharbeitnehmer Bezug nimmt und sich allein aus dem Rahmenvertrag, ohne die nachfolgende Auswahlentscheidung der Z, noch nicht die Person der zu entsendenden Arbeitnehmer ergibt. Auch möchte der Betriebsrat nicht nur die Rechtmäßigkeit des tatsächlichen Arbeitseinsatzes der zu B entsendeten Leiharbeitnehmer überprüft wissen, da es bei einem derartigen Verständnis keinen Sinn machen würde, in dem Antrag überwiegend Arbeitnehmer zu bezeichnen, die tatsächlich ihre Arbeit noch nicht aufgenommen haben. Vielmehr bezweckt der Antrag sowohl die Aufhebung der Einbeziehung konkreter Leiharbeitnehmer in den Stellenpool als auch – zusätzlich – die Aufhebung der tatsächlichen Beschäftigung des D. Nur bei einem solchen Verständnis ergibt die differenzierte Begründung der Zustimmungsverweigerung einen Sinn, die einerseits individualisierend die fehlende Eilbedürftigkeit der Maßnahme in Bezug auf D rügt, andererseits aber unmittelbar die Bildung des Stellenpools als Gefährdung der Arbeitsplätze der Stammbelegschaft angreift. Gleiches gilt auch für die bereits in der Existenz des Stellenpools und nicht erst der späteren Beschäftigung der konkreten Arbeitnehmer wurzelnde Kritik, infolge fehlender Sozialdaten der vier betroffenen Arbeitnehmer sei die Auswahlentscheidung nur unzureichend überprüfbar.[9]

In Gestalt des beschriebenen, vom Arbeitsgericht von Amts wegen zu ermittelnden Auslegungsergebnisses ist der Antrag hinreichend bestimmt i.S.d. §§ 46 II 1 ArbGG, 253 II Nr. 2 ZPO.

6. Zwischenergebnis

Der Antrag des Betriebsrats der B ist zulässig.

II. Begründetheit des Antrags im Hinblick auf die Aufhebung der Aufnahme von D, E, F und G in den Stellenpool

Der Antrag des Betriebsrats, die Aufnahme von D, E, F und G in den Stellenpool aufzuheben, ist nach § 101 S. 1 BetrVG begründet, wenn B als Arbeitgeberin

---

[7] *BGH* vom 11. 11. 1993, NJW-RR 1994, 568; *BGH* vom 22. 5. 1995, NJW-RR 1995, 1183 f.; Zöller/*Greger*, § 253 Rn. 13 sowie *ders.*, Vor § 128 Rn. 25.
[8] *BGH* vom 22. 5. 1995, NJW-RR 1995, 1183 f.; *BGH* vom 24. 11. 1999, NJW-RR 2000, 1446; Zöller/*Greger*, Vor § 128 Rn. 25.
[9] So für einen vergleichbar gelagerten Fall auch *BAG* vom 23. 1. 2008, NZA 2008, 603, 604 f.

eine personelle Maßnahme i. S. d. § 99 I BetrVG ohne Zustimmung des Betriebsrats durchgeführt hat.[10]

1. Anwendbarkeit des § 99 BetrVG

12 Dazu müsste § 99 BetrVG in der vorliegenden Konstellation anwendbar sein. Dies setzt voraus, dass dem Betriebsrat der B überhaupt ein Mitbestimmungsrecht bei personellen Einzelmaßnahmen zusteht.

a) Überschreitung des Schwellenwerts von 20 wahlberechtigten Arbeitnehmern

13 Ein Mitbestimmungsrecht existiert nach § 99 I 1 BetrVG nur in Unternehmen mit i. d. R. mehr als zwanzig wahlberechtigten Arbeitnehmern. B, bei der die Leiharbeitnehmer eingesetzt werden sollen, beschäftigt jedoch nur 18 Stammarbeitnehmer, so dass der Schwellenwert nur dann erreicht wäre, wenn auch die drei dort tätigen Leiharbeitnehmer zur wahlberechtigten Arbeitnehmerschaft zählten. Wahlberechtigt im Betrieb des Entleihers sind Leiharbeitnehmer nach § 7 S. 2 BetrVG nur dann, wenn sie dort länger als drei Monate eingesetzt worden sind. Die betroffenen Mitarbeiter arbeiten erst seit Mitte Dezember 2008 und damit erst seit etwas mehr als einem Monat für B. Sie sind nicht bei B wahlberechtigt, so dass mangels Zurechnung der Leiharbeitnehmer der Schwellenwert nach § 99 I 1 BetrVG nicht überschritten wird.

14 Eine abweichende Einschätzung ist auch dann nicht geboten, wenn man § 99 I 1 BetrVG im Einklang mit dem BAG dahingehend erweiternd auslegte, dass ein Mitbestimmungsrecht bereits dann gegeben ist, wenn ein Gemeinschaftsbetrieb mehrerer Unternehmen vorliegt, von denen zumindest eines mehr als 20 Arbeitnehmer beschäftigt.[11] Selbst wenn man dieses Verständnis aufgrund der Überlegung für maßgeblich hielte, dass ein Redaktionsversehen des Gesetzgebers naheliegt, da Betriebsräte grundsätzlich für Betriebe und nicht für Unternehmen gebildet werden, die in § 99 I 1 BetrVG gewählte Anknüpfung an die Unternehmensgröße somit systemwidrig erscheint, existiert im von U beherrschten Konzernverbund kein Unternehmen, in dem mehr als 20 wahlberechtigte Arbeitnehmer beschäftigt sind. Eine unmittelbare Anwendung des § 99 BetrVG ist vorliegend daher nicht möglich.

b) Analoge Anwendung des § 99 BetrVG auf Gemeinschaftsbetriebe

15 Zu erwägen ist jedoch die analoge Anwendung des § 99 BetrVG, wenn man bedenkt, dass U Inhaber zweier räumlich und auch hinsichtlich der Betriebsorganisation eng verbundener Unternehmen ist, deren Gesamtbelegschaft den maßgeblichen Schwellenwert deutlich überschreitet. In dieser Situation erscheint es, gerade weil die Belegschaftsstärke in den einzelnen Unternehmen nur knapp hinter dem maßgeblichen Grenzwert zurückbleibt, nicht ausgeschlossen, die Arbeitnehmer für ähnlich schutzwürdig zu halten wie diejenigen größerer Betriebe. Insbesondere erscheint es denkbar, § 99 BetrVG analog anzuwenden, wenn mehrere Unterneh-

---

[10] Die zweite Alternative des § 101 S. 1 BetrVG, die Aufhebung einer vorläufigen Maßnahme des Arbeitgebers, ist vorliegend ersichtlich nicht einschlägig, da B in keiner Weise zu erkennen gibt, dass die Beschäftigung von D, E, F und G unter dem Vorbehalt einer späteren Zustimmung des Betriebsrates oder einer Ersetzung dieser Zustimmung durch das Arbeitsgericht nach § 100 II 3 BetrVG stehen soll. Auch kommt es auf die Berechtigung der Zustimmungsverweigerung nicht an. Vgl. zu letzterem nur *Fitting*, § 101 Rn. 4; *Richardi/Thüsing*, § 101 Rn. 16.

[11] *BAG* vom 29. 9. 2004, NZA 2005, 420, 422; *Feuerborn*, RdA 2005, 377, 380; vgl. ferner Richardi/*Thüsing*, § 101 Rn. 11, 13.

men einen gemeinsamen Betrieb i. S. d. § 1 I 2, II BetrVG unterhalten, da bei Vorliegen eines Gemeinschaftsbetriebs nach § 1 I 2 BetrVG zumindest für die Errichtung von Betriebsräten der Umstand unerheblich ist, dass mehrere Unternehmen vorhanden sind. Konsequenter Weise könnte man es auch im Kontext des § 99 I 1 BetrVG für unschädlich halten, wenn die Mindestarbeitnehmerzahl erst infolge der Zusammenrechnung der Beschäftigten mehrerer Unternehmen erreicht wird.

aa) Voraussetzungen der Analogie

Voraussetzung einer Analogie, nämlich der Übertragung der für einen bestimmten Tatbestand gesetzlich vorgegebenen Regel auf einen im Gesetz nicht geregelten Fall, ist, dass eine planwidrige Gesetzeslücke nachgewiesen werden kann und der nomierte sowie der ungeregelte Sachverhalt in den für die rechtliche Bewertung maßgebenden Umständen übereinstimmen, insbesondere also die Interessenlage für die betroffenen Rechtssubjekte in beiden Fällen vergleichbar ist.[12]

(1) Planwidrige Unvollständigkeit der Regelung des § 99 BetrVG

Die Aussparung von Gemeinschaftsbetrieben aus dem Anwendungsbereich des § 99 BetrVG müsste zunächst eine planwidrige Regelungslücke darstellen. Hierfür könnte der Umstand sprechen, dass bis zur Reform des Betriebsverfassungsgesetzes im Jahr 2001 die Mitbestimmungsrechte des Betriebsrats bei personellen Einzelmaßnahmen nicht von der Unternehmens-, sondern von der Betriebsgröße abhängig waren[13] und insbesondere die Rechtsprechung auch dem für die gemeinsamen Betriebe mehrerer Unternehmen zuständigen Betriebsrat ein Mitbestimmungsrecht gewährte.[14] Fraglich ist, ob die Änderung des Bezugspunkts für die Gewährung des Mitbestimmungsrechts eine bewusste Entscheidung des Gesetzgebers gegen die ehemals herrschende, auch Gemeinschaftsbetriebe einbeziehende Auffassung darstellt oder ob die mit dem reformierten Gesetzeswortlaut für Gemeinschaftsbetriebe verbundenen Konsequenzen von der Legislative nicht bedacht worden sind.

Zu Gunsten der erstgenannten Alternative lässt sich anführen, dass im Zuge der Reform des Betriebsverfassungsrechts 2001 erstmals Regelungen für Gemeinschaftsbetriebe (§ 1 I 2, II BetrVG) geschaffen worden sind.[15] Dies zeige, dass dem Gesetzgeber die mit der Erscheinung von Gemeinschaftsbetrieben zusammenhängenden Probleme, auf die während des Gesetzgebungsverfahrens vielfach hingewiesen wurde,[16] bekannt gewesen seien. Wenn trotz dieses Befundes eine Gleichstellung von Betrieb und Gemeinschaftsbetrieb lediglich in § 1 BetrVG vorgesehen ist und vergleichbare Regelungen in anderem Kontext, etwa bei § 99 BetrVG, fehlen, könne man daraus nur schließen, dass es eine bewusste, nicht im Wege der Analogie korrekturfähige Entscheidung des Gesetzgebers darstellt, in § 99 BetrVG an die Unternehmensgröße anzuknüpfen und so Betriebsräten von Gemeinschaftsbetrieben das Mitbestimmungsrecht bei personellen Einzelmaßnahmen zu entziehen.

---

[12] *Kramer*, S. 176 f.; *Larenz*, S. 381 ff.
[13] Vgl. zur Entstehungsgeschichte nur *BAG* vom 29. 9. 2004, NZA 2005, 420, 422; GK-BetrVG/*Kraft/Franzen*, § 1 Rn. 46 ff.
[14] Vgl. etwa *BAG* vom 25. 9. 1986, NZA 1987, 708, 711; *BAG* vom 14. 9. 1988, NZA 1989, 190, 191.
[15] So *LAG Köln* vom 4. 6. 2003 – 3 (7) Sa 1120/02, n. v., unter II. 2. c der Urteilsgründe; *Feuerborn*, RdA 2005, 377, 381; in der Sache auch *Reichold*, NZA 2005, 622, 623; ebenso, für die parallel gelagerte Frage, ob Gemeinschaftsbetriebe von § 111 BetrVG erfasst werden, *Löwisch*, BB 2001, 1790, 1796 f.
[16] Vgl. dazu nur die Nachweise, auch zum älteren Schrifttum, bei GK-BetrVG/*Kraft/Franzen*, Vor § 1 unter II. 3.

19 Zwingend ist die vorstehende Argumentation jedoch nicht, da aus einer punktuellen Regelung wie derjenigen des § 1 BetrVG nicht zwangsläufig geschlossen werden kann, dass der Gesetzgeber über sämtliche mit dieser Norm verbundenen Folgefragen abschließend befinden wollte. Abgesehen davon, dass ihm bestimmte Probleme schlicht entgangen sein können, besteht immer auch die Möglichkeit, dass die Klärung einzelner Fragen der Rechtspraxis überlassen bleiben sollte. Dass vorliegend die letztgenannte Situation gegeben ist, liegt deshalb nicht fern, weil die Rechtsprechung in der Vergangenheit den Gemeinschaftsbetrieb dem Unternehmen nicht nur im Kontext des § 99 BetrVG, sondern auch im Zusammenhang mit der Bildung eines Wirtschaftsausschlusses nach § 106 I 1 BetrVG gleichgestellt hatte.[17] Angesichts des Umstands, dass die Praxis bereits eine einheitliche, widerspruchsfreie Lösung für zahlreiche mit der Behandlung von Gemeinschaftsbetrieben verbundene Fragestellungen gefunden hatte, ist zu vermuten, dass der Gesetzgeber keinen Bedarf für eine abweichende eigene Regelung gesehen hat. Entscheidend gegen eine abschließende Regelung spricht schließlich, dass ausweislich der Gesetzesmaterialien mit der Neufassung des § 99 BetrVG verhindert werden sollte, dass ein Mitbestimmungsrecht des Betriebsrats in größeren Unternehmen mit mehr als 20 Arbeitnehmern allein deshalb ausscheidet, weil sich deren Organisation aus vielen kleineren Betrieben zusammensetzt. Mit diesem Regelungsziel, der Stärkung der Mitbestimmungsrechte des Betriebsrats, verträgt es sich nicht, Gemeinschaftsbetriebe mit mehr als 20 Arbeitnehmern aus dem Anwendungsbereich des § 99 BetrVG auszunehmen.[18]

20 Die besseren Argumente sprechen nach alledem dafür, das Fehlen einer Regelung in § 99 BetrVG für Gemeinschaftsbetriebe mit einer Größe von mehr als 20 wahlberechtigten Arbeitnehmern als planwidrige Unvollständigkeit des Gesetzes anzusehen, so dass eine analoge Anwendung der genannten Vorschrift grundsätzlich möglich ist.

(2) Wertungsmäßige Vergleichbarkeit des geregelten und ungeregelten Falles

21 Des Weiteren setzt die Analogie voraus, dass diejenigen Erwägungen, die für die Gewährung eines Mitbestimmungsrechts in Unternehmen mit mehr als 20 Arbeitnehmern wertungsmäßig entscheidend sind, auch für Gemeinschaftsbetriebe dieser Größe maßgebliche Bedeutung haben. Die Vergleichbarkeit kann, neben dem bereits für die Feststellung einer Gesetzeslücke bedeutsamen Argument, dass die Neuregelung des § 99 BetrVG auf eine Ausweitung und nicht eine Einschränkung der Mitbestimmung zielte, mit Hilfe des Zwecks von Schwellenwerten, von denen die Mitbestimmung abhängt, begründet werden. Die Einführung derartiger Grenzwerte beruht auf der Überlegung, dass der Arbeitgeber in kleineren organisatorischen Einheiten mit wenigen Mitarbeitern häufig im Betrieb mitarbeitet und i. d. R. die Arbeitsverhältnisse auf eine enge persönliche Zusammenarbeit angelegt sind. Dieses besondere Näheverhältnis, welches es rechtfertigt, dem Arbeitgeber in Kleinbetrieben die Alleinentscheidungskompetenz in Personalangelegenheiten zukommen zu lassen, fehlt in größeren Organisationseinheiten unabhängig davon, ob es sich um ein einzelnes Unternehmen oder einen Gemeinschaftsbetrieb mehrerer Unternehmen handelt.[19]

22 Eine Gleichbehandlung beider Fälle ist auch deshalb geboten, weil nach dem Wortlaut des § 99 BetrVG unzweifelhaft ein Mitbestimmungsrecht bezüglich eines solchen

---

[17] *BAG* vom 1. 8. 1990, NZA 1991, 643, 644; implizit anerkennend auch *BAG* vom 17. 9. 1991, NZA 1992, 418 f.; vgl. ferner *Löwisch*, BB 2001, 1790, 1797.
[18] *BAG* vom 29. 9. 2004, NZA 2005, 420, 422 ff.; GK-BetrVG/*Raab/Kraft*, § 99 Rn. 9; Richardi/*Thüsing*, § 99 Rn. 11; i. E. auch *Fitting*, § 99 Rn. 10.
[19] *BAG* vom 29. 9. 2004, NZA 2005, 420, 423.

Unternehmens besteht, dessen Belegschaftsstärke den Grenzwert überschreitet und welches zusammen mit kleineren Unternehmen einen Gemeinschaftsbetrieb bildet. Sachliche Gründe, warum in dieser Situation in demselben Gemeinschaftsbetrieb für einen Teil der Unternehmen ein Mitbestimmungsrecht gelten soll, für andere dagegen nicht, sind nicht ersichtlich, zumal sich die Wahrnehmung der Mitbestimmungsrechte durch den Betriebsrat zwangsläufig, was auch die Zustimmungsverweigerungsgründe des § 99 II Nrn. 3, 4 und 6 BetrVG belegen, auf diejenigen Arbeitnehmer auswirken kann, deren Betriebe nicht mitbestimmt sind. Die Interessenlage bezüglich der Gewährung eines Mitbestimmungsrechts in Unternehmen mit mehr als 20 wahlberechtigten Arbeitnehmern und derjenigen in Gemeinschaftsbetrieben vergleichbarer Größe ist somit wertungsmäßig vergleichbar.

(3) Zwischenergebnis

§ 99 BetrVG ist auf Gemeinschaftsbetriebe analog anwendbar. 23

bb) Vorliegen eines Gemeinschaftsbetriebs der A und B-GmbH

Die zuvor bejahte Analogie führte allerdings nur dann zu einem Mitbestim- 24
mungsrecht des Betriebsrats, wenn die Unternehmen A und B tatsächlich einen gemeinsamen Betrieb i. S. v. § 1 I 2, II BetrVG unterhalten.

(1) Vermutung zu Gunsten eines Gemeinschaftsbetriebs, § 1 II Nr. 1 BetrVG

Von der Existenz eines Gemeinschaftsbetriebes könnte aufgrund der Regelung des 25
§ 1 II Nr. 1 BetrVG auszugehen sein, wonach ein gemeinsamer Betrieb mehrerer Unternehmen vermutet wird, wenn zur Verfolgung arbeitstechnischer Zwecke die Betriebsmittel sowie die Arbeitnehmer von den Unternehmen gemeinsam eingesetzt werden. Hinsichtlich der Betriebsmittel reicht es insofern entgegen dem Wortlaut der Vorschrift aus, dass die Mittel nur gemeinsam genutzt werden.[20] Eine derartige gemeinschaftliche Nutzung ergibt sich vorliegend aus dem Umstand, dass A und B in denselben Betriebsräumen untergebracht sind und insbesondere die hochwertigen, für den Arbeitsablauf bestimmenden Druckmaschinen gemeinsam verwenden.

Des Weiteren müsste ein gemeinsamer Arbeitnehmereinsatz stattfinden. Dies ist 26
bereits dann der Fall, wenn der für die Erbringung der Arbeitsleistung maßgebliche Rahmen, etwa die Gestaltung der Arbeitszeit und der betrieblichen Ordnung, einheitlich ist.[21] Da U die Personalentscheidungen für sämtliche beteiligten Unternehmen trifft und in seiner Hand einheitlich über die Arbeitszeiten und die betriebliche Ordnung entschieden wird, ist auch dieses Merkmal zu bejahen.

Angesichts des Umstands, dass dem Sachverhalt keinerlei Anhaltspunkte zu entneh- 27
men sind, mit deren Hilfe die Vermutung entkräftet werden könnte, bedarf es auch keiner näheren Auseinandersetzung mit der streitigen Frage, ob überhaupt Tatsachen denkbar sind, mit denen die nach § 292 ZPO grundsätzlich widerlegbar ausgestaltete Vermutung des § 1 II Nr. 1 BetrVG tatsächlich entkräftet werden kann.[22]

---

[20] So bereits BT-Drs. 14/5741, S. 33; GK-BetrVG/*Kraft/Franzen*, § 1 Rn. 53; *Kreutz*, FS Richardi, 2007, S. 637, 650 f.; Richardi/*Richardi*, § 1 Rn. 74.
[21] Richardi/*Richardi*, § 1 Rn. 74; ferner GK-BetrVG/*Kraft/Franzen*, § 1 Rn. 54 („einheitliche Steuerung im Hinblick auf die wesentlichen personellen und sozialen Fragen").
[22] Vgl. *Kreutz*, FS Richardi, 2007, S. 637, 652; Richardi/*Richardi*, § 1 Rn. 75; sowie m. w. N. zum Streitstand GK-BetrVG/*Kraft/Franzen*, § 1 Rn. 54.

(2) Reichweite und Bezugspunkt der Vermutungsregelung

28 Obgleich die Voraussetzungen des § 1 II Nr. 1 BetrVG erfüllt sind, könnte man daran zweifeln, dass allein dies ausreicht, um die von A und B unterhaltene Organisation als Gemeinschaftsbetrieb einzustufen. Vielfach wird die Vermutungswirkung des § 1 II Nr. 1 BetrVG restriktiv interpretiert. Hintergrund dessen ist die Überlegung, dass für die Annahme eines Gemeinschaftsbetriebs vor der Reform des Betriebsverfassungsgesetzes und nunmehr in Fällen, in denen die Voraussetzungen der Vermutung nicht gegeben sind, die Existenz eines einheitlichen Leitungsapparats, der die Arbeitgeberfunktionen im Bereich der personellen und sozialen Angelegenheiten wahrnimmt, konstitutiv sein sollte.[23] Dieselbe Bedeutung sollte auch einer – ggfs. konkludent abgeschlossenen – Führungsvereinbarung, also einer rechtlichen Vereinbarung mehrerer Unternehmen über den gemeinsamen Einsatz von Sach- und Betriebsmitteln, zukommen.[24] Hieran anknüpfend wird die Rechtsfolge des § 1 II Nr. 1 BetrVG vielfach entgegen dem Wortlaut der Norm darauf beschränkt, dass nicht die Existenz eines Gemeinschaftsbetriebs, sondern nur der Abschluss einer derartigen Führungsvereinbarung vermutet wird.[25] Nähere Bedeutung für den vorliegenden Sachverhalt erlangt diese Kontroverse allerdings nicht, da ein von A und B gebildeter Gemeinschaftsbetrieb entweder unmittelbar aufgrund des § 1 II Nr. 1 BetrVG zu vermuten ist oder sich dieselbe Konsequenz daraus ergibt, dass hier nur die Führungsvereinbarung vermutet wird und das Merkmal des einheitlichen Leitungsapparats aufgrund der Erwägung nachgewiesen ist, dass U sämtliche Personalentscheidungen und die Festlegungen über die betriebliche Ordnung und die Arbeitszeiten trifft, er also einen einheitlichen Leitungsapparat für die beteiligten Unternehmen bildet. Unabhängig davon, worauf sich die Vermutungswirkung des § 1 II Nr. 1 BetrVG bezieht, ist die von A und B unterhaltene Organisation als Gemeinschaftsbetrieb einzuordnen.

c) Zwischenergebnis

29 Die Unternehmen A und B bilden einen Gemeinschaftsbetrieb, so dass dem gemeinsamen Betriebsrat analog § 99 I 1 BetrVG ein Mitbestimmungsrecht bei personellen Einzelmaßnahmen zusteht.

2. Vorliegen einer personellen Einzelmaßnahme

30 Mitbestimmungswidrig i. S. d. § 101 S. 1 BetrVG und damit von B zu unterlassen ist die Bildung eines Stellenpools bei Z und die Aufnahme der Arbeitnehmer D, E, F und G in diesen Pool allerdings nur dann, wenn diese Vorgehensweise als personelle Maßnahme in Form einer Einstellung, Eingruppierung, Umgruppierung oder Versetzung (§ 99 I 1 BetrVG) zu qualifizieren ist. Vorliegend kommt allenfalls die Einstufung als Einstellung in Betracht.

---

[23] *BAG* vom 14. 12. 1994, NZA 1995, 906, 907; *BAG* vom 24. 1. 1996, NZA 1996, 1110, 1111; GK-BetrVG/*Kraft/Franzen*, § 1 Rn. 46, 49; Richardi/*Richardi*, § 1 Rn. 67, 70.
[24] *BAG* vom 18. 1. 1990, NZA 1990, 977, 978; *BAG* vom 24. 1. 1996, NZA 1996, 1110, 1111; GK-BetrVG/*Kraft/Franzen*, § 1 Rn. 49; Richardi/*Richardi*, § 1 Rn. 68, 71.
[25] *BAG* vom 22. 6. 2005, NZA 2005, 1248, 1250; bestätigt durch *BAG* vom 12. 12. 2006, AP Nr. 27 zu § 1 BetrVG 1972 – Gemeinsamer Betrieb; *Fitting*, § 1 Rn. 68; zurückhaltender jedoch GK-BetrVG/*Kraft/Franzen*, § 1 Rn. 51 („Regelung soll insbesondere helfen, den Nachweis der Führungsvereinbarung zu erleichtern").

Fall 8. Leiharbeitnehmer – weniger flexibel als gedacht?

a) Beschäftigung von Leiharbeitnehmern als Einstellung i. S. v. § 99 I 1 BetrVG

Was genau unter einer Einstellung zu verstehen ist, bedürfte dann keiner näheren Erörterung, wenn personelle Einzelmaßnahmen i. S. d. § 99 I 1 BetrVG nur solche sind, die sich auf die in einem Betrieb fest angestellten Mitarbeiter oder solche Beschäftigten, die dort fest angestellt werden sollen, beziehen und Leiharbeitnehmer nicht als Adressaten derartiger Maßnahmen in Betracht kommen. Zwar deutet der Umstand, dass sich Maßnahmen wie Umgruppierungen und Versetzungen typischerweise auf die Stammbelegschaft und nicht auf Leiharbeitnehmer beziehen und auch die Verpflichtung des Arbeitgebers nach § 99 I 1 BetrVG zur Vorlage von Bewerbungsunterlagen, die bei der Arbeitnehmerüberlassung i. d. R. im Verleihbetrieb verbleiben, darauf hin, dass sich das Mitbestimmungsrecht des Betriebsrats nicht auf Leiharbeitsverhältnisse erstreckt. Die früher streitige Frage, ob der Betriebsrat bei der Beschäftigung von Leiharbeitnehmern zu beteiligen ist,[26] hat der Gesetzgeber nunmehr in § 14 III 1 AÜG ausdrücklich dahingehend entscheiden, dass der Betriebsrat des Entleiherbetriebes nach Maßgabe des § 99 BetrVG zu beteiligen ist. Gleiches muss dann auch für Situationen gelten, in denen § 99 BetrVG analog angewendet wird. Allein der Umstand, dass die Personalmaßnahmen Leiharbeitnehmer betreffen, schließt ein Mitbestimmungsrecht des gemeinsamen Betriebsrats von A und B nicht aus.

b) Bildung des Stellenpools als Einstellung i. S. v. § 99 I 1 BetrVG

Fraglich bleibt somit, ob die Aufstellung und Zusammensetzung des Stellenpools bei Z eine Einstellung für den Betrieb der B darstellt. Unter einer Einstellung wird herkömmlicher Weise verstanden, dass eine Person in den Betrieb des Arbeitgebers eingegliedert wird, um zusammen mit den dort bereits beschäftigten Arbeitnehmern dessen arbeitstechnischen Zweck durch weisungsgebunde Tätigkeit zu verwirklichen, ohne dass es auf das Rechtsverhältnis ankäme, welches diese Person mit dem Arbeitgeber verbindet.[27] Wäre diese Betrachtungsweise entscheidend, läge eine Einstellung erst in dem Moment der tatsächlichen Arbeitsaufnahme im Betrieb vor. Mangels tatsächlicher Arbeitsaufnahme durch E, F und G sowie zunächst auch noch, bis zum 10. 1. 2009, durch D, könnte weder die Schaffung des Stellenpools noch die Benennung seiner konkreten Mitglieder als Einstellung eingestuft werden.[28]

Bedenkt man, dass ein solcher Stellenpool dem Arbeitgeber sehr kurzfristig ermöglicht, neue Mitarbeiter zu gewinnen, und deshalb allein seine Existenz geeignet sein kann, Beschäftigungsverhältnisse zu gefährden, ist jedoch zu erwägen, das Mitbestimmungsrecht auch auf unmittelbar im zeitlichen Vorfeld der tatsächlichen Arbeitsaufnahme angesiedelte Maßnahmen zu erstrecken, wenn durch derartige Maßnahmen die Gefahr begründet wird, dass der Arbeitgeber vollendete Tatsachen schaffen und so die Mitbestimmungsrechte des Betriebsrats unterlaufen könnte. Hierfür ließe sich anführen, dass auch die Zustimmungsverweigerungsgründe nach § 99 II Nrn. 3 und 6 BetrVG nicht an die Verwirklichung von Gefahren für die Belegschafts- und Betriebsinteressen infolge der Arbeitsaufnahme anknüpfen, sondern eine Prognose-

---

[26] So bereits die vor Inkrafttreten des AÜG ganz h. M. Siehe nur *BAG* vom 14. 5. 1974, AP Nr. 2 zu § 99 BetrVG 1972 m. Anm. *Kraft*; *BAG* vom 6. 6. 1978, AP Nr. 6 zu § 99 BetrVG 1972 m. Anm. *Löwisch*; vgl. ferner zu dieser Problematik Schüren/Hamann/*Hamann*, § 14 Rn. 137.
[27] *BAG* vom 25. 1. 2005, NZA 2005, 945, 946; *BAG* vom 2. 10. 2007, NZA 2008, 244, 245; Erf-Komm/*Kania*, § 99 BetrVG Rn. 4 f.; Richardi/*Thüsing*, § 99 Rn. 26 ff.
[28] So für vergleichbare Fälle auch *BAG* vom 23. 1. 2008, NZA 2008, 603, 605; Schüren/Hamann/*Hamann*, § 14 Rn. 147; *Wensing/Freise*, BB 2004, 2238, 2239.

entscheidung genügen lassen, so dass es nicht völlig systemwidrig erschiene, auch über die Entscheidung, ob eine Einstellung vorliegt, bereits ex ante anhand vorbereitender Maßnahmen wie der Schaffung eines Stellenpools zu befinden.

34 Gegen die Einbeziehung von Maßnahmen im Vorfeld einer Einstellung in den Kreis mitbestimmungspflichtiger personeller Einzelmaßnahmen streitet allerdings der Wortlaut des § 14 III 1 AÜG, wonach die Beteiligung des Betriebsrats „vor der Übernahme der Leiharbeitnehmer zur Arbeitsleistung" zu erfolgen hat. Dies belegt deutlich, dass die mit der tatsächlichen Arbeitsaufnahme verbundene Eingliederung in den Betrieb den zeitlichen Bezugspunkt für das Mitbestimmungsrecht bildet. Auch ergibt sich aus § 14 III 2 AÜG, wonach der Arbeitgeber dem Betriebsrat zusammen mit dem Zustimmungsersuchen eine Urkunde über die zwischen ihm und dem Verleiher geschlossene Vereinbarung vorzulegen hat (§ 12 I 2 AÜG), dass jedenfalls der Abschluss des Arbeitnehmerüberlassungsvertrages, vorliegend also die Rahmenvereinbarung zwischen B und Z, noch nicht mitbestimmungspflichtig ist. Hinzu kommt, dass der Betriebsrat in Konstellationen wie der vorliegenden gar keines besonderen Schutzes vor der Aushöhlung seiner Mitbestimmungsrechte bedarf. Ruft der Arbeitgeber gegen den Willen des Betriebsrats aus dem Stellenpool Mitarbeiter ohne Vorlaufzeit ab, kann der Betriebsrat durch die Verweigerung seiner Zustimmung den Arbeitgeber zur Einleitung eines Zustimmungsersetzungsverfahrens nach § 99 IV BetrVG oder, wenn es sich um eine Eilmaßnahme des Arbeitgebers handelt, durch Bestreiten der Eilbedürftigkeit zu einem Verfahren nach § 100 II 3 BetrVG und damit zu einer kurzfristigen gerichtlichen Entscheidung zwingen, welche die Schaffung vollendeter Tatsachen vermeidet. Schließlich spricht gegen die Einbeziehung von Vorfeldmaßnahmen, dass die zum Schutz der Belegschaft bestehenden Mitbestimmungsrechte des Betriebsrats weitgehend entwertet würden, wenn diese bereits bezüglich einer so vage ausgestalteten Maßnahme wie der Bildung eines Stellenpools ausgeübt werden müssten, die völlig offen lässt, wie oft aus diesem Pool heraus Arbeitseinsätze geleistet werden sollen, wieviele Mitarbeiter daran beteiligt sind und welcher zeitliche Umfang erreicht wird.[29]

c) Zwischenergebnis

35 Bei der Bildung des Stellenpools und der Aufnahme einzelner konkreter Arbeitnehmer in diesen Pool handelt es sich nicht um eine Einstellung i. S. v. § 99 I 1 BetrVG. Mangels personeller Einzelmaßnahme besteht kein Mitbestimmungsrecht des Betriebsrats. B kann nicht nach § 101 S. 1 BetrVG verpflichtet werden, die Bildung des Pools und die Aufnahme neuer Mitarbeiter aufzuheben.

3. Ergebnis

36 Der Antrag des Betriebsrats, B aufzugeben, die Bildung eines Stellenpools und die Aufnahme von D, E, F und G in diesen Pool aufzuheben, ist unbegründet.

III. Begründetheit des Antrags hinsichtlich des Einsatzes von D

37 Der Antrag des Betriebsrats bezüglich des Einsatzes von D ist nach § 101 S. 1 BetrVG begründet, wenn B als Arbeitgeberin eine personelle Maßnahme i. S. d. § 99 I BetrVG ohne Zustimmung des Betriebsrats durchgeführt hat.

---

[29] *BAG* vom 23. 1. 2008, NZA 2008, 603, 605.

1. Anwendbarkeit des § 99 BetrVG

Wie ausgeführt, ist der Anwendungsbereich des § 99 BetrVG eröffnet, da A und **38** B einen Gemeinschaftsbetrieb mit einer ausreichend hohen Arbeitnehmerzahl bilden und die genannte Vorschrift auf derartige Betriebe analog anwendbar ist.[30]

2. Vorliegen einer personellen Einzelmaßnahme

Auch handelt es sich, wie bereits geprüft, bei der Entsendung von Leiharbeitneh- **39** mern jedenfalls ab dem Zeitpunkt, in dem der betreffende Mitarbeiter – wie vorliegend der D am 10. 1. 2009 – seine Tätigkeit im Entleihbetrieb tatsächlich aufnimmt und dort in den Arbeitsablauf eingegliedert wird, um eine Einstellung und damit eine zustimmungspflichtige personelle Einzelmaßnahme i. S. d. § 99 I 1 BetrVG.[31]

3. Fehlende Zustimmung des Betriebsrats

Fraglich ist nur, ob B die Einstellung des D ohne die Zustimmung des Betriebs- **40** rats durchgeführt hat. Ohne Zustimmung ist eine personelle Maßnahme durchgeführt, wenn der Betriebsrat seine Zustimmung nicht erteilt hat, diese auch nicht wegen Ablaufs der Zustimmungsfrist des § 99 III 2 BetrVG als erteilt gilt und nicht durch das Arbeitsgericht im Beschlussverfahren nach § 99 IV BetrVG ersetzt worden ist.[32] Da der Betriebsrat seine Zustimmung ausdrücklich verweigert hat und ein Zustimmungsersetzungsverfahren nicht durchgeführt wurde, kann sich die Zustimmung allenfalls aus dem Gesichtspunkt des erfolglosen Ablaufs der Zustimmungsfrist ergeben. Nach § 99 III 1, 2 BetrVG gilt die Zustimmung des Betriebsrats als erteilt, sofern dieser nicht binnen einer Frist von einer Woche ab Zugang des Zustimmungsersuchens des Arbeitgebers die Zustimmung schriftlich verweigert.

Für die Berechnung der Wochenfrist finden gemäß § 186 BGB die allgemeinen **41** Grundsätze über die Fristenberechnung nach §§ 187 ff. BGB Anwendung.[33] Da nach § 187 I für den Fristbeginn, wenn hierfür ein Ereignis wie der Zugang des Zustimmungsersuchens des Arbeitgebers am 10. 1. 2009 maßgeblich ist, der Tag des Ereignisses nicht mitzurechnen ist, die Wochenfrist also erst am 11. 1. 2009 zu laufen begann, endete die Frist grundsätzlich nach § 188 II BGB am 17. 1. 2009. Da es sich bei dem 20. 1. 2009 um einen Dienstag, bei dem 17. 1. 2009 folglich um einen Samstag gehandelt hat, das Fristende somit auf einen Sonnabend i. S. v. § 193 BGB gefallen wäre, tritt nach der zuletzt genannten Vorschrift an die Stelle des 17. 1. 2009 als Fristende der nächste Werktag, Montag der 19. 1. 2009. Dies hat zur Folge, dass die am 20. 1. 2009 eingegangene Erklärung des Betriebsrates grundsätzlich als nicht mehr fristgerecht zu bewerten wäre.

Eine abweichende Beurteilung könnte allerdings aufgrund des Umstands gerecht- **42** fertigt sein, dass der Arbeitgeber nach § 99 I 1 BetrVG verpflichtet ist, dem Betriebsrat bei Einstellungen die erforderlichen Bewerbungsunterlagen vorzulegen und Auskunft über die Person des Bewerbers sowie die Auswirkungen seiner Einstellung zu erteilen. Informiert der Arbeitgeber den Betriebsrat nicht oder nur unzureichend, herrscht zwar Streit, ob in diesem Fall die Wochenfrist gar nicht[34]

---

[30] Siehe oben Rn. 15 ff.
[31] Siehe oben Rn. 31.
[32] *Fitting*, § 101 Rn. 3; ErfKomm/*Kania*, § 101 BetrVG Rn. 1; H/S/W/G/N/*Schlochauer*, § 101 Rn 3.
[33] *Fitting*, § 99 Rn. 265; ErfKomm/*Kania*, § 99 BetrVG Rn. 37; H/S/W/G/N/*Schlochauer*, § 99 Rn. 104.
[34] *BAG* vom 28. 1. 1986, NZA 1986, 490, 492; *BAG* vom 15. 4. 1986, NZA 1986, 755, 756; *BAG* vom 1. 9. 1987, NZA 1988, 99, 101; *Fitting*, § 99 Rn. 269.

oder erst ab dem Zeitpunkt zu laufen beginnt, zu dem der Arbeitgeber die erforderlichen Informationen nachholt oder der Betriebsrat anderweitig Kenntnis erlangt.[35] Vorliegend wäre jedoch ungeachtet dieser Kontroverse, da dem Betriebsrat nach dem 10. 1. 2009 keine neuen Informationen über die Leiharbeitnehmer zugänglich gemacht worden sind, die Wochenfrist des § 99 III 1 BetrVG nicht in Lauf gesetzt worden, so dass auch die Zustimmungsfiktion des § 99 III 2 BetrVG nicht eingreifen könnte, wenn die beschriebenen Informationspflichten auch bei der Einstellung von Leiharbeitnehmern gelten und B ihnen nicht nachgekommen wäre.

43 Für die Erstreckung der Informationspflichten auf den Leiharbeitnehmereinsatz spricht, dass es inkonsequent wäre, wenn man den Einsatz derartiger Arbeitskräfte als Einstellung i. S. d. § 99 BetrVG bewertete, dann aber die mit einer derartigen Einordnung verbundenen Rechtsfolgen, zu denen auch die Informationspflicht gehört, nicht anwendete. Die Notwendigkeit, dass dem Betriebsrat jedenfalls ein Mindestmaß an Informationen über die einzustellenden Arbeitnehmer vorliegen muss, damit er eine sachgerechte Entscheidung über die Geltendmachung der Zustimmungsverweigerungsgründe des § 99 II BetrVG treffen kann, ändert sich auch nicht dadurch, dass statt regulärer Beschäftigter Leiharbeitnehmer eingestellt werden sollen. Entsprechend ist der Arbeitgeber zumindest verpflichtet, den Betriebsrat über die Anzahl, die Qualifikation, den Einsatztermin, die Einsatzdauer und die geplanten Arbeitsplätze der Leiharbeitnehmer zu unterrichten.[36] Ferner besteht nach § 14 III 2 AÜG die Verpflichtung zur Vorlage des mit dem Verleiher geschlossenen Arbeitnehmerüberlassungsvertrags (§ 12 I AÜG). Da B dem Betriebsrat nur den Überlassungsvertrag zukommen ließ, ihm darüber hinaus aber die erforderlichen Informationen bis auf die Mitteilung über die Anzahl und das Eintrittsdatum der Leiharbeitnehmer vorenthalten hat, liegt ein Verstoß gegen die Informationspflicht des § 99 I 1 BetrVG vor. Dieser führt dazu, dass die Zustimmungsfrist des § 99 III 1 BetrVG nicht in Lauf gesetzt worden ist. Die Zustimmung gilt deshalb nicht nach § 99 III 2 BetrVG als erteilt. B hat die Einstellung des D ohne Zustimmung des Betriebsrats vorgenommen.

4. Zwischenergebnis

44 Der Antrag des Betriebsrats nach § 101 S. 1 BetrVG, der B aufzugeben, die Einstellung des D aufzuheben, ist begründet.

IV. Ergebnis

45 Der Antrag des Betriebsrats ist zwar zulässig, jedoch nur im Hinblick auf die Aufhebung der Einstellung des D begründet. Das Arbeitsgericht Osnabrück wird B daher – unter Zurückweisung des Antrags im Übrigen – aufgeben, die Einstellung des D aufzuheben.

---

[35] H/S/W/G/N/*Schlochauer*, § 99 Rn. 105 a. E.; *Meisel*, Die Mitwirkung und Mitbestimmung des Betriebsrats in personellen Angelegenheiten, 5. Aufl., 1984, Rn. 242.
[36] *LAG Köln* vom 12. 6. 1987, DB 1987, 2106, 2107; *Fitting*, § 99 Rn. 178 m. w. N.

Stichwortverzeichnis

Die *kursiv* gesetzten Zahlen verweisen auf die Fälle des Buches,
die mageren auf deren Randnummern.

Abmahnung *2* 27 ff.; *6* 1 ff.
Allgemeinverbindlichkeit von Tarifverträgen *2* 4
Änderungsvereinbarung *4* 10 ff.
Arbeitnehmerüberlassung, Mitbestimmungsrechte bei *8* 31
Arbeitsgerichtliches Verfahren *1* 40 ff.; *5* 50 ff.; *8* 2 ff.
– Antragsbefugnis *1* 45 ff.; *8* 2 ff.
– Beteiligtenfähigkeit *1* 44; *8* 4
– Bestimmtheit des Antrags *1* 47; *8* 6 ff.
– Rechtsweg *1* 40; *5* 50; *8* 2
– Zuständigkeit, örtliche *1* 43; *8* 3
Arbeitskampf
– Arbeitslohn während eines Streik *6* 15 ff.
– Einleitungsbeschluss *6* 8
– Europäische Sozialcharta *5* 4 f.
– Fernwirkungen *6* 37 ff.
– Paritätsgrundsatz *5* 38 ff.
– Parteien des *5* 31 ff.
– Rechtmäßigkeit *5* 18 ff.; *6* 4 ff.
– Suspendierung der Hauptleistungspflichten *6* 4 ff., 21 ff.
– Sympathiearbeitskampf *6* 58 ff.
– Unterstützungsarbeitskampf *6* 58 ff.
– Verhältnismäßigkeitsgrundsatz *5* 36 f.; *6* 9 ff.
– Zulässigkeit des Kampfziels *5* 31 ff, 35
Arbeitslohn
– während einer Betriebsstilllegung *6* 33 ff.
– während eines Streiks *6* 15 ff.
Ausgeübter Gewerbebetrieb *5* 17
Ausgliederung von Betriebsteilen *4* 18 ff.

Berufsfreiheit *4* 2
Beschlussverfahren, arbeitsgerichtliches *1* 40 ff.; *8* 2 ff.
Betriebsänderung
– Begriff *4* 70
– Unterrichtungsansprüche *4* 69 ff.
Betriebsrat
– Betriebsratswahl *7* 2 ff.
– Einlassungszwang im Einigungsstellenverfahren *3* 40 ff.
– Enumerationsprinzip der Mitbestimmungsrechte *4* 14
– Errichtung *7* 2 ff.
– Mitbestimmungsrechte *3* 33 ff.; *4* 14, 62 ff.; *6* 49 ff.; *7* 36 ff.; *8* 12 ff., 30 ff.
– Unterlassungsanspruch *7* 1 ff., 24 ff., 27 ff., 30, 31 ff.
– Unterrichtung *4* 68 ff.

Betriebsratswahl
– Rechtsfolgen von Wahlmängeln *7* 12 ff.
– Wahlvorstand *7* 5
– vereinfachtes Wahlverfahren *7* 6 ff.
– Verfahren *7* 5 ff.
Betriebsstilllegung
– Arbeitslohn *6* 33 ff.
– Befugnis *6* 39 ff.
– Betriebsrisiko *6* 37
– Mitbestimmungsrecht des Betriebsrats *6* 49 ff.
– Paritätsprinzip *6* 42 ff.
– Partizipationsprinzip *6* 41
– Sphärentheorie *6* 40
– Suspendierung der Hauptleistungspflichten *6* 36 ff.
– Voraussetzungen *6* 45 ff.
– Wirtschaftsrisiko *6* 37 f.
Betriebsübergang
– Anwendbarkeit des § 613 a BGB *4* 18, 34 ff.
– Anwendbarkeit des § 613 a I 2–4 BGB *4* 24, 32 f.
– Bezugnahmeklausel *4* 34 ff.
– EU-Richtlinie *4* 45, 54 ff.
– Folgen für tarifgebundene Arbeitnehmer *4* 17 ff.
– Folgen für tarifungebundene Arbeitnehmer *4* 32 ff.
– Fortgeltung des Tarifvertrags *4* 17 ff., 32 ff
– individualrechtliche Rechtsfolgen *4* 21 f.
– kollektivrechtliche Rechtsfolgen *4* 23 ff.
– Transformation und Veränderungssperre *4* 25 ff.
– Über-Kreuz-Ablösung durch Betriebsvereinbarung *4* 27 f.
– Voraussetzungen *4* 19 f.
Betriebsvereinbarung
– ablösende *1* 28 ff.
– durch Einigungsstellenspruch *3* 29 ff.
– Regelungssperre *1* 52; *3* 36 ff.; *4* 4, 9, 27 f.
– Tarifautonomie *3* 39
– Über-Kreuz-Ablösung *4* 27 f.
– Vereinbarungsoffenheit des Arbeitsvertrages *1* 33
– Verhältnis zum Arbeitsvertrag *1* 29
– Vorrangtheorie *3* 38
– Zwei-Schranken-Theorie *3* 37
Betriebsverhältnis *7* 32 f.
Bezugnahmeklausel
– Auslegung *4* 36 f.
– dynamische Bezugnahme *4* 37

- Europarechtskonformität der neueren BAG-Rechtsprechung *4* 54 ff.
- Gleichstellungsabrede *2* 14; *4* 48
- statische Bezugnahme *4* 36, 48 ff.
- Rückwirkung *4* 52 f.

Bündnis für Arbeit *1* 15 ff.; *4* 6

Einigungsstellenverfahren
- Antrag *3* 44
- Einlassungszwang *3* 40 ff
- Errichtung der Einigungsstelle *3* 46
- Mitbestimmungsrecht des Betriebsrats *3* 33 ff.
- Mitglieder *3* 46
- statthafter Verfahrensgegenstand *3* 32 ff.
- Zulässigkeit *3* 30 ff.
- Zuständigkeit *3* 31
- zwingende Mitbestimmung *3* 32

Einwirkungsklage *1* 59

Europäische Sozialcharta (ESC) *5* 4 f.

Fernwirkungen von Arbeitskämpfen *6* 37 ff.

Firmentarifvertrag *2* 5 ff.

Flucht aus dem Tarifvertrag *4* 3

Friedenspflicht
- Begriff *5* 3
- aufgrund laufender Verhandlungen *5* 12
- nachwirkende Normen *5* 10
- Schuldverhältnis *5* 2 ff.
- Sympathiearbeitskampf *6* 59
- Umfang *5* 6 f.
- Verstoß gegen Europäische Sozialcharta *5* 4 f.

Gemeinschaftsbetrieb *8* 24 ff.
- Begriff *8* 24 ff.
- Mitbestimmungsrecht bei personellen Einzelmaßnahmen *8* 13 ff.
- Vermutung *8* 25 ff.

Gesamtbetriebsvereinbarung
- Erzwingbarkeit *1* 27
- Formerfordernis *1* 25
- Voraussetzungen *1* 25
- Zuständigkeit *1* 26

Gewerkschaft
- Begriff *2* 29 ff.
- geteilte Zugehörigkeit der Belegschaft *2* 46 ff.
- Koalition *2* 28 ff.
- Mitgliederwechsel *2* 35
- Organhaftung *5* 15
- Unterlassungsanspruch *1* 54

Gleichbehandlungsgrundsatz *4* 13

Gleichstellungsabrede *2* 14; *4* 48

Günstigkeitsprinzip
- Sachgruppenvergleich *1* 15 ff.
- Sichtweise für Vergleich *1* 10
- Vergleichsgegenstände *1* 11; *4* 6
- Verhältnis zur Tarifkonkurrenz *2* 17 ff.

Kampfkündigung *5* 58 ff.
- Anwendbarkeit des KSchG *5* 62 ff.
- Betriebsratsanhörung *5* 58 ff.
- soziale Rechtfertigung *5* 66

Koalitionsbegriff *2* 29
- demokratische Organisation *2* 29
- Gegnerunabhängigkeit *2* 29
- überbetriebliche Organisation *2* 29
- weltanschauliche Neutralität *2* 29

Koalitionsfreiheit *1* 46, 55 f., 60 f.; *2* 29; *4* 2; *5* 9

Kollektiver Günstigkeitsvergleich *1* 30 ff.

Kündigungsschutzgesetz *5* 61 ff.

Kündigungsschutzklage
- Begründetheit *5* 55 ff.
- Betriebsratsanhörung *5* 58 ff.
- Klageart *5* 52
- Klagefrist *5* 57
- Kündigungserklärung *5* 56
- Rechtsweg *5* 50
- Zulässigkeit *5* 50 ff.
- Zuständigkeit *5* 50 f.

Leiharbeitnehmer *8* 31 ff.

Leistungsfähigkeit, organisatorische *2* 38

Mächtigkeit, soziale *2* 33 ff.

Manteltarifvertrag *1* 8; *3* 3 ff.

Mitbestimmungsrecht des Betriebsrats
- arbeitskampfbedingte Einschränkung *6* 50 ff.
- Ausschluss *3* 36 ff.
- betriebliche Lohngestaltung *3* 33 ff.
- Betriebsstilllegung *6* 49 ff.
- Leiharbeitnehmer *8* 31 ff.
- Ordnung des Betriebes *7* 37 f.
- personelle Maßnahmen *4* 63; *8* 12 ff., 30 ff.
- soziale Angelegenheiten *4* 62
- technische Überwachungseinrichtungen *7* 39 ff.
- Unterlassungsanspruch, flankierender *7* 31 ff.
- Vorrangtheorie *3* 38
- wirtschaftliche Angelegenheiten *4* 64 ff.
- Zwei-Schranken-Theorie *3* 37
- zwingende Mitbestimmung *3* 32

Nachwirkung/Nachbindung von Tarifnormen *3* 9 ff.; *4* 3
- Begrenzung der *3* 18 ff.
- bei Verbandsaustritt *3* 10 ff.; *4* 3 ff.

Paritätsgrundsatz, arbeitskampfrechtlicher *5* 38 ff.

Personelle Einzelmaßnahmen,
- Arbeitnehmerüberlassung *8* 31
- Bildung eines Stellenpools *8* 32
- Mitbestimmungsrechte bei *8* 31 ff.
- Zustimmungsersetzungsverfahren *8* 37 ff.

Regelungsabrede *1* 52

Rückwirkung
- Rechtsprechungsänderung *4* 52 f.
- Tarifverträge *2* 6 ff.

Sachgruppenvergleich *1* 15

Schadensersatzansprüche *5* 1 ff.
- Friedenspflicht als Schuldverhältnis *5* 2 ff.
- Organhaftung *5* 15 ff.
- rechtswidriger Arbeitskampf *5* 18 ff.

Stichwortverzeichnis

Sozialplan *4* 74 ff.; *5* 41 f.
Sperrwirkung
- des § 77 III BetrVG *1* 52; *3* 36 ff. 4, 4, 9, 27 f.
- der §§ 111 ff. BetrVG *5* 26 ff.
- Verbandstarifvertrag *2* 42
Sympathiearbeitskampf *6* 58 ff.

Tarifautonomie *3* 39
Tarifbindung
- arbeitsvertragliche Verweisung *2* 12 ff.; *4* 1
- Beendigung durch Austritt *4* 3
- Gleichbehandlungsgrundsatz *4* 13
- normative *1* 4; *2* 11
Tarifeinheit *2* 46 ff.
Tariffähigkeit
- Arbeitgeberverband *1* 3
- Anerkennung des geltenden Tarif- und Arbeitskampfrechts *2* 32
- (christliche) Gewerkschaften *2* 28 ff.
- Koalition *2* 28 f.
- Landesinnungsverband *3* 4
- organisatorische Leistungsfähigkeit *2* 33 ff., 38
- soziale Mächtigkeit *2* 33 ff., 36 f.
- Tarifwilligkeit *2* 31
Tarifkonkurrenzen *2* 17 ff., 40 ff., 47 ff.
Tarifpluralität *2* 47 ff.
Tarifvertrag
- Abfindungszahlungen *5* 25
- Ablösung *4* 29
- Allgemeinverbindlichkeit *2* 4
- Betriebsnormen *4* 11
- Entgelttarifvertrag *2* 4
- Firmentarifvertrag *2* 5 ff., 40 ff.
- Flucht aus dem Tarifvertrag *4* 3
- Formerfordernis *1* 3
- Fortgeltung bei Betriebsübergang *4* 17 ff.
- Geltungsbereich *1* 5; *2* 4; *3* 5 ff.
- Inhaltsnormen *4* 12
- Manteltarifvertrag *1* 8
- Nachwirkung/Nachbindung *3* 9 ff.; *4* 3
- normative Wirkung *2* 11
- Richtigkeitsgewähr *2* 33
- rückwirkender *2* 6 ff.
- Standorterhalt als Tarifziel *5* 20 f.
- Tarifautonomie *3* 39
- Tarifeinheit *2* 46 ff.
- Tarifkonkurrenzen *2* 17 ff., 40 ff., 47 ff.
- Tarifpluralität *2* 47 ff.
- Tarifwilligkeit *2* 31
- Überbrückungsfunktion *3* 11 ff.
- Unabdingbarkeit *1* 8 ff.; *4* 10 ff.
- Verbandstarifvertrag *2* 40 ff.
- Wirksamkeit *1* 3 ff.; *2* 28 ff.; *3* 4, 11 ff.
- zwingende Wirkung *1* 8; *2* 7 ff.; *4* 5

Über-Kreuz-Ablösung von Kollektivverträgen bei Betriebsübergang *4* 27 f.
Überbrückungsfunktion der Tarifnachwirkung *3* 11 ff.
Umwandlungsgesetz, Unterrichtungsansprüche *4* 68
Unterlassungsanspruch
- betriebsverfassungsrechtlicher *1* 50 ff.; *7* 1 ff.
- gegen Abmahnungen *6* 2 f.
- gewerkschaftlicher *1* 54
- nach § 23 III BetrVG *7* 22 ff.
- Wiederholungsgefahr *1* 65; *7* 47
Unterrichtung
- allgemeines Informationsrecht des Betriebsrats *4* 72 f.
- des Betriebsrats bei Betriebsänderungen *4* 69 f.
- des Betriebsrats nach dem UmwG *4* 68
- des Wirtschaftsausschusses *4* 65 ff.
Unterstützungsarbeitskampf *6* 58 ff.
Unzulässige Rechtsausübung *1* 18
Urlaubsgeld *1* 20
Urteilsverfahren, arbeitsgerichtliches *5* 50 ff.

Verbandsaustritt *3* 10 ff.
Verbandstarifvertrag *2* 40 ff.; *5* 31 ff.
- Erstreikbarkeit *5* 31 ff.
- Vorrang *2* 40 ff.
Verhältnismäßigkeitsgrundsatz, arbeitskampfrechtlicher *5* 36 f.; *6* 9 ff.
Vertrauensvolle Zusammenarbeit, Grundsatz der *7* 32 ff.
Verweisungsklausel *4* 32 ff.
Vorrangtheorie *3* 38

Wirtschaftsausschuss *4* 65 ff.

Zwei-Schranken-Theorie *3* 37